图书在版编目（CIP）数据

雉水映初心 / 如皋市老区建设促进会，中共如皋市委党史工作办公室编. -- 北京：九州出版社 2024. 1

ISBN 978 - 7 - 5225 - 2579 - 2

Ⅰ. ①雉… Ⅱ. ①如… ②中… Ⅲ. ①中国共产党—地方组织—党史—史料—如皋 Ⅳ. ①D235. 533

中国国家版本馆 CIP 数据核字（2024）第 034793 号

雉水映初心

作　　者	如皋市老区建设促进会　中共如皋市委党史工作办公室　编
责任编辑	刘　嘉
出版发行	九州出版社
地　　址	北京市西城区阜外大街甲 35 号（100037）
发行电话	（010）68992190/3/5/6
网　　址	www. jiuzhoupress. com
印　　刷	唐山才智印刷有限公司
开　　本	710 毫米×1000 毫米　16 开
印　　张	29. 75
字　　数	386 千字
版　　次	2024 年 1 月第 1 版
印　　次	2024 年 1 月第 1 次印刷
书　　号	ISBN 978 - 7 - 5225 - 2579 - 2
定　　价	99. 00 元

《雉水映初心》编撰委员会

前　言

如皋是全国著名的革命老区，有着丰厚的红色资源。

早在中国共产党成立初期，南通地区最早的共产党员、如皋旅外学生吴亚鲁在如皋创办平民社，出版《平民声》报，宣传马克思主义，传播革命火种。1926年9月，中共如皋独立支部成立，直属中共江浙区委。1927年7月，江苏最早的中共县级地方组织在如皋城南门外诞生，如皋县委印章作为一级革命文物，被国家档案馆列为重点档案保护利用项目。1928年，泰兴、江安、卢港地区的如泰五一农民暴动，威震大江南北。1929年8月，成立于江安戈家堡的如泰工农红军，转战如（皋）、泰（兴）、泰（县）及周边地区，开辟了一个拥有200多万人口的红军游击区。1930年4月，江苏省境内唯一一支中央序列正规武装——中国工农红军第十四军在贲家巷建军，以江安、卢港地区为中心的通、海、如、泰革命根据地，成为土地革命时期全国15块红军游击区之一。江苏省最早的县级苏维埃政权之一——如皋县工农革命委员会在这里诞生，"苏中小延安"的美誉从这里叫响，《别处哪儿有》歌谣自这里传唱，风靡全国。苏中"七战七捷"有三战奏凯于如皋境内……如皋人民在中国共产党的领导下，谱写了一部部可歌可泣的壮丽诗篇，无数仁人志士赴汤蹈火、前赴后继，用鲜血和生命换来了革命的胜利和新中国的诞生，留下了大量值得后人永远铭记、珍藏的红色资源。

为更好地发掘、保护、利用如皋红色资源，传承红色基因，如皋市老区建设促进会根据省老促会的要求，牵头市委党史办、市退役军人事务局、市民政局、市文体广电旅游局、市档案馆、市红十四军研究会等单位，对如皋现存的各类红色资源展开了进一步调查、摸排、整理和研究，并由市老建会与市委党史办共同编撰《雉水映初心》一书。本书通过对各类红色资源的介绍，生动讲述如皋老区红色故事，展现如皋革命斗争的光辉历程和革命先烈的光辉业绩，彰显如皋人民对革命先烈的敬仰和对老区精神的传承，是一部集真实性、权威性、可读性于一体的珍贵读物。

习近平总书记强调：把红色资源利用好，把红色传统发扬好，把红色基因传承好。红色资源是我们党艰辛辉煌历史的见证，每一个历史事件、每一处红色印迹、每一位革命英烈、每一件革命文物，都展现出我们党的梦想与追求、情怀与担当、奋斗与奉献，是最宝贵的精神财富。我们要弘扬以伟大建党精神为源头的中国共产党人的精神谱系，用好红色资源，从革命历史和红色资源中汲取智慧与力量，增强砥砺奋进的信心和勇气。希望本书的出版，能对广大读者起到教育和启迪作用，激励大家倍加珍惜、始终坚持、不断发展中国特色社会主义，做共产主义远大目标和中国特色社会主义共同理想的坚定信仰者和忠诚实践者，再创无愧于先烈、无愧于人民、无愧于时代的辉煌业绩。

1946年8月28日，毛泽东就如黄路战斗经验亲拟电文致各战区

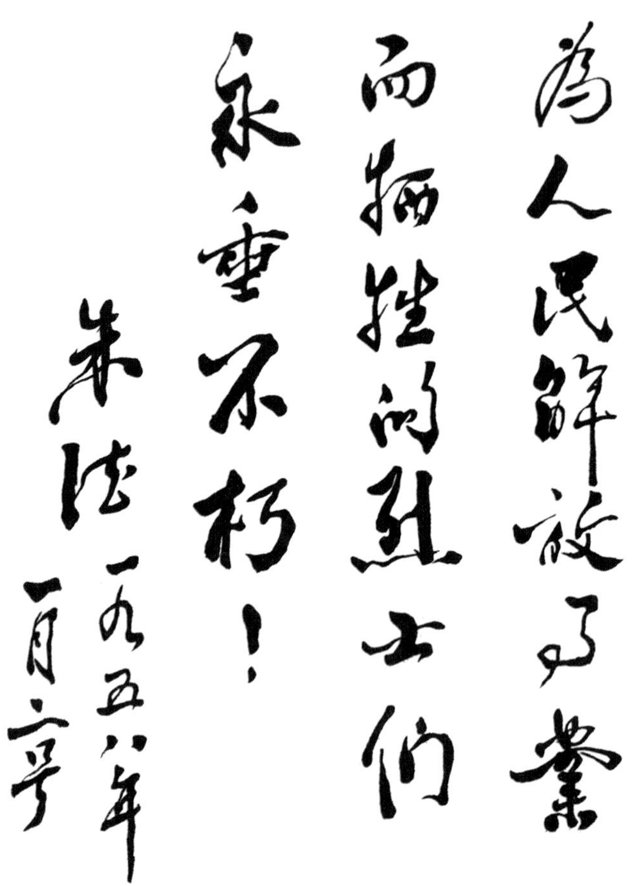

1958年1月2日，朱德为如皋英烈题词

革命先烈永垂不朽

公元一九五六年四月 建生

陳毅敬題

1956年4月,陈毅为如皋英烈题词

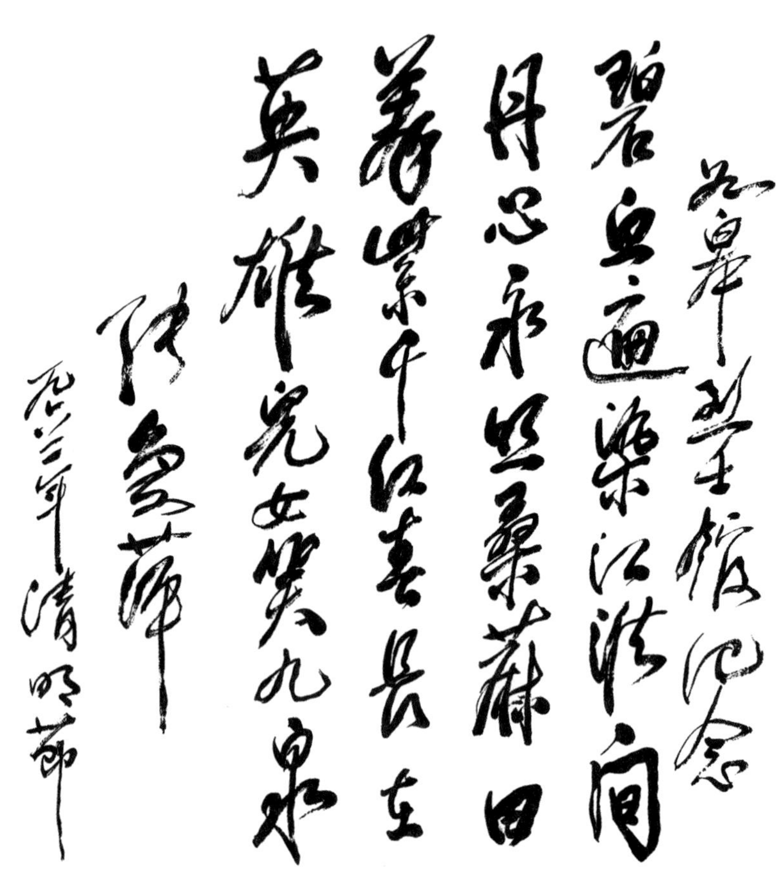

1962年清明节，张爱萍为如皋烈士馆题诗

目　录

红 色 印 迹

红 色 藏 品

红 色 地 名

红 色 战 斗

红色歌谣

红色印迹

遗址遗迹

如皋有着优良的革命传统和深厚的红色文化底蕴。1922年,南通地区第一位共产党员吴亚鲁在如皋建立进步团体平民社,从1926年9月中共如皋独立支部成立至1949年全国解放,如皋人民在中国共产党的领导下,与帝国主义和反动封建势力进行了艰苦卓绝的斗争,做出了不可磨灭的贡献,建立了彪炳史册的丰功伟绩。长期的革命斗争,在如皋土地上留下了许多与革命历史事件、红色战斗、英雄人物以及领导机构活动的相关遗址、旧址等,这些都成为如皋红色资源的主体。

建党之初到大革命时期

（1921年7月—1927年7月）

1919年爆发的五四运动，点燃了如皋人民反帝爱国的烈火。县城进步青年学生纷纷走上街头，宣传爱国思想，号召市民抵制日货。全县工人、农民自发组织起来，与资本家、土豪劣绅和封建霸头展开斗争，维护自身权益。

1922年，南通地区第一位中共党员吴亚鲁在如皋创建第一个进步团体——平民社，在进步青年学生中宣传社会主义思想和孙中山先生“联俄、联共、扶助农工”三大政策，并对农民进行反抗封建剥削的宣传。《新青年》《向导》等党的刊物在进步学生和知识分子中广为流传，使大批青年受到革命思想的熏陶。

1926年9月，经中共江浙区委批准，陆景槐在如皋西乡鄂家埭小学组织创建中共如皋独立支部，发展农民和进步学生加入中国共产党。

1927年7月，中共如皋县委成立，从此，如皋人民在中国共产党的领导下，主动、果敢地融入反帝、反封建的伟大历史洪流，与反动派展开艰苦卓绝的斗争。

平民社遗址

遗址位于如皋师范附属小学内。

1922年8月，如皋东乡潮桥（现属如东县）青年、南京地区社会主义青年团负责人吴亚鲁，联络如皋旅外学生和在籍学生，发起成立如皋第一个进步团体——平民社。8月27日，平民社在江苏省第二代用师范（简称“二代师”）附属小学内召开成立大会，通过平民社章

平民聲

Vox Populi

《平民声》半月刊

1923年，如皋平民社社员已发展到200余人，主要成员有吴亚鲁、魏建功、刘季平、丛允中、苏德馨、徐家瑾、叶胥朝、吴亚苏、吴俊升等。图为8月15日召开第一届年会的合影

平民社第一届年会合影

程，选举吴亚鲁等人为负责人。

同年11月1日，吴亚鲁创办并任主编的平民社社刊《平民声》（半月刊）发行创刊号，揭露、抨击封建社会的丑恶现象，宣传进步思想，进行革命启蒙教育。

吴亚鲁烈士

吴亚鲁（吴肃），1898年12月生于如皋县潮桥镇。1919年毕业于江苏省第二代用师范学校，次年考入南京高等师范学校教育专修科。在校期间，吴亚鲁积极投身革命活动，1922年2月当选中国社会主义青年团南京地方执行委员会主要负责人。同年暑假，在如皋创建进步团体平民社。暑假结束后不久，在南京加入中国共产党。

1923年夏，吴亚鲁受组织委派到徐州开辟工作，在中小学生和铁路工人中培养积极分子，成立徐州第一个社会主义青年团支部，后扩建为社会主义青年团徐

如师附小内大成殿

平民社创办地（现为如师附小）

州地方委员会。1926年4月，当选中共南京地方委员会委员。

1926年下半年，吴亚鲁受组织派遣参加北伐军。1927年参加南昌起义，同年年底，到厦门从事党的地下工作。1928年8月，当选中共福建省委委员并任宣传部部长。1929年5月，任中共福建省委秘书长，后增补为省委常委。1930年到山东工作，历任中共山东省委秘书长、宣传部部长、省委常委等职。

1930年秋冬至1933年夏，吴亚鲁先后3次在青岛和上海被国民党当局逮捕，前两次因证据不足被释放，第三次被判刑3年半，于1936年冬出狱。

1938年春夏，吴亚鲁与党组织取得联系，恢复了组织关系，被分配到新四军平江留守处任主任秘书。1939年6月12日，吴亚鲁在国民党制造的平江惨案中不幸遇难。

中共如皋独立支部诞生地遗址

遗址位于江安镇鄂埭村(原名鄂家埭)。

1925年夏，江苏省第二代用师范(如皋师范)学生陆景槐(陆植三)，参加上海暑期学生联合会演讲会学习，与共产党组织取得联系，由曹壮夫、覃泽汉介绍加入中国共产党。陆景槐回乡后，在镇涛区十七圩小学任教，利用星期日举办农民补习班，开展革命活动。1926年2月，陆景槐转至江安区鄂家埭小学任校长，不久，接到中共江浙区委通知，转为正式党员。

1926年9月，经中共江浙区委批准，中共如皋独立支部在江安区鄂西乡鄂家埭小学成立，支部成员有陆景槐、徐芳德2人，陆景槐任支部书记，随后陆续发展苏德馨、石光、徐名友、葛显功、熊仁福、石明勋等人入党。1927年年初，中共如皋独立支部联络点转至如皋城西南城脚福成庵。

中共如皋独立支部成立后，以鄂家埭为基地，在如皋西乡广泛开展农民运动，发动农民成立以“打倒帝国主义，抵制英货日货，反对封建势力，实行减租减息”为宗旨的农民协会；在二代师进步学生中发展党员，成立二代师党支部，组织发动全县学生参加反帝、反封建运动。从此，如皋人民在中国

中共如皋独立支部诞生地纪念碑

共产党的领导下，与帝国主义和反动封建势力展开了不屈不挠的斗争。

1974年，因开挖胜利河，鄂家埭小学不复存在。1992年10月，中共如皋市委、如皋市人民政府在鄂埭村胜利河北岸立碑以示纪念，陆景槐题写“中共如皋第一个支部遗址”。

中共江苏省第二代用师范党支部诞生地旧址

旧址位于南通师范高等专科学校如皋校区。

中共江苏省第二代用师范党支部诞生纪念地

1926年冬，中共如皋独立支部书记陆景槐在母校二代师（如皋师范学校）发展进步学生陈其理（陈一清）、王汝舟、马鹤松等人入党，成立二代师党支部，由陈其理担任支部书记。其后，支部陆续发展刘昌焕（刘季平）、石俊、汤藻等人入党。

江苏省如皋师范学校

如皋师范学校由晚清进士、翰林院编修沙元炳于1902年9月创办，是我国最早的规范设置的师范学校之一。

学校初名如皋公立简易师范学堂，1912年更名为如皋县立师范学校，1921年改名为江苏省第二代用师范学校，1932年易名为江苏省立如皋师范学校，1952年更名为江苏省如皋师范学校。2005年升格为如皋高等师范学校；2014年9月，与南通师范高等专科学校合并办学，设立南通师范高等专科学校如皋校区。

学校南与千年古刹定慧寺相对，北与名园水绘园相望。校园占地5.3公顷，两桥三苑，苑间碧水穿流，古木荫翳，是江苏省文物保护单位，享有“中国师范博物馆”之美誉。

2002年，如皋师范学校百年校庆之际，在校内建“江海火种墙”以纪念二代师党支部的诞生。江苏省人大常委会原副主任戴为然为“江海火种墙”题词：“建党创业，苏中先驱。”

江海火种墙

中共如皋县委诞生地遗址

遗址位于如城街道健康桥北首西侧。

福成庵原貌

1927年6月上旬，中共江苏省委于上海成立，如皋党组织最先与省委接上关系。1927年7月，中共如皋县委于县城西南城脚福成庵成立，书记王盈朝，委员苏德馨、徐芳德、叶胥朝、陈其理等，下设西乡区委和城中区委，分别由徐芳德（兼）、王汝舟任书记。1927年10

中共如皋县委诞生地纪念墙

月，中共江苏省委给中央的汇报信中称：“省委成立后，如皋党组织最早和省委接上关系”，并被“允准成立县委”。中共如皋县委是通海如泰地区成立最早的县委，也是江苏成立最早的县级地方党组织之一。

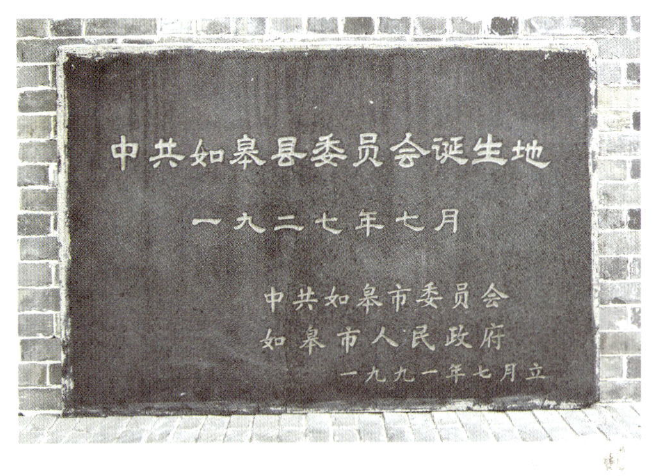

县委诞生地纪念碑

福成庵始建于明嘉靖元年（1522）。旧城改造中，福成庵移至北城脚重建。1991年7月，中共如皋市委、市政府在体育场（现安定广场）西北角设立中共如皋县委诞生地纪念碑，现展陈于红十四军纪念馆内。

县委诞生地“福成庵”字砖
（红十四军纪念馆展存）

2012年6月，中共如皋市委于福成庵遗址南侧建造中共如皋县委诞生地纪念墙，以示纪念。

土地革命战争时期

（1927年8月—1937年7月）

1927年7月，中共如皋县委在蒋介石发动的“四一二”反革命政变的腥风血雨中诞生，是江苏省最早成立的8个县委之一。

1928年，根据中共江苏省委制定的《江苏各县暴动计划》，中共如皋县委联合中共泰兴县委发动了威震大江南北的如泰“五一”农民暴动。此后，组建了如皋第一支红军武装——镇涛红军游击队。1929年，镇涛红军游击队与泰兴县红军游击队整编为如泰工农红军。

1930年，经中共中央军委书记周恩来亲自筹划，中国工农红军第十四军在如皋西乡贲家巷建军，这是土地革命时期江苏省境内唯一的红军正规武装。红十四军在国民党南京政府的卧榻之侧横戈跃马，建立县、乡苏维埃政权，领导农民开展土地革命，开辟了以如皋江安区为中心、横跨苏中8县的红军游击区，为当时全国15块红军游击区之一。红十四军虽然在国民党军警的重兵围剿下失败，但在江海大地上播下了武装斗争的火种。

王若飞部署如泰五一农民暴动休憩处遗址

王若飞

遗址位于如城街道百花苑西侧。

1928年1月1日，中共江苏省委制定了《江苏省委各县暴动计划》，并派员到各地巡视指导暴动准备工作。4月初，省委常委兼农民运动委员会主任王若飞与省农民运动特派员张安志（杭果人）、中共南通特委军事委员顾仲起到如皋，指导农民暴动工作。中共如皋县委安排他们在国民党县党部内的百花亭休憩。当晚，县委在县商会召开城乡负责干部会议，向王若飞一行汇报各区乡农民运动情况。王若飞传达了中央当时的革命斗争方针，指示如皋县委要和泰兴县委联合起来举行农民暴动，并对暴动的武器和军事领导人问题作了具

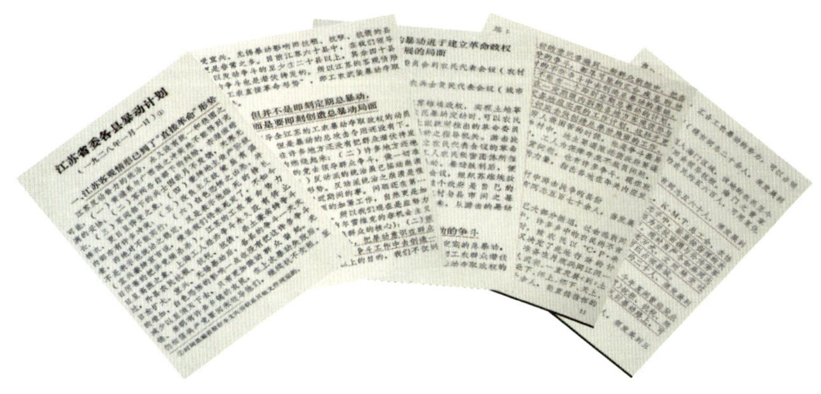
江苏省委各县暴动计划

（一九二八年一月一日）

《江苏省委各县暴动计划》

如皋县商会旧址

百花亭原貌

体部署。会议持续一夜。王若飞稍事休息后，即和张安志一同赶赴南通。

1949年后，百花亭一直为新华书店职工宿舍。2004年如皋旧城改造时被拆除，原址兴建居民住宅区，取名“百花苑”。

百花苑小区西大门

如泰五一农民暴动首攻文武殿遗址

首攻文武殿遗址纪念碑(2000年建)

遗址位于搬经镇初级中学内。

1928年4月中旬,中共如皋县委和中共泰兴县委商定,两县于5月1日同时举行农民暴动,以便互相策应。

4月30日下午,泰兴县委因故提前发起暴动,并派人通知如皋县委。在如皋西乡负责组织发动农民暴动的如皋县暴动委员会军事部部长徐芳德听到泰兴提前暴动的消息后,果断决定攻打国民党搬经警察分队驻地文武殿,以策应泰兴县农民暴动。他火速集结芹湖一带的四五百名农协会员,兵分两路奔袭文武殿。

5月1日凌晨5时,徐芳德带领暴动队伍向文武殿发起攻击。守敌据守大殿顽抗,暴动农民巧借风势火攻大殿,守敌慌忙从大殿后门撤逃。暴动首战告捷,共毙敌2人、俘敌1人、缴获长

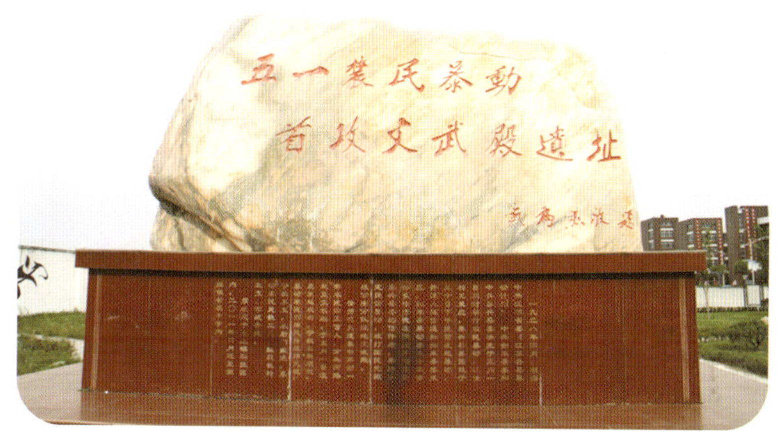

首攻文武殿遗址纪念碑(2011年重建)

枪3支。

2000年,为纪念如泰五一农民暴动火烧文武殿战斗,搬经镇地方人士出资,在搬经镇工业园区内立如泰五一农民暴动首攻文武殿遗址纪念碑(后拆除),江苏省人大常委会原副主任戴为然为纪念碑题写碑文。2011年,经批准,搬经镇人民政府在镇初级中学内重立纪念碑石。

如泰五一农民暴动如皋誓师大会遗址

遗址位于江安镇章庄社区。

如泰五一农民暴动如皋誓师大会遗址纪念碑

如泰两县联席会议决定两县于1928年5月1日发起农民暴动。4月30日，如皋县暴动委员会军事部部长徐芳德听到泰兴提前暴动的消息，看到泰兴县委要求如皋立即行动的信，又收到打入搬经公安分

如泰五一农民暴动如皋誓师大会旧址

局任巡长的朱恒敬密报:驻搬经文武殿县公安大队只剩下一个班留守,徐芳德遂决定带领暴动农民向西至夏家埭,烧毁地主夏了山、夏宜山住宅。当晚,暴动农民到达朝西庄葛显功家门前广场,参加如泰五一农民暴动如皋誓师大会。

2009年12月,为纪念如泰五一农民暴动,如皋市人民政府在江安镇章庄社区(原朝西庄)立如泰五一农民暴动如皋誓师大会遗址纪念碑。

如泰五一农民暴动如皋誓师大会饮水井

饮水井位于江安镇章庄社区。

1928年5月1日夜，如皋西乡芹湖、大西庄、小西庄、孙严墩、鄂家埭、六甲、东燕庄、西燕庄等16个村庄的3000多名农民集聚朝西庄，参加如泰五一农民暴动如皋誓师大会。会场附近有一口水井，参加暴动人员纷纷到此井饮水解渴。

2009年12月，为纪念如泰五一农民暴动，如皋市人民政府在此井旁立碑。

如泰五一农民暴动如皋誓师大会饮水井

中国工农红军江北总指挥部遗址

遗址位于长江镇薛窑社区。

1928年如泰五一农民暴动失败后，中共江苏省委于7月派吴亚苏回如皋任县委书记，开展恢复工作。吴亚苏辗转回到如皋后，在重建县委的同时，着手发展武装。通过秘密筹款购枪、取出五一农民暴动失败后隐藏的枪支等途径，加上从省委领到的枪支，在郭园陈家市成立了一支拥有20多支枪、30多人的红军游击小组，对外打出“中国工农红军江北总指挥部”旗号。

中国工农红军江北总指挥部遗址纪念碑

1928年8月22日和9月4日，红军游击小组两次袭击江安申家埭大地主周殿伦庄园，击毙周殿伦的弟弟周竹青。其后，红军游击小组又先后袭击吴窑、九华山、下驾原等处的国民党公安分局，镇压了民愤极大的恶霸地主、国民党如皋县参议员、沙田局局长刘仰琨，击毙国民党警察分队巡长祝培初。

2009年12月，如皋市人民政府在郭园镇薛窑社区立中国工农红军江北总指挥部遗址纪念碑。

镇涛红军游击队成立遗址

遗址位于九华镇马桥村。

1929年春，中共如皋县委根据中共南通特委海门联席会议精神，决定整合全县红军武装，成立镇涛红军游击队。

1929年4月7日，镇涛红军游击队成立大会在镇涛区庄屋圩召开。镇涛红军游击队共有50余人，设3个分队。

1929年8月28日，如泰工农红军成立。镇涛红军游击队改编为如泰工农红军镇涛游击中队，仍留在镇涛区活动，以便加强与通海游击区的联系。

2009年12月，如皋市人民政府在九华镇马桥村立镇涛红军游击队成立遗址纪念碑。

镇涛红军游击队成立遗址纪念碑

如泰工农红军建军遗址

遗址位于江苏省江安高级中学内。

1929年春，中共南通特委为了加强如皋、泰兴两个红军游击区的领导，决定成立中共如泰中心县委。1929年夏，中共如泰中心县委为便于统一指挥两县红军武装，更有效地集中力量打击敌人，经中共南通特委同意，决定将两县红军游击队集中编队，成立如泰工农红军。

1929年8月28日，中共如泰中心县委在如皋西乡戈家堡宝庆寺（现江苏省江安高级中学附近）召开如泰工农红军成立大会。如泰工农红军编为两个分队，共有120多人，拥有长短枪80余支、土炮10多门。

如泰工农红军建军遗址纪念碑

至1930年年初，如泰工农红军已发展到600多人，开辟了西起扬州吴家桥、许庄，东至平潮、白蒲，南至长江边，北至东台莫庄、青墩（现属海安县），拥有200多万人口的红军游击区，为中国工农红军第十四军的成立奠定了基础。

2000年8月1日，中共如皋市委、如皋市人民政府在江苏省江安高级中学内立如泰工农红军建军遗址纪念碑。

红军桥遗址

遗址位于九华镇马桥村。

1928年至1931年，如皋县镇涛区成为如泰工农红军游击区东部的游击根据地。镇涛人民和红军游击武装在中共如皋县委的领导下频频出击，与国民党军警和反动封建势力殊死搏斗，马剑华、王朋年、于咸、汤小冬、吴汝连等一批我党优秀干部相继血溅镇涛土地。为纪念红军烈士，镇涛人民将红军游击武装频繁进出镇涛时经过的一座小木桥称为“红军桥”。

如皋解放后，当地人民政府将小木桥改为钢筋混凝土结构。2009年12月，如皋市人民政府在红军桥西首立碑，以志纪念。

红军桥遗址

中共南通特委如泰泰三县县委联席会议遗址

遗址位于长江镇郭南村。

1929年6月15日，中共南通特委在如皋镇涛区周家空田召开如皋、泰兴、泰县三县县委书记联席会议。特委根据党的六届二中全会精神，要求各县加强政治活动，积极组织群众开展斗争，纠正了部分干部不积极发动群众、单纯搞经济工作（筹款买枪）以及地区之间各自活动、互不联系、配合不够等错误倾向。

南通特委如泰泰三县委联席会议遗址纪念碑

此次会议，对于加强如泰泰三县的群众工作和武装斗争具有重要意义。

2009年12月，如皋市人民政府在郭园镇郭南村（原周家空田）立南通特委如泰泰三县县委联席会议遗址纪念碑。

如泰工农红军野吴庄战斗遗址

遗址位于吴窑镇立新社区。

1929年11月，如泰工农红军扩编为大队后，大队长薛衡竞率红军进入镇涛地区活动，摧毁多处国民党保安团据守的炮楼，袭击国民党镇涛区公所，发动群众打土豪、焚田契，动员青年参加红军。国民党如皋县政府惊恐不安，从白蒲、石庄、车马湖等地调集军警进入镇涛地区追剿红军。

11月18日夜，红军至野吴庄宿营，遭国民党军警合围。大队长薛衡竞命令于咸率第一中队从西首突围，戴奎率第二中队从北首突围。于咸率第一中队冲出包围圈至刘家渡时，又遇老户庄国民党保卫团拦截，经短暂激战，击溃老户庄国民党保卫团，红军顺利撤到江安六甲；戴奎率第二中队突围时连中数弹，当场牺牲。

如泰工农红军野吴庄战斗遗址纪念碑

此次战斗中，第二中队中队长戴奎等9名红军战士光荣牺牲，当地群众将他们的遗体安葬在野吴庄，群众称之为“红军九人坟”。

2009年12月，如皋市人民政府在吴窑镇立新社区野吴庄立如泰工农红军野吴庄战斗遗址纪念碑。

红军九烈士墓

中国工农红军第十四军建军大会遗址

遗址位于江安镇周庄社区。

红十四军成立遗址保护标识

1930年4月3日，中共通海特委在如皋西乡红军游击区中心地贲家巷举行红十四军建军大会。

清晨，红十四军第二支队全体指战员和如皋县江安、卢港、石庄、磨头及泰兴县古溪、珊瑚、黄桥等地100多个村庄的赤卫军、农协会会员、妇女会会员云集贲家巷，两万多人将贲家巷整个村庄及村庄四周的空地全部坐满。

红十四军建军大会会场旧址

上午11时，红十四军建军大会在鞭炮声和锣鼓声中开始。中共通海特委委员、中共如泰中心县委书记王玉文主持大会，中共通海特委委员张辛宣布中国工农红军第十四军成立，并宣读红十四军军部及第二支队干部任命名单。接着，军长何昆宣读《告工农及一切劳苦群众书》：“……我们郑重向全世界的工农宣言：我们是工农的武装，是工农政府（苏维埃）的卫队，我们誓死执行全国第一次苏维埃大会的政纲，彻底消灭国民党的反动势力与帝国主义的干涉……”建军大会结束后，举行了阅兵式和游行示威。

1991年12月，如皋市人民政府在原胜利乡贲巷村立纪念标识，并公布其为如皋市文物保护单位。

中國工農紅軍第十四軍十大政綱

一 推翻帝國主義在華統治；
二 沒收帝國主義在華的工廠、企業和銀行；
三 推翻地主資產階級的軍閥國民黨政府；
四 建立工農兵蘇維埃政權；
五 統一中國、承認民族自主權；
六 實行八小時工作，增加工資、失業救濟和社會保險等；
七 沒收地主階級土地歸農民；
八 改良士兵生活，分給土地和工作；
九 取消軍閥在地方強征的苛捐雜稅，實行統一累進稅；
十 聯合全世界無產階級和蘇聯。

中國工農紅軍第十四軍政治部印

《中国工农红军第十四军十大政纲》

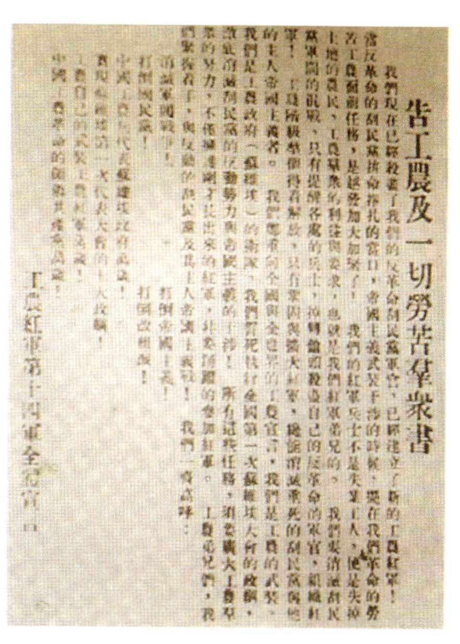

告工農及一切勞苦羣衆書

我們現在已經殺盡了我們的反革命國民黨軍官，已經建立了新的工農紅軍！當反革命的國民黨拚命掙扎的當口，帝國主義武裝干涉的時候，要在我們革命的勞苦工農[illegible]任務，是[illegible]加大加緊了！我們的紅軍兵士不是失業工人，便是失掉土地的農民，工農羣衆的利益與要求，也就是我們紅軍弟兄的。我們要清滅國民黨軍閥的混戰，只有提携各處的兵士，掉轉槍頭殺盡自己的反革命的軍官，組織紅軍！工農階級要獲得着解放，只有擁護擴大紅軍，[illegible]的國民黨與他的主人帝國主義者。我們鄭重向全國與全世界的工農宣言：我們是工農的武裝，我們是工農政府（蘇維埃）的衛隊，我們誓死執行全國第一次蘇維埃大會的政綱，徹底消滅國民黨的反動勢力與帝國主義的干涉！所有這些任務，須要擴大工農革命的努力，[illegible]紅軍，并要踴躍的參加紅軍。工農弟兄們，我們聚攏着手，與反動的國民黨及其主人帝國主義[illegible]！我們一齊高呼：

消滅軍閥戰爭！打倒帝國主義！
打倒國民黨！打倒改組派！
中國工農兵代表蘇維埃政府萬歲！
實現全國第一次代表大會的十大政綱！
工農自己的武裝工農紅軍萬歲！
中國工農革命的領導共產黨萬歲！

工農紅軍第十四軍全[illegible]

《告工农及一切劳苦群众书》

红军井

红军井位于江安镇周庄社区。

1930年4月3日，中国工农红军第十四军建军大会在如皋西乡贲家巷举行，参加建军大会的红军指战员以及两万多名群众将全村四口井中的水全部饮干。四口水井现仅遗存其中一口，当地群众称其为“红军井”。

红军井井壁由青砖砌成，井口平台为黄麻石板，井水四季不枯，清澈甘甜。至今，红军井仍为附近村民日常生活所用。

红军井

中国工农红军第十四军临时军部遗址

遗址位于搬经镇兴厦社区。

红十四军临时军部遗址纪念碑

红十四军建军后，通海如泰地区反对国民党反动派的斗争形成新的高潮。1930年4月9日，国民党江苏省警察总队队长李长江率部进驻如皋，电令通海如泰9县在一个月内完成江北“剿共”计划，并成立如皋城防委员会，统一指挥省警队、县警队轮番下乡“扫荡”。为避敌锋芒，红十四军军部从江安贲家巷转移至卢港以北夏堡附近的鞠厦小学，继续指挥红军游击区内的武装斗争。此间，民主人士季恺专程拜访何昆军长，告知国民党军警的“清剿”部署，赠送如皋军用地图一张，并将自己刚使用的一挺手提机枪借给何昆军长。

2009年12月，如皋市人民政府在搬经镇原鞠厦小学内立中国工农红军第十四军临时军部遗址纪念碑。

红十四军老户庄战斗遗址

遗址位于磨头镇老户村。

1930年4月15日夜，红十四军军长何昆率第二支队进驻如皋磨头封建恶霸地主张符秋盘踞的老户庄附近的吴家庄，准备攻克影响红军游击区向东连片发展的顽固堡垒。次日清晨，驻老户庄国民党军警一部出庄“扫荡”，被红军前哨部队突然袭击后回逃。周围群众闻讯赶至协助红军作战。当红军追至老户庄边时，集聚的参战群众已达万余人。

16日夜，红十四军二支队兵分三路向老户庄发起攻击。守敌利用老户庄三面环水、庄内碉堡高筑、拥有多挺机关枪等重武器的优势顽强抵抗，红军三路进攻均未能奏效。何昆军长重新调整进攻方案，将三路红军调至庄东，集中兵力从旱路向庄内突击。何昆军长用手提机枪掩护红军战士冲锋时胸部中弹倒下。此时，天已放亮，驻吴窑、石庄的国民党军警已赶至增援。红军腹背受敌，只得撤出

红十四军老户庄战斗遗址纪念碑

战斗。撤退途中，何昆军长因伤势过重不幸牺牲。

此战虽未能取胜，但它是红十四军武装斗争中极具影响力的战斗。

2009 年 12 月，如皋市人民政府在磨头镇老户村立红十四军老户庄战斗遗址纪念碑。

烈士纪念碑

老户庄战斗纪念室

如皋县工农革命委员会成立大会遗址

遗址位于江安镇周庄社区。

1930年5月1日，根据中共通海特委的决定，红十四军军部和中共如皋县委在如皋西乡贲家巷召开数万人大会，庆祝五一国际劳动节，并选举成立如皋县工农革命委员会，委员会由7人组成，其中工人代表2人、农民代表3人、红军士兵代表2人。如皋县工农革命委员会是土地革命战争时期江苏省境内最早建立的县级苏维埃政权之一。

如皋县工农革命委员会成立后，即在红军游击区内轰轰烈烈地开展土地革命，按照中共通海特委颁布的《暂行土地法解释书》，将没收的地主土地分配给贫苦农民。

2009年12月，如皋市人民政府在江安镇周庄村立如皋县工农革命委员会成立大会遗址纪念碑。

如皋县工农革命委员会成立大会遗址纪念碑

六甲乡苏维埃政府遗址

六甲乡苏维埃政府旧址

遗址位于江安镇六团村。

1930年6月，中共江苏省委派曹斌来如皋开展工作，江安区六甲乡、朝阳乡、陈堡乡分别以雇农和农民协会为基础，成立乡苏维埃政府。乡苏维埃政府红旗正中为镰刀斧头，左侧竖写“苏维埃政府”。六甲乡召开乡苏维埃政府成立大会时，由群众选举产生乡苏维埃政府主席和各部委员，并对组织、宣传、经济、武装、文教、土地、妇女、少先、交通、裁判、招待等各部委员进行工作分工。

中共江苏省委在1930年11月20日扩大会议上通过的《江南三省农民运动决议》中称：“仅如泰建立了苏维埃。”六甲乡是江南三省最早建立苏维埃政府的乡之一。

2009年12月，如皋市人民政府在江安镇六团村立六甲乡苏维埃政府遗址纪念碑。

六甲乡苏维埃政府遗址纪念碑

朝阳乡苏维埃政府遗址

朝阳乡苏维埃政府旧址

遗址位于江安镇戈堡社区。

1930年6月，在中共江苏省委派员指导下，江安区朝阳乡以雇农和农民协会为基础，在江安区委书记、中共如皋县委委员缪春昂位于朝阳村的家中，成立朝阳乡苏维埃政府。乡苏维埃政府成立大会上，选举产生主席和各部委员，并明确分工。朝阳乡是江南三省最早建立苏维埃政府的乡之一。

2009年12月，如皋市人民政府在江安镇戈堡立朝阳乡苏维埃政府遗址纪念碑。

朝阳乡苏维埃政府遗址纪念碑

陈堡乡苏维埃政府遗址

遗址位于江安镇陈严村。

1930年6月，在中共江苏省委派员指导下，在陈德纯（时任靖江县敌工科科长）家中成立陈堡乡苏维埃政府，并以雇农和农民协会为基础，召开乡苏维埃政府成立大会，由群众选举产生乡苏维埃政府主席和各部委员，并明确分工。陈堡乡是江南三省最早建立苏维埃政府的乡之一。

陈堡乡苏维埃政府旧址

陈堡乡苏维埃政府遗址纪念碑

2009年12月，如皋市人民政府在江安镇陈严村立陈堡乡苏维埃政府遗址纪念碑。

红十四军反八路“围剿”战斗遗址

遗址位于江安镇六团村。

1930年6月25日，国民党驻黄桥“剿共”总指挥李长江策划组织省保安大队一部和如皋、泰兴、泰县、靖江警察部队及如皋卢庄、卢港地方保卫团2000余人，兵分八路，向红十四军一师活动中心地带江安六甲、戈堡、陈堡等地发动“围剿”，号称“八路围剿”。红十四军一师师长张世杰率3个营600余名战士，利用大雾作掩护，在六甲桥附近设伏。敌先头部队150余人进入伏击圈后，被打得晕头转向。经3小时激战，歼敌100

六甲桥

红十四军反“八路围剿”战斗遗址纪念碑

余人，缴获枪支70余支，子弹千余发。其他七路国民党军摸不清红军的虚实，慌忙撤逃，“八路围剿”告破。此战创造了红十四军在平原地带集中优势兵力、变全局劣势为局部优势克敌制胜的范例。

2009年12月，如皋市人民政府在六甲桥东首立碑纪念。

红十四军严惩军内腐败万人大会遗址

红十四军严惩军内腐败万人大会遗址纪念碑

遗址位于江安镇陈庄村。

随着红十四军军事斗争的节节胜利，红十四军和地方党组织中开始出现腐败问题。中共通海特委、红十四军军部和中共如皋县委采取教育、惩治相结合的手段治理腐败。孙盛，绰号“破凉帽”，因其在攻打申家埭据点时作战勇敢，被提拔为中共如皋县委委员兼特务队队长，负责掌管红十四军的生活经费和购买枪支弹药的经费。但他居功自傲、贪污腐化、拉帮结派、为非作歹，经党组织多次教育后仍不悔改。1930年7月12日下午，中共通海特委在水洞口召开万人大会严惩腐败，特委书记刘瑞龙主持大会，省委监察委员曾克勤宣布孙盛的罪状，当场处决孙盛及其死党丁侉儿。

2009年12月，如皋市人民政府在江安镇陈庄村（原水洞口）立红十四军严惩军内腐败万人大会遗址纪念碑，以警示后人。

红十四军田家埠战斗遗址

遗址位于九华镇马桥村。

1930年8月3日，红十四军一师黄桥总暴动失利。在国民党军警重兵“围剿”下，红十四军一师从游击区中心区江安转移至镇涛地区。不久，红十四军一师拆分成4个游击队分散活动。

红十四军田家埠战斗遗址纪念碑

1930年9月9日，中共通海特委和红十四军军部在镇涛田家埠召开赤卫军和群众大会时，遭叛徒李吉庚引领的国民党军主力部队袭击，敌众我寡，遭受重创。此战为如泰地区红十四军的最后一仗。不久，中央军委和江苏总行委决定红十四军暂时停止活动。

2009年12月，如皋市人民政府在九华镇马桥村（原田家埠）立红十四军田家埠战斗遗址纪念碑。

抗日战争时期

（1937年7月—1945年9月）

1937年7月，全面抗战爆发后，如皋民众积极投身抗日救亡运动。1938年3月19日，如皋沦陷，国民党军队撤逃至如皋东乡马塘、掘港和西乡江安、卢港一带，一些与党组织失去联系的中共党员和社会进步人士纷纷组建抗日武装，开展抗日斗争。

1940年7月，新四军东进至如皋西部地区，成立中共如皋中心县委和如皋县抗日民主政府。10月后，如皋县通扬运河以西地区划为如西县，成立中共如西县委和如西县抗日民主政府。1941年年初，苏中第三行政区领导机关移驻如西县江安周庄头，逐步形成较为巩固的如西抗日民主根据地。

1941年11月14日，新四军一师一旅司令员叶飞率部于如西县高明庄围歼日寇加藤部，创新四军东进后大规模歼敌战例。

如西县人民在中国共产党和抗日民主政府领导下，建立抗日民族统一战线，实行新乡制，开展“二五”减租，并先后取得3次大规模围攻伪据点和反“清乡”火烧竹篱笆的胜利，在苏中抗战史上写下光辉的一页。

新四军高明庄战斗遗址

遗址位于搬经镇高明庄社区。

1941 年 11 月 14 日，驻黄桥日军加藤大队长率日军 50 余人、伪军 1000 余人，配合其他两路日伪军“扫荡”如西县，企图将新四军一师一

新四军高明庄战斗遗址纪念碑

新四军高明庄战斗纪念雕塑

旅机关及其主力部队合围于卢港、高明庄一带。

新四军一师一旅避敌锋芒，将主力转移至如皋城以南隐蔽，以地方武装和日伪周旋。当三路日伪军分别撤回据点时，新四军一旅旅长叶飞及时捕捉战机，决定围歼向黄桥撤回的日伪军。下午2时许，新四军一旅一团3个营，将加藤率领的日伪军合围于高明庄，激战至半夜，毙日伪军300余人，俘日军2人。加藤负伤后率残部逃回黄桥。

此役创新四军东进后大规模歼敌战例，延安《解放日报》对此役做了报道。

2012年10月，如皋市人民政府在高明镇高明庄社区立新四军高明庄战斗遗址纪念碑。2015年9月，如皋市人民政府在高明庄社区建新四军高明庄战斗纪念雕塑。

邹韬奋演讲遗址

遗址位于江安高级中学校园内。

1942年11月15日，著名爱国民主人士邹韬奋抵达如西中学（县立滨江中学），向苏中三分区和如西县党政军同志及全体师生发表演讲，畅谈民主团结，宣传抗日主张，给赤诚学子投身抗日救亡以很大的启迪和激励。2022年10月，江安高级中学在校内建韬奋亭并塑像纪念。

邹韬奋演讲纪念亭

新四军收复如皋城战斗遗址

遗址位于如城街道海阳中路南门桥东北河边。

1945年9月2日，日本政府正式签字投降后，驻守如皋城的伪独立十九旅旅长孔瑞五、伪保安大队大队长孟宪平拒绝向新四军和抗日民主政府缴械投降，率3000余伪军负隅顽抗。

新四军苏中主力部队在解放兴化县、泰兴县后，迅速向南挺进，解放苏中三分区境内日伪最后据点如皋城。9月15日夜，如西县、如皋县、泰县3县地方武装和民兵1万余人包围如皋城，等待新四军苏中主力部队到达后攻城。18日下午，新四军苏中军区特务旅二团、三团和特务团抵达攻城前沿阵地，清除东、西、南、北四门外伪军据点，开始对守城伪军展开炮击，并在民兵协助下挖战壕、架浮桥。20日晚，新四军攻城部队向守城伪军发出最后通牒，但城内伪军气焰仍十分嚣张。

抗战胜利墙

9月21日凌晨1时，新四军苏中主力部队在地方武装和民兵的配合下，冒着倾盆大雨，从如皋城四面城楼同时向伪军发起攻击。顿时，全城枪鸣炮吼，冲锋号声响彻夜空。伪军借三丈宽的城河和三丈高的城墙顽强抵抗。新四军将士肩扛云梯，在用牛车制成的“土坦克”掩护下，泅渡城河，攀爬城墙。攻打南城的新四军将士以血流成河的惨烈代价率先登上城墙，歼灭守敌，打开城门。后续大部队迅速突入城内，与伪军展开巷战。下午1时，新四军部队全部攻入城内，收复如皋城战斗告捷。

新四军战士攻打如皋城

2005年9月，为纪念在收复如皋城战斗中英勇牺牲的新四军将士，中共如皋市委、如皋市人民政府在首先破城的南城门附近建抗战胜利墙，以志纪念。

如城戰役中的民兵
以肉身當橋樁
用手臂做梯杠

在被解放的如皋城
三千餘民兵大檢閲
管司令說：「世界上最偉大的力量是有組織的老百姓。」

《苏中报》关于如皋攻城战斗的报道

解放战争时期

（1945年9月—1949年9月）

抗日战争胜利后，如皋城成为苏皖边区第一行政专员公署首府。

1946年1月13日，国民党军队在如皋白蒲打响破坏停战协定的苏中第一枪，后在北平军事调停部淮阴三人执行小组来如皋调停期间，又相继制造了震惊全国的“南通惨案”和如皋“徐浩泉血案”，并调集大军向苏皖解放区大举进犯。粟裕率军奋起自卫还击，闻名中外的苏中战役“七战七捷”有三战奏凯于如皋境内，其中丁（堰）林（梓）战斗和如黄路战斗被毛泽东主席作为典型战例写入《集中优势兵力，各个歼灭敌人》一文。

1946年9月12日，华中野战军战略转移北上作战。不久，如皋沦为敌后。全县军民坚持敌后斗争，经过两年多的决死苦斗，恢复了除公路沿线城镇据点以外的广大根据地。随着淮海战役的胜利，1949年1月27日，如皋全境解放。

中共华中第一地方委员会机关遗址

中共华中第一地方委员会机关原貌

遗址位于如皋市如城街道钱家桥东河边。

1945年11月，中共苏中第三、第四地委合并，在如皋城成立中共华中第一地方委员会，钟民任书记，洪泽任副书记。地委机关设于如城钱家桥东河边李宅。

1995年后，因如城内外城河改造，地处外城河边的钱家桥李宅被拆除。

中共华中第一地方委员会机关遗址

苏皖边区第一行政专员公署旧址

苏皖边区第一行政专员公署旧址

旧址位于如城街道石合泰北侧。

1945年9月21日，新四军收复如皋城后，中共华中分局和苏皖边区政府为行政统一与领导集中，决定将原苏中三、四分区合并为苏皖边区第一行政区，以如皋为首府，领辖如皋、如东、南通、海门、启东、崇明、泰县、泰兴、靖江、紫石（海安）、东台、台北（大丰）12县。1945年12月1日，苏皖边区第一行政专员公署在如皋城成立，原苏中第三、第四专署奉命撤销。一专署机关设于如皋城大治巷一两层建筑内（后为县人民剧场）。

1995年后，因旧城改造，苏皖边区第一行政专员公署机关所在地建筑被拆除。

苏皖边区第一行政专员公署遗址（现石合泰北侧）

华中军区第一军分区司令部旧址

华中军区第一军分区司令部旧址

旧址位于如城街道文德苑内。

1945年12月5日，华中军区第一军分区在如皋城成立，原苏中第三军分区和第四军分区奉命撤销。第一军分区司令部设于如皋城南门小校场郭宅(原如皋酒厂、现文德苑内)。第一军分区直辖独立旅1个、特务团2个。

1995年后，如皋市政府实施旧城改造，华中军区第一军分区司令部旧址被拆除。

华中军区第一军分区司令部遗址

华中野战军第一师成立大会遗址

遗址位于如城街道碧霞路水绘园内大草坪南侧。

1946 年 1 月 10 日，国共双方同时颁布《停战令》，自 1 月 13 日午夜起生效。《停战令》后不久，国民党军即向新四军驻如皋白蒲的部队发起进攻，打响了国民党进攻苏中解放区的第一枪。“白蒲事件”发生后，如皋进入紧急备战状态。

1946 年 5 月，华中野战军第八纵队扩编为第一师，华中野战军司令员粟裕兼任师长、政治委员，陶勇任副师长，王集成任副政治委员，梅嘉生任参谋长，韩念龙任政治部主任。扩编兵源多为苏中地方人民武装，驻如皋的华中军区第一军分区的两个特务团被编入第一师。5 月 8 日，华中野战军第一师在如皋公园内的广场上召开成立大会。华中野战军第一师组建后，开抵苏中前线如皋、海安一线，成为闻名中外的苏中“七战七捷”的主力部队。

华中野战军第一师成立大会遗址

北平军调部淮阴执行小组白蒲调停遗址

遗址位于白蒲镇市大街113号。

白蒲调停遗址外景

1945年10月10日，国共双方代表签署了《双十协定》。次日，蒋介石却发布内战密令，向解放区发动军事进攻。由此，白蒲镇成为苏皖解放区南线的前沿阵地。

白蒲调停模拟场景

1946年1月10日，国民

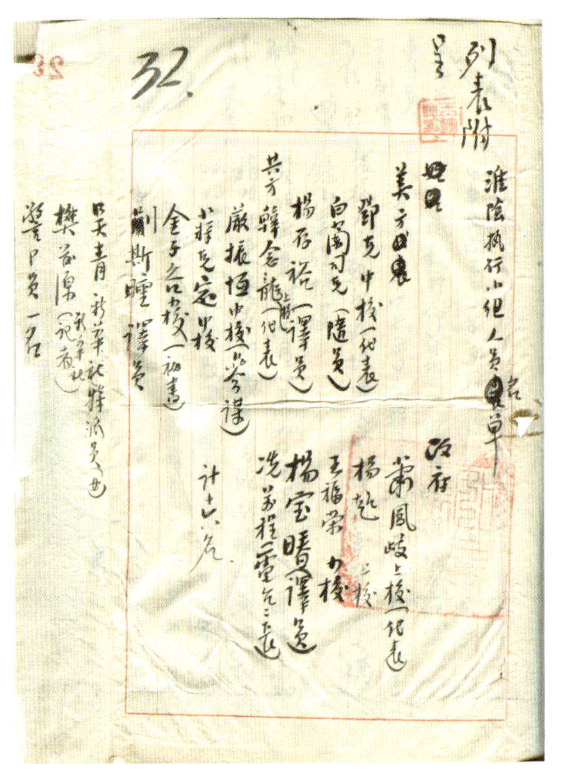

32.

附表

淮阴执行小组人员名单

美方四员

鄧克中校（代表）

楊存裕（譯員）

共方 韓念龍（代表）

嚴振恒中校（参谋）

政府

蕭鳳岐上校（代表）

王福榮少校

楊宝晴（譯員）

计十六名

“白蒲事件”淮阴执行小组人员名单

党政府代表被迫在《停战协定》上签字，国共双方同时颁布自1月13日午夜起生效的《停战令》。就在《停战令》公布的当天，国民党军二七一、二七二两团却以飞机、大炮猛轰白蒲镇华中第一军分区守军。新四军以大局为重，忍痛撤出白蒲及周围村镇10余处。国民党强占了白蒲镇，制造了震惊全国的“白蒲事件”。此后，社会各界强烈谴责国民党军背信弃义的行为，要求其立即撤出白蒲镇，赔偿人民损失，惩办罪首。在强大的舆论压力下，北平军调部决定在徐州执行小组下再设立一个由美方代表、国民党代表和中共代表组成的淮阴小组，负责调处“白蒲事件”。3月13日，淮阴执行小组抵达如皋城。17日，抵达白蒲镇，在美国长老会二楼进行调处。

由于国民党毫无和谈诚意，历时约4个月的调处工作不了了之，其间又发生“徐浩泉血案”“南通惨案”，暴露了国民党“假和平、真内战”的反动本质，最终点燃了苏中“七战七捷”的导火线。

华中野战军第一师师部遗址

遗址位于如城街道碧霞路水绘园内准堤庵。

1946年5月8日，华中野战军第一师（简称华野一师）在如皋城成立，师部设于如皋公园南大门外、内城河东侧的准堤庵内。苏中战役打响前，粟裕等第一师领导人曾在此办公，处理军务。

华野第一师师部遗址保护标识

21世纪初，如皋市政府将准堤庵划入水绘园风景区，并在原准堤庵旧址旁重建庵堂。

华中野战军第一师师部遗址

苏中战役皋南战斗、丁(堰)林(梓)战斗遗址

遗址位于丁堰镇S334(丁磨线)、S226(白雪线)交叉路口。

苏中战役皋南战斗、丁林战斗遗址纪念碑

1946年7月15日,华中野战军发起的苏中战役宣(家堡)泰(兴)战斗首战告捷后,司令员粟裕指挥主力部队挥师东进,将企图攻占如皋城的国民党军第四十九师包围在丁堰西南一带。7月18日皋南战斗打响,至23日主动北撤结束战斗,华中野战军累计毙敌4000余人。7月30日至8月11日,华中野战军相继取得海安战斗和李堡战斗胜利后,向南挺进。8月21晚,林梓战斗和丁堰战斗先后打响。至22日凌晨战斗结束,华中野战军毙敌1000余人,俘敌2000余人,缴获大量武器装备。新中国成立初,为纪念皋南战斗,小龙乡人民政府在鬼头街筑建皋南革命烈士墓(1978年,改建为皋南战斗遗址)。1957年,将境内开挖的第一条排灌河命名为“皋南河”,并在皋南村境内开发烈士河(东起丁堡河西至茅

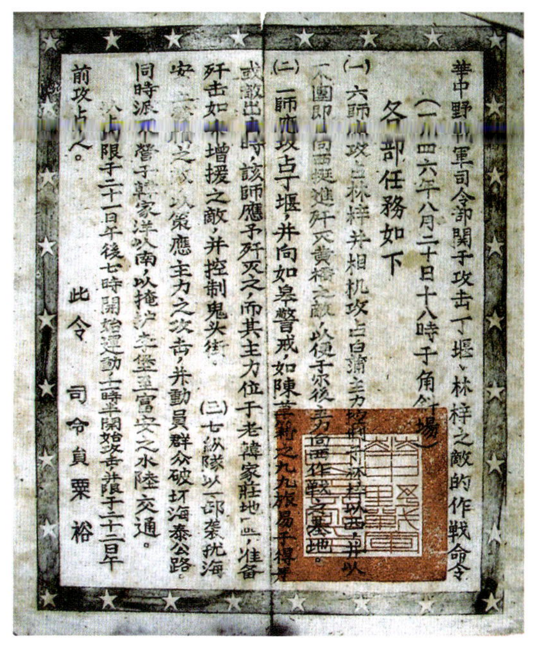

華中野戰軍司令部關于攻击丁堰、林梓之敵的作戰命令

（一九四六年八月二十日十八時于角斜場）

各部任務如下

（一）六師[illegible]攻占林梓，并相机攻占白蒲，主力[illegible]丁林[illegible]以西，并以一團即向西挺進，歼灭黄橋之敵，以便于尔後主力向西作戰之集地。

（二）一師[illegible]攻占丁堰，并向如皋警戒，如陳[illegible]之九九旅易于得手或敵出[illegible]時，該師應予歼灭之，而其主力位于老韓家莊地区，准备歼击如[illegible]增援之敵，并控制鬼头街。

（二）七縱隊以一部袭扰海安[illegible]之敵，以策應主力之攻击，并動員群众破坏海泰公路。同時派[illegible]營于韓家洋以南，以掩护李堡至富安之水陸交通。

以上[illegible]限于二十一日午後七時開始運動，十時半開始攻击，并限于二十二日早前攻占之。

此令

司令員　粟裕

华野司令部关于攻击丁林之敌的作战命令

雉河），建有烈士车口等。1958年，石人、禾丰小学合并，新建学校，命名为“皋南小学”（后撤并）。1983年将原丁西公社八大队命名为“皋南村”，现为皋南社区。

1978年，江苏省文物管理委员会审定丁堰镇鬼头街为皋南战斗和丁林战斗遗址。1979年7月，如皋县文管委在此立碑纪念。1995年7月，因拓宽通扬公路，丁堰镇人民政府在原址重建纪念碑。2015年，丁堰镇人民政府在鬼头街东侧建苏中战役遗址纪念雕塑，雕塑底座南北两侧分别刻有皋南、丁林战斗浮雕。

位于遗址附近的烈士河小桥

苏中战役如黄路战斗遗址

遗址位于搬经镇谢甸社区。

苏中战役如黄路战斗遗址原纪念碑

1946年苏中战役中宣泰战斗、皋南战斗、海安战斗、李堡战斗、丁堰林梓战斗相继取得胜利后，邵北保卫战打响。为解邵北之危，华中野战军以主力分割围歼由黄桥东进增援如皋和从海安、如皋出发接应黄桥援军的国民党军。8月25日，战斗在如黄路上的分界和谢家甸打响，激战至27日傍晚，全歼被围困于分界和谢家甸的国民党军。此战共歼敌1.7万余人，缴获大量武器装备，击落敌机1架，是苏中“七战七捷”歼敌最多、缴获最丰之战。战后，毛泽东亲拟电文通报全军，并将此战例写入《集中优势兵力，各个击破敌人》一文，收入《毛泽东选集》第四卷。

苏中战役如黄路战斗遗址纪念碑

1979年5月，如皋县文物管理委员会在原加力乡谢甸村建苏中战役如黄路战斗遗址纪念碑（已拆除）。2015年9月，中共如皋市委、如皋市人民政府在此重建苏中战役如黄路战斗遗址纪念碑。

纪念设施

中华人民共和国成立后，为纪念革命战争年代牺牲在如皋大地的革命英烈，如皋县人民政府先后兴建如皋县革命烈士馆、中国工农红军第十四军军长何昆烈士纪念碑等纪念设施。

20世纪90年代前后，如皋县(市)人民政府加大革命纪念设施建设的投入，先后建成吴庄烈士陵园、如皋烈士陵园和中国工农红军第十四军建军纪念碑等大型纪念设施，并在原丁堰、建设等乡镇，将解放战争时期苏中战役皋南战斗和丁(堰)林(梓)战斗中牺牲的华中野战军战士就地掩埋的尸骨集中安葬，立碑纪念。

2009年至2011年，中共如皋市委、如皋市人民政府投入巨资，建成国家级纪念馆——中国工农红军第十四军纪念馆。

2018年以来，各镇(街道)相继对原有镇、村烈士陵园等纪念设施进行了修缮、扩建、重建，并根据赓续红色血脉、加强革命传统教育的需要，新建了一批慰烈园、红色主题教育基地等纪念设施。

遍布城乡的革命纪念设施，成为缅怀革命先烈、开展爱国主义教育和革命传统教育的主要场所。

中国工农红军第十四军建军纪念碑

纪念碑位于江安镇周庄社区。

1930年2月，中央军委和中共江苏省委决定，在如泰工农红军和中国工农红军江苏第一大队基础上，建立中国工农红军第十四军。1930年4月3日，中共通海特委在如皋西乡贲家巷举行中国工农红军第十四军建军大会。红十四军在国民党反动统治中心横戈跃马，历经大小战斗近百次，开辟了幅员广大的通海如泰红军游击区，给国民党和反动封建势力以沉重打击。红十四军开展武装斗争的时间虽然不长，但在江苏和中国革命史上写下了光辉的一页。

中国工农红军第十四军建军纪念碑

1990年4月3日，中共南通市委、南通市人民政府、南通军分区及中共如皋县委、如皋县人民政府在如皋贲家巷建中国工农红军第十四军建军纪念碑，纪念碑碑文由张爱萍将军亲笔题写。2023年，中国工农红军第十四军建军纪念碑园被命名为江苏省党史教育基地。

红十四军烈士墓群纪念碑

红十四军烈士墓群纪念碑

纪念碑位于搬经镇焦港村。

红十四军诞生后，在如泰地区与敌血战，活动范围较广，影响力较大，引起了国民党的恐慌。国民党省党部主席韩德勤命令江苏省"剿共"总指挥李明扬分路"围剿"追击红军，红军损失惨重。红十四军李超时等主要领导人奉中共江苏省委命令回上海参加反"立三路线"斗争，红十四军失去强有力的领导，队伍被打散，根据地被敌人占领。

1930年9月，田家埠战斗后，红十四军停止活动。游击区革命斗争转入低潮，国民党反动派疯狂屠杀共产党员、红军战士和革命群众。位于卢港西南角的三十亩和东南角的六十亩以及卢庄庄后的三处荒冢，成为敌人实施集体屠杀的刑场，数以百计的红十四军将士在这里为革命流尽了最后一滴血。

2009年12月，如皋市人民政府在原六十亩荒冢立碑纪念。

如西抗日民主根据地纪念碑

纪念碑位于江苏省江安高级中学校园内。

1940年7月，陈毅率部东进，在如皋西乡建立县、区抗日民主政权。10月，黄桥决战胜利，中共如皋中心县委和如皋县政府随军继续东进至如皋东乡，随后，以通扬运河为界划县，东部为如皋县，西部为如西县。江安、卢港为如西抗日民主根据地中心区。此后，如皋的抗日斗争由自发性的、零散的斗争，逐步发展为有组织、有规模，而且有新四军主力部队直接参加的人民战争。

2021年6月，江苏省江安高级中学在校园内立如西抗日民主根据地纪念碑。

如西抗日民主根据地纪念碑

如西中学纪念碑

纪念碑位于江苏省江安高级中学校园内。

1941年2月，如西县抗日民主政府在西戈堡周氏宗祠办如西中学分部，同月扩迁至古刹宝庆寺更名为如西中学。学校先后易名为如西县立滨江中学、如西中学一院、如皋第二中学一院、如皋第一中学本部、苏皖边区一分区区立如皋中学、如皋中学分部、苏北江安初级中学、如皋县江安中学、如皋市江安中学、江苏省江安高级中学。

学校是如西抗日民主政府以“坚持抗日民主立场，贯彻学用一致精神”为建校宗旨，在如皋最早创办的中学。在烽火连天的抗战岁月，学校有400多名学子毅然投笔从戎，更有25位烈士捐躯赴国难，被称为“苏中小抗大”。

2021年6月，江苏省江安高级中学在校园内立如西中学纪念碑。

如西中学纪念碑

九华抗战烈士纪念碑

纪念碑位于九华镇郑甸社区。

1944年6月7日，驻平潮日伪军中队长陆桂林率部窜据新坝，企图巩固平潮、九华山之间的交通线，并沿浦启线蚕食如西抗日根据地。6月9日，如西县独立团以两个营兵力星夜奔袭日伪新坝据点。10日拂晓4时，战斗打响。激战至下午，击毙日军组长以下10人、伪中队长陆桂林以下伪军100余人，平毁日伪军构筑的碉堡及防御工事。此战中，如西县独立团19名战士英勇牺牲，当地民众将烈士盛殓安葬。

1968年4月，原如皋县龙舌人民公社立碑纪念。

1986年12月，如皋县民政局、龙舌乡人民政府于原址重建纪念碑。2022年12月，九华镇人民政府修缮此碑。

九华抗战烈士纪念碑

徐湾战斗纪念碑

纪念碑位于东陈镇徐湾社区。

1944年9月6日，中共如皋县城东区委得到情报，将有日军运输船队经过通扬运河徐湾段，区队立即组织150人在此侍机伏击。

9月7日上午9时许，一个日军小队和一个连的伪军押送10条运输木船沿通扬运河行进，进入我区游击队所设的伏击圈，区游击队前后夹击、狠狠打击。此战击毙日军小队长1名、伪军7名，缴获捷克机枪1挺、掷弹筒1个、步枪若干。区队一排长（乡长）周骏发、班长薛加有在战斗中壮烈牺牲。

1984年4月10日，中共丁北乡（现属东陈镇）党委、丁北乡人民政府立此碑，永志纪念。

丁堰新四军烈士纪念碑

纪念碑位于丁堰镇丁新路。

1945年9月20日，为配合新四军收复如皋城，苏中四分区军民发起围攻通（南通）如（皋）线重镇丁堰镇的战斗。激战至当晚，歼伪保安大队一部、伪独立十九旅一部，俘伪团副及以下官兵600余人，缴获大量武器装备。

此战中，共有16名新四军战士英勇牺牲。战后，当地群众将16位烈士安葬于丁堰镇东首，并立碑纪念。时任丁东区区长缪永安题写碑文。

1979年，丁堰镇人民政府于16位烈士安葬地兴建烈士陵园，并重修纪念碑。此后，丁堰镇人民政府将1946年在丁（堰）林（梓）战斗中牺牲的华中野战军60位烈士移葬于此。

1991年12月，如皋市人民政府公布丁堰镇烈士纪念碑为如皋市文物保护单位。

丁堰烈士纪念碑

丁堰鞠庄皋南战斗二百烈士纪念碑

纪念碑位于丁堰镇鞠庄村。

鞠庄皋南战斗二百烈士纪念碑

1946年7月18日至21日，苏中“七战七捷”之皋南战斗在丁堰展开。华中野战军于鞠庄鞠观堂庙内设前线临时包扎所，凡从前线抢运而来的伤员，在所内进行简单包扎处理，随后转运至后方医院。一师三旅九团三营营长王干臣等200余名(其余均未留下姓名)重伤员因伤势过重抢救无效，牺牲在包扎所内。时值盛夏酷暑，且战事紧张，部队行将转移，地方干部群众将烈士遗体就近安葬于此。2017年7月，丁堰镇人民政府在此建立碑亭，以志纪念。

磨头皋南战斗烈士纪念碑

纪念碑位于磨头镇光明东路。

1946年7月18日至23日，华中野战军发起苏中战役皋南战斗，取得歼敌1万余人、俘虏6000余人的辉煌战绩。

皋南战斗期间，华中野战军一师在磨头镇设立伤兵包扎所，其中72位新四军战士因伤势过重抢救无效而光荣牺牲，被合葬在当地，并立碑纪念。10月，我军北撤后，国民党第四十九师占据如皋城，该碑被毁。1950年4月，在原址重建皋南战斗烈士墓。

1959年7月21日，如皋县人民政府于72位烈士安葬地立皋南战斗烈士纪念碑，并将72位烈士遗骸集中安葬于大墓穴中。2022年，磨头镇人民政府对园内设施予以修缮。

磨头皋南战斗烈士纪念碑

柴湾皋南战斗烈士纪念碑

纪念碑位于城北街道慰烈园内(柴湾社区)。

1946年7月中旬,国民党陆军整编第四十九师大举进犯如城,华中野战军发起苏中战役皋南战斗。

皋南战斗期间,华中野战军第一师在柴湾设立伤兵医院,有22名战士和1名支前民工因伤势过重在医院不治身亡,就地安葬。战后,地方党组织组织群众将23名烈士集中安葬在伤兵医院附近。

1986年夏,原柴湾乡人民政府建立墓园并立纪念碑。彭德清将军为纪念碑题词“浩气长存。”

柴湾皋南战斗烈士纪念碑

丁北皋南战斗烈士纪念碑

纪念碑位于东陈镇杨庄村。

丁北皋南战斗烈士纪念碑

1946年7月18日至23日，华中野战军发起苏中战役皋南战斗，取得歼敌1万余人的辉煌战绩。

战斗期间，华中野战军12名伤员在向后方医院转运途中，因伤势过重而牺牲。地方党组织组织群众将12名烈士安葬于原丁北乡杨庄村（现属东陈镇）。

1994年6月，东陈镇人民政府在杨庄村立皋南战斗烈士纪念碑。

2009年11月，东陈镇人民政府于原址重修烈士纪念碑。

宋家桥皋南战斗烈士纪念碑

纪念碑位于如城街道老南社区。

1946年7月18日至23日，华中野战军发起苏中战役皋南战斗，取得歼敌1万余人的辉煌战绩。

战后，地方党组织组织群众将皋南战斗中牺牲在宋家桥及其附近的部分烈士就地安葬。

1986年11月，原建设乡人民政府在宋家桥烈士安葬地建烈士陵园，将散葬于全乡各村的56名革命烈士移葬于陵园内，并在园内立皋南战斗烈士纪念碑。

宋家桥皋南战斗烈士纪念碑

八角井皋南战斗烈士纪念碑

纪念碑位于城北街道八角井村22组。

1946年7月18日，苏中战役皋南战斗在如皋打响，23日，华中野战军主动北撤结束战斗。此次战斗中，我方伤员由地方党组织安排民工转运至后方医院救治，牺牲的官兵则就近安葬。八角井烈士纪念碑所在地为皋南战役牺牲烈士集中安葬地之一，所葬烈士姓名及人数不详。1981年，地方政府对该墓地进行了修缮，并重立纪念碑。

原纪念碑

八角井皋南战斗烈士纪念碑

渡江战役东线起渡点纪念碑

纪念碑位于石庄镇张黄港社区焦港水利枢纽管理所东南侧，为纪念渡江战役起渡点张黄港而建，2022年建成。

渡江战役东线起渡点纪念碑

1949年2月，中央军委决定以百万大军发起渡江战役，夺取国民党的政治经济中心南京。1949年2月起，三野（华东野战军）屯兵长江北岸，石庄西起张黄港、东至沈家圩均有驻军，部队在当地征集帆船、篙师、舵手。2月底，如皋县政府成立渡江支前总队，队部设在张黄港，负责与渡江部队联系，并组织当地广大民兵和翻身农民积极筹备粮草、木材、船只等军用物资，协助北方士兵练习游泳。沿江船民出船、出人、出力，配合部队渡江演练。3月31日，渡江战役总前委制定的《京沪杭战役实施纲要》称："由粟裕、张震两同志率三野统率机构，直接指挥三野第八、第十两兵团之主力，共6个军及3个独立旅，由张黄港至龙稍

红色文化长廊

港段及由口岸、三江营、京口段实行渡江。”4月21日晚6时许，随着一声令下，东路渡江勇士从张黄港登船，直指江南。张黄港为渡江战役东路作战集团最东起渡点。

为弘扬如皋治沙优良传统，积极打造党建特色品牌，社区与焦港水利枢纽管理所以创建国家级水管单位和幸福河湖为契机，共同打造了党建教育基地。基地分为党员活动中心和焦港河治沙改水活动中心两大部分，包括治沙广场、水墨广场、水文化宣传廊、长寿文化园、廉政文化廊、水利科博馆等，并配有党员活动室，通过领导题词、图片、雕塑等，追忆如皋人民治沙改水的艰辛历程，凝聚踔厉奋发、共创美好的力量。

治沙广场

徐芳德烈士纪念碑

徐芳德烈士

纪念碑位于江安镇六团村。

徐芳德，又名徐芳，如皋江安六甲人，1901年出生。1924年，在江苏省第一代用师范学校读书，1926年夏，在校加入中国共产党。毕业后，以卢港第十九校校长身份作掩护，从事革命活动。1927年7月，中共如皋县委成立，徐芳德当选中共如皋县委委员兼任西乡区委书记。

1928年，徐芳德参与组织指挥如泰五一农民暴动。暴动失败后，仍留在暴动区坚持斗争。同年7月，中共如皋县委重建，徐芳德当选县委常委兼组织委员。此后，相继组建镇涛区委和第一支红军游击队，开展武装斗争。

1928年11月，徐芳德当选中共南通特委委员，同时接任中共如皋县委

徐芳德烈士纪念碑

书记。

1929年1月10日，徐芳德带着两名警卫员回江安六甲老家，准备将如皋西乡和南乡游击队集中编队时，被国民党驻贲巷的警察中队包围。激战中，两名警卫员当场牺牲，徐芳德不幸腿部负伤被捕。

徐芳德被解押到如皋县城后，遭到酷刑逼供，但他坚贞不屈。1月27日清晨，徐芳德在如城北门眼光庙北口被枪杀，年仅28岁。同年1月16日上海《申报》、17日南通《通通日报》均记载：徐芳德被捕时，敌人从其警卫杨成宣身上搜出“中国共产党江苏如皋县委印”和“中国工农红军总司令部江北总指挥”两枚印章。

1997年3月，中共如皋市委、如皋市人民政府在江安六团村立碑以示纪念。

何昆烈士纪念碑

何昆烈士

纪念碑位于磨头镇老户村。

何昆，原名何德晟，字克信。1898年9月25日生于湖南省永兴县。1925年冬考取黄埔军校预科。1926年春加入中国共产党。1927年12月11日参加广州起义，起义失败后被捕，后率难友成功越狱。

1930年年初，中央军委和中共江苏省委组建中国工农红军第十四军，何昆任军长兼中共通海特委委员。

何坤（昆）烈士纪念碑

1930年4月16日，何昆率红十四军第二支队攻打如皋磨头封建恶霸地主张符秋盘踞的老户庄。战斗中，何昆身先士卒，用手提式机枪掩护战士冲锋，不幸胸部中弹，在部队撤退途中牺牲。党组织将何昆安葬在如皋西乡西燕庄。

1960年5月，如皋县人民政府在老户庄立中国工农红军第十四军军长何坤烈士纪念碑，纪念碑碑文由张爱萍将军亲笔题写。

何昆烈士塑像（位于如皋烈士陵园内）

何昆烈士墓（位于如皋烈士陵园烈士墓群）

王玉文烈士纪念碑

王玉文烈士

纪念碑位于搬经镇芹界村。

王玉文，原名丁邦选，化名李达三、汤三、丁竹筠，如皋搬经人，1905年11月出生。1923年考入江苏省立第二师范学校（上海龙门师范学校）。1925年毕业前夕，加入中国共产党和国民党。1927年元旦，国民党如皋县党部秘密成立，王玉文以国民党党员身份担任宣传干事。1928年4月，根据中共如皋县委指示打入国民党如皋县卢港区行政局，从事秘密工作，参与组织和领导了如泰“五一”农民暴动。暴动失败后，转移到上海隐蔽。同年7月，担任中共海门县委书记，在启东、海门开辟工作。12月，任南通特委委员。1929年春，任中共如泰中心

王玉文烈士之墓

县委书记兼中共泰兴县委书记。王玉文与中共如皋县委书记韩铁心商定，将如皋、泰兴两县红军游击队集中编队，成立如泰工农红军。8月28日，在江安宝庆寺召开如泰工农红军成立大会，后攻克石桥头、分界盐局缉私队，张家庄伏击战中拔除北申家埭恶霸地主周松平据点。

1930年2月，中央军委决定在通海如泰红军游击武装基础上成立中国工农红军第十四军，委派王玉文负责接送中央军委和中共江苏省委派往红十四军的干部。不久，王玉文改任南通、海门、启东、如皋和泰兴五县巡视员。同年8月3日，红十四军发起的黄桥总暴动失败后，发现中共泰兴县委特务队负责人李吉庚有叛变迹象。8月30日，王玉文不顾个人安危，带领五六名游击队员赶到泰兴县宁界乡周家荡去做李吉庚的工作，被李吉庚派来的叛徒杨志枪杀，年仅25岁。后安葬于张芹村小学校内，2020年12月，墓碑重新整修。

穆子奇烈士纪念碑

穆子奇烈士

纪念碑位于吴庄烈士陵园内。

穆子奇，原名缪元其，又名缪子异，1903年4月出生于如皋江安原朝西庄。1928年春加入中国共产党。此时，党正领导如皋西乡农民进行武装暴动的准备，他毅然辞去塾师工作，回家乡从事革命活动。由于他紧紧依靠群众开展革命工作，朝西庄很快成为全县农民革命运动的中心。1928年5月1日晚，中共如皋县委在朝西庄召开“五一”农民暴动誓师大会，在总指挥部的指挥下，穆子奇带领朝西庄农民参加攻打东燕庄、周家庄、卢家庄地主庄园的战斗。暴动失败后，国民党反动派狂烧滥杀，暴动领导人相继牺牲或转移。在严酷的白色恐怖面前，穆子奇仍在原地坚持斗争。

1929年春，穆子奇任中共卢港区委书记。同年夏，任中共如皋县委宣传委员。他深入群众，秘密联络同志，恢复和发展了

穆子奇烈士纪念碑

党的基层组织，重新建立农民革命武装，为如泰工农红军的创立做了大量工作。此后，他组织江安、卢港两区各乡赤卫队和农民积极配合红十四军作战，为如西游击区的建立做出了重要贡献。1930年5月，穆子奇改任中共如皋县委组织委员。为巩固发展革命根据地，他积极筹划根据地政权建设，并选择江安区的六甲、朝阳、陈堡和卢港区鄂岱4个乡试点，先行建立苏维埃政府。9月，红十四军武装斗争失败后，穆子奇继续在如皋西乡坚持地下斗争。11月，穆子奇奉命去上海，中共江苏省委重建中共如皋县委时被任命为中共如皋县委书记。年底，与县委军事委员曹玉彬、秘书朱香九等5人回如皋开展恢复工作，途径江阴时，因叛徒告密不幸被捕，解往镇江。在狱中受尽酷刑，仍坚贞不屈。

1931年3月12日，穆子奇与曹玉彬、朱香九一起在镇江北固山下英勇就义，时年28岁。

于咸烈士纪念碑

于咸烈士

纪念碑位于九华镇马桥村。

于咸，如皋镇涛区福兴庄人，1907年出生。1924年考入上海美术专科学校。1926年冬，因参加学潮而被校方开除。此后，在中共上海地下组织的领导下开展革命宣传活动，在张贴标语时被国民党当局逮捕，被判刑2年。入狱数月后，经父亲营救出狱。

1927年6月，于咸经如皋中共早期党员陆景槐介绍加入中国共产党。1928年12月，任中共如皋县委委员。1929年春，任中共如皋县委军事委员，参与创建和领导镇涛红军游击队。同年8月，任如泰工农红军第一分队（后改为第一中队）队长，率队转战如泰边境，屡建战功。

于咸烈士纪念碑

1930年春，于咸接任中共如皋县委书记，在发动红军游击区群众进行土地革命的同时，积极配合红十四军开展武装斗争。红十四军失败后，于咸先留在游击区处理善后工作，后只身赴沪，收留红十四军流散人员。1931年7月26日，于咸率8人潜回如皋西乡东燕庄，经过一段时间的艰苦努力，逐步恢复了当地的党团组织、农协会和赤卫队。

1931年8月28日中午，于咸等3人在如皋西乡朝西庄北油锅头等待泰兴县游击小组前来开会，因叛徒出卖被警察队和地方保卫团包围。激战至傍晚，在从屋里冲出奔向不远处的高粱地时，不幸中弹牺牲。2008年，如皋市人民政府在九华镇马桥村立于咸烈士纪念碑。

吴汝连七烈士纪念碑

吴汝连烈士

纪念碑位于江安镇周庄社区。

吴汝连，化名鲁连夫、路连夫，1909年2月15日出生于如皋车马湖吴家享堂（现长江镇刘胜村）。1930年2月加入中国共产党。同年3月，任中共镇涛区委书记，兼镇涛游击中队队长。6月，在红十四军攻打石庄战斗中负伤，被送往上海治疗，伤愈后被组织留在上海互济会，从事党的地下活动。

1931年8月，中共江苏省委派吴汝连继任如皋县委书记，回如皋领导恢复工作。这时，国民党江苏省保安团、如皋县警察中队对境内

吴汝连七烈士纪念碑

交通要道严加控制，岗哨密布，在各乡建保卫团，并推行保甲制，环境恶劣，工作极难开展，吴汝连不得不数次撤回上海。

1932年2月，中共江苏省委决定成立中共如泰县委，统一领导如皋、泰兴两县的恢复工作，吴汝连再次临危受命，担任中共如泰县委书记。3月，吴汝连回到江北，在如泰边境秘密活动，召集了部分在原地隐蔽的人员，镇压了一批恶霸地主和反动分子，恢复了部分党的基层组织。

1933年1月3日，吴汝连带领5名同志闯入群岸村河北一户人家，当场击毙卢港区反动乡长石宜生。春节刚过，又带领红十四军失利后隐蔽待命的几位同志，镇压了5名反革命首恶分子。清明节后，吴汝连指导各支部开展春荒斗争，亲自率领游击队武装保护群众，到恶霸地主家分粮，群众的革命情绪又高涨起来。为进一步发动群众，吴汝连准备在五一节举行一次大的活动。

4月27日晚，吴汝连率领游击队奔袭如泰边境国民党乡长黄伯敏率领的反动武装，激战至次日凌晨1时，因敌方火力较猛，被迫撤退至戈家堡尤学庆家暂住。因奸人告密，被警察中队杨汇川部及江安、卢港反动地主武装300多人包围。吴汝连率大家从清晨战斗到太阳落山，眼看子弹将用尽，吴汝连带领大家向外突围，遭敌人机枪猛烈扫射，吴汝连和陈奎、吴桂生、吴春茂、李二、丁昌银、萧喜儿6名游击队员英勇牺牲。2009年12月，如皋市人民政府在红十四军建军纪念碑园内立吴汝连七烈士纪念碑。

刘亮烈士纪念碑

纪念碑位于东陈镇刘亮村。

刘亮，原名刘量，祖籍扬州，1920年出生于上海。1937年"八一三"淞沪战役后，积极投身抗日救亡运动。1938年加入中国共产党。1941年年初，刘亮接受组织派遣，从上海来到泰东县立发区工作，先后担任区委武装科科长、宣传科科长、区游击队队长等职。后调如皋城东地区，组织领导农民开展反"清乡"、反"扫荡"、反伪化的斗争。

1942年4月4日晚，刘亮率领区队移驻牌楼乡（今雪岸居委会），由于叛徒告密，盘踞在海安县西场镇的伪三十四师保卫团团长陈玉树率数百名伪军，冒雨赶到区队驻地，将刘亮及区队队员团团包围。为掩护战友突围，刘亮奋力抵抗，终因寡不敌众、弹尽援绝而落入魔掌。敌人软硬兼施，威逼利诱，要刘亮说出我

刘亮烈士纪念碑

区委驻地，刘亮均嗤之以鼻。在一夜的酷刑面前，刘亮坚贞不屈，并大骂：你们这些汉奸、卖国贼，空披了一张人皮……次日凌晨，敌人害怕我军各路武工队联合营救，便将刘亮押往西场。在途经耿家巷东南边的夏家塌子时，敌人为了逼迫刘亮快跑，用刺刀向他后腰猛捅一刀，鲜血直流的刘亮意识到自己生命将尽，假装示意押解他的伪军，欲与伪连长交谈。伪连长以为刘亮真回心转意交代问题，就下马来到刘亮身边。刘亮乘敌不备，用尽全力向前猛跨一步，一口咬下伪连长的耳朵，被凶残的敌人开枪杀害，时年21岁。

刘亮牺牲后，被安葬在夏庄，后迁至小学内。为纪念刘亮烈士，特将刘亮牺牲地何园乡命名为刘亮乡，新中国成立后，当地政府将烈士牺牲地的村庄命名为刘亮村，当地小学命名为刘亮小学（已撤并）。1962年春，在刘亮小学建纪念碑，1983年刘亮村委会在原址重建纪念碑。1993年4月，如皋市民政局、教育局、雪岸镇人民政府在刘亮烈士纪念碑旁建纪念室。

刘亮烈士纪念室

何正、陆纯烈士纪念碑

纪念碑位于吴庄烈士陵园内。

何正、陆纯烈士

何正，江西省安福县人，1919年出生。1935年，在江西参加工农红军，在赣南游击战斗中锻炼成长。1936年加入中国共产党。1940年秋，随新四军东进，参加黄桥决战，因负伤休养，留任黄桥区队队长。伤愈后调入地方部队，历任泰兴县独立团一营营长、苏中三分区特务一团营长。1946年夏秋，苏中战役“七战七捷”后，华中野战军向北战略转移，何正被任命为苏中一分区南线支队特务营营长，在敌占区坚持斗争。1946年秋，何正到华东党校学习，结束后到如皋工作。1947年2月调任如皋县警卫团参谋长。此时，正值国民党军残酷“清剿”和地主、“还乡团”疯狂反攻倒算之时。何正率县警卫团与敌人开展异常残酷的拉锯战，先后取得攻克国民党军周庄头中心据点等多次战斗胜利，恢复焦港以东大部地区。4月10日上午，率部击退窜犯申家埭的敌保安队、自卫队，下午于井耳头一带击溃敌200余人的反扑，夜间率部奇袭石庄，毙敌自卫队队长以下20余人。一日三捷，军威大振，何正受到军分区通报表扬，升任县警卫团副团长。此后，他率领县警卫团挺进龙游河以东三角地区，又取得范湖州伏击战、靖江县东部破袭战、奇袭如皋城等一系列胜利，粉碎了国民党军对龙游河河东地区的重兵“驻剿”。1947年12月10日，驻石庄国民党军一个连配合国民党保安队200多人北犯癞宝庄，沿途烧杀抢掠无所不为。何正率部两路包抄围歼，战斗中不幸中弹牺牲。

何正的妻子陆纯，1928年生，中共党员。1947年5月调至如皋工作，任石庄区妇女主任。她革命意志坚定，工作认真负责，组织群众同国民党反动派作斗争，并经常带领民兵配合区队、县团行动。她与何正既是恩爱夫妻，又是战友、同志，在生活上，她对何正体贴关怀备至，全力支持何正率领县团作战。11月13日凌晨，分区部队攻打国民党石庄镇据点未克，后奉命转移。陆纯未能及时得到消息，误以为石庄镇已全部攻克，拂晓时带领民兵进镇打扫战场，不幸被俘。在酷刑面前陆纯坚贞不屈，当时她已怀孕，敌人凶残地用铁条捅她的下身，把胎儿都捅下来了，还用刀割去她的乳房，将她凌迟处死。

何正牺牲后，县人民政府将他和陆纯的忠骨合葬在吴庄烈士陵园，并将石庄区改为何正区，以示纪念。

何正、陆纯烈士纪念碑

俞铭璜、沈序旧居

旧居位于白蒲镇林梓小学内。房屋为沈序的祖产，俞铭璜、沈序夫妇在此结婚，并居住过一段时间。

俞铭璜、沈序夫妇合影

俞铭璜，1916年出生于如皋城鲍家场。1934年秋，在如皋发起组织进步文艺团体春泥社，并在《如皋导报》开辟副刊《春泥》，宣传进步思想。此后，又创作、演出《我们的故乡》《自由魂》等进步话剧。抗日战争爆发后，组织“春泥社剧团”在如皋城乡演出《放下你的鞭子》等抗日剧目。1937年11月，偕妻沈序等人北上寻找中共党组织，1939年在豫南第

俞铭璜、沈序旧居

五战区抗敌青年团加入中国共产党。历任中共苏中区党委宣传部部长、中共华中工委宣传部副部长。新中国成立后，长期在党的理论宣传和文化教育战线担任领导工作，历任中共浙江省委宣传部副部长兼中共杭州市委宣传部部长、中共苏北区党委宣传部副部长、中共江苏省委宣传部部长、南京大学中文系主任、中共华东局宣传部副部长等职。1963年11月病逝，后被追认为革命烈士。著有《新人生观》《共产主义人生观》《两点论》等10余部理论著作，其著作大多收入《俞铭璜文集》。

沈序，俞铭璜之妻，1919年生，江苏如皋人。1934年参加左翼作家联盟所属新民剧社，1935年参加进步文艺团体春泥社，1936年春加入中国共产党，后因党组织领导人被捕与党组织失去联系。1937年随丈夫俞铭璜北上，1938年重新加入中国共产党。译有苏联长篇小说《快脚鹿》《涅朵奇卡》等。1957年5月病逝，后被追认为革命烈士。

俞铭璜、沈序烈士墓（位于如皋烈士陵园内）

张祝烈士纪念碑

纪念碑位于白蒲镇斜庄社区(奚斜小学内)。

张祝，原名张秉菩，又名张卓群，原奚斜乡张赵村人。1922年6月出生。1943年加入中国共产党。张祝青年时期投身革命，1941年2月，为培养青年一代，献出自家财物，整修陆家祠堂作校舍，创办了如皋东南地区仅有的一所抗日根据地小学——兴陆小学。聘用校长和教师，自任副校长兼数学教师，先后培养了一大批进步青年。抗日战争时期，先后担任区、县领导职务。1946年后，历经淮海、渡江战役，曾在党内、军内任要职。1956年，被中央派往香港从事党的秘密工作，多次立功受奖。1966年2月，张祝不幸牺牲，年仅44岁。1996年，在兴陆小学建张祝烈士纪念碑亭。2015年，纪念碑亭因学校撤并搬迁于现址。

张祝烈士纪念碑亭

中国工农红军第十四军纪念馆

纪念馆位于如城街道福寿东路红十四军公园内。

2009年4月,红十四军纪念馆正式开工建设,2010年7月基本完成展厅布展。经中央党史研究室、中央文献研究室、中国军事科学院等部门专家审查和中共中央办公厅、国务院办公厅批复同意,中国工农红军第十四军纪念馆于2011年6月1日正式对外开放。系全国爱国主义教育基地、国防教育基地。

纪念馆占地面积0.42公顷,建筑面积7860平方米。纪念馆

中国工农红军第十四军纪念馆

红十四军领导人群雕

展厅面积约6350平方米，分为序厅、江海曙光、长夜惊雷、斩木举义、军旗如画、革故鼎新、金戈铁马、碧血丹心、野火春风和尾厅共10个展厅，共展出相关图片1300余幅、图片说明文字近4万字、实物资料700余件，复原相关场景24处，布置声光电场景展示5处，制作雕塑（含广场浮雕）23处，反映红十四军建立的历史背景、创立过程、建军后开展的武装斗争和失利的主要原因及惨烈过程，展示红十四军英烈不屈不挠的革命精神和如皋人民自新中国成立以来的奋斗历程。

展厅一角

荣誉墙

如皋烈士陵园

烈士陵园位于如城街道福寿东路148号。

1952年11月，如皋县人民政府在县人民公园内建如皋县革命烈士馆，次年9月建成。1956年，馆内建有烈士纪念碑，陈毅元帅题词“革命烈士永垂不朽”。1976年建革命文物陈列室、

如皋烈士陵园门楼

瞻仰厅，并藏有烈士档案4000多卷，烈士遗物和革命文物300余件。1989年迁建至现址，更名为如皋烈士陵园。1992年清明节，如皋烈士陵园正式对外开放。

陵园由著名园林建筑专家、东南大学教授齐康设计，由门楼、河道、园林、内广场和纪念馆5部分组成。

瞻仰厅

革命史料陈列室

纪念馆(碑)

陵园园林北侧矗立着红十四军军长何昆烈士的花岗岩雕像。内广场中心有高27.7米的纪念碑,以纪念1927年7月成立的中共如皋县委,碑身为三支倒插的步枪,纪念苏中战役有三战奏凯于如皋境内。广场北侧建有七折墙,墙体下部镶有14幅花岗岩浮雕,再现如皋儿女英勇战斗的场面和如皋革命斗争的光辉历程。广场两端墙面分别镶嵌着老一辈无产阶级革命家朱德、陈毅在20世纪50年代为褒扬如皋英烈所作的题词。纪念馆由门厅、导厅、瞻仰厅、陈列厅、报告厅5部分组成。瞻仰厅内陈列200多位烈士的遗像和近4000位如皋籍以及在如皋牺牲的外籍烈士英名铜牌。烈士墓群安葬32位烈士。

1995年,如皋烈士陵园被民政部命名为全国首批百家爱国主义教育基地。

烈士墓群

吴庄烈士陵园

烈士陵园位于搬经镇吴庄路61号。

纪念碑

吴庄烈士陵园，原名吴庄烈士墓，1943年10月大顾庄战斗后，由中共如西县委、如西县抗日民主政府兴建，用以安葬抗日战争期间在如西牺牲的烈士。后如皋县人民政府将土地革命战争、抗日战争、解放战争时期在如西牺牲的烈士均移葬于此。此

烈士陵园大门

纪念馆

后，中共如皋县委、县政府多次对陵园进行整修和改扩建。1983年，如皋县人民政府将其正式命名为如皋县吴庄烈士陵园，系如皋市重点纪念建筑物保护单位，南通市爱国主义教育基地。

陵园占地面积10672平方米，立纪念碑一座。园内安葬着128位烈士，其中，有穆子奇、苏德馨、王玉文、潘云、何正、陆纯、毕云、石林、蔡焰、胡之等14位知名烈士，合葬墓内安葬着52位烈士的遗骸。

烈士墓群

2011年，园内增建纪念馆一座，市民政局、市委党史办在馆内设置如皋西部革命斗争史永久性展览。

烈士英名墙

丁堰烈士陵园

烈士陵园位于丁堰镇丁新路，初建于1945年11月，1949年园区扩建，1995年1月建纪念塔，由陈毅同志题书“革命先烈永垂不朽”。

丁堰烈士陵园主要纪念新四军烈士，园内有无名烈士墓2座，合葬无名烈士76名（其中，1945年9月20日解放丁堰战斗牺牲的16名，1946年8月21日丁林战斗牺牲的60名），有名烈士墓26座。

烈士陵园大门

2015年烈士陵园进行了改扩建，新建丁堰革命史陈列室，建筑面积150平方米，通过展览，讲述丁堰人民在党的领导下与日本侵略者及国民党反动派进行斗争的革命历史，重点展现解放战争中著名的皋南、丁林两战战况。

磨头烈士陵园

烈士陵园位于磨头镇光明东路，占地面积约2000平方米。

烈士陵园大门

1946年7月中旬，国民党陆军整编第四十九师大举进攻如皋，华中野战军六师三旅九团在杨花桥奉命反击，该团浴血奋战、英勇杀敌，打退了敌人的猖狂进攻。战斗中有72人不幸牺牲，安葬于此，其中营职1人，连职2人，排职3人。为纪念英烈，1951年县政府修建了皋南战役烈士墓，1995年重修。陵园坐北朝南，进门正面为烈士纪念碑，碑两侧分散烈士墓，碑后方西北角为皋南战役烈士墓与无名烈士墓，园内共安葬95名烈士。2022年，陵园进行整体修缮，纪念碑整体描红，围墙内侧墙边种植柏树，围墙外用龙柏做成字。陵园是磨头镇爱国主义教育基地。

烈士墓群

皋南烈士陵园

烈士陵园位于原建设乡老南村4组(现属如城街道),由原建设乡政府于1986年10月1日建成,陵园占地面积1200平方米。

烈士陵园大门

1946年7月,粟裕将军指挥华中野战军在丁堰鬼头街打响苏中“七战七捷”的第二战皋南战斗,歼灭国民党军第四十九整编师王铁汉部1万余人,我军亦伤亡4000余人。战后,部分在皋南战斗中牺牲的烈士被安葬于此地,立有墓碑,陈毅元帅题写“革命烈士永垂不朽”。1986年烈士陵园建成后,将各村散葬烈士和6名抗美援朝烈士迁葬其中,目前共安葬烈士69名。园内有主墓及周边墓葬,祭奠为国捐躯的英灵,激励后人奋发图强。

烈士墓群

搬经镇烈士陵园

烈士纪念碑

烈士陵园位于搬经镇群岸社区，始建于2022年10月，占地面积4800平方米，一期投入306万元。

园内建有烈士墓区、瞻仰区、参观区。烈士墓区已安葬解放战争、抗美援朝战争中牺牲的革命烈士33位。瞻仰区建有烈士纪

烈士英名墙

红色文化广场

念碑，高13.34米，碑身正面镌刻有“革命烈士永垂不朽” 8个大字，碑基上刻有4块浮雕，再现革命先辈坚守初心、英勇奋斗的生动场景。英名墙上刻着139位英烈的名字。参观区建有纪念墙、长廊、红色历史文化展示墙，重点展示党的光辉历程以及如泰五一农民暴动、红十四军诞生、新四军高明庄战斗、苏中战役等内容。

搬经鞠庄烈士陵园

烈士陵园位于搬经镇群岸社区，修建于1976年，占地 3300平方米。烈士陵园纪念碑主体高14米，是陵园的标志性建筑。纪念碑后松林中安葬着丁邦彦等66位烈士。建园以来，政府不断投资改善园内设施，先后对陵园进行过多次维修，不断加强对陵园设施、环境的维护，对烈士碑做了有序排列，也营造了不同的园林空间。陵园春有花、夏有荫、秋有果、冬有青，翠柏掩映着繁花，苍松覆罩着绿草，丰碑迎接着朝阳，既庄重肃穆，又艳丽活泼，有力地烘托了烈士们气贯长虹的英雄气概，使参观祭奠者肃然起敬。

烈士纪念碑

烈士陵园大门

丁北烈士陵园

烈士陵园位于东陈镇杨庄社区，建于1985年。

烈士陵园大门

1946年7月18日至23日，华中野战军发起苏中战役皋南战斗，取得歼敌1万余人的辉煌战绩。战斗期间，华中野战军12名伤员在向后方医院转运途中，因伤势过重而牺牲，地方党组织将12名烈士安葬于原丁北乡杨庄村。

2021年春，东陈镇人民政府对烈士陵园设施进行了修缮。烈士陵园中央矗立着“人民英雄永垂不朽”纪念碑，纪念碑背面记录着146位烈士英名。

长江镇烈士陵园

烈士陵园位于长江镇镇龙社区。

烈士陵园大门

长江镇是一方具有光荣革命传统的热土，中国工农红军曾在此浴血奋战，一大批长江英雄儿女为求民族解放、人民幸福，抛头颅洒热血，献出了宝贵生命。为充分发挥烈士纪念设施“褒扬烈士、教育群众”的功能，2019年，根据中央、省、市要求，长江镇烈士陵园开工建设，2020年工程建设基本完成。墓区占地面积2233平方米，现安葬烈士58名。目前，陵园已成为全镇开展爱国主义和革命传统教育的重要基地，每年清明节、烈士纪念日，长江镇机关、企事业单位、学校、社区都在此举行纪念先烈的红色主题教育活动。

烈士墓群

吴窑镇烈士陵园

烈士纪念碑

烈士陵园大门一角

烈士陵园位于吴窑镇吴窑居2组，占地面积约800平方米，2021年12月竣工。

烈士陵园内建有集中墓葬区、英烈墙、纪念碑、纪念广场等。刻有“革命先烈永垂不朽”的纪念碑位于烈士陵园最南端，高约5.6米，纪念碑双面都刻有金色字。集中墓葬区建有墓穴40个，目前安葬烈士3名。烈士墓墓体上盖为翻书页型，左页面书烈士姓名，右页面载烈士简介，烈士墓间栽种小松柏绿化。英烈墙对吴窑镇164位在册烈士及其简要事迹进行展示。

下原镇烈士陵园

烈士纪念碑

烈士陵园位于下原镇张庄村7组。

2021年10月，为褒扬英烈、弘扬革命传统，用先烈的赤诚精神教育后人，下原镇党委决定新建下原镇烈士陵园。2022年3月陵园破土动工，7月落成。9月30日，镇党委、镇政府在园内组织开展了纪念活动，陵园正式投入使用。

红色文化长廊

陵园主体由烈士纪念碑、烈士墓、红色文化长廊、绿化带、园内走道等组成。纪念碑南侧为30个烈士墓穴，墓碑为翻页书形，目前安葬烈士5名。陵园西侧设有红色文化长廊，为园内特色建筑，介绍了下原人民土地革命时期、抗日战争时期、解放战争时期的革命斗争史及下原革命烈士事迹。

城北街道慰烈园

慰烈园位于城北街道柴湾社区，2021年在无名烈士墓基础上改造扩建而成。

慰烈园中有一座合葬无名烈士墓，墓中安葬着皋南战斗中由支前民工从火线上运回、因伤救治无效而光荣牺牲的22名战士和1名支前民工。此外，将辖区内散葬的8名烈士迁入园中安葬。纪念碑高4米，碑文“浩气长存”四个字由原交通部部长彭德清题写。

慰烈园，为当地开展革命传统教育提供了一个良好的基地，对进一步弘扬革命精神、传承红色基因起到了积极的助推作用。

慰烈园大门

九华镇红色主题教育基地

教育基地位于九华镇二甲村28组，占地面积1公顷，投资约500万元。2020年4月建成并开放。

红色主题教育基地远景

教育基地设纪念广场、红色文化长廊、红色遗址碑群、烈士墙、烈士墓区等功能区域。入园的10级台阶、红色记忆长廊中的十个故事与主浮雕的十个画面相互呼应，象征着从新民主主

回望初心红色长廊

义革命起发生在九华大地上具有代表意义的十大历史事件。园区北侧的英烈墙记录着土地革命、抗日战争、解放战争、抗美援朝、社会主义建设中英勇牺牲的127位英烈及其简要事迹。园内烈士墓群已安葬烈士33位，对每一位烈士的事迹、遗物等进行全面展示。

烈士墓群

石庄镇红色主题教育公园

红色主题教育公园位于石庄镇张黄港社区，2022年年底建成使用，占地面积5647平方米。

主题教育公园正门

烈士纪念碑

烈士纪念碑铭

烈士墓群

园内主体设施有革命烈士纪念碑、烈士纪念碑铭、烈士墓区等，通过浮雕、文字、图片等形式，展现发生在石庄地区的革命历史事件，重点展示石庄籍以及在石庄地区牺牲的英烈事迹。烈士墓区建有烈士墓78座，目前已安葬37位烈士。为充分开展红色主题教育，园内配有多媒体音响设备，并配专兼职授课师5名，可同时容纳130人参与活动。该园是传承红色基因、宣传红色文化的重要基地，也是对全镇人民进行革命传统和爱国主义教育的生动课堂。

江安镇火种广场、红旗桥头堡

火种广场、红旗桥头堡位于江安镇府前路与江曲线交叉路口。

红色主题纪念碑

火种广场景观雕塑，主体部分以三张红色名片为基本元素，形成旗帜形的三座丰碑。旗帜顶部有三个棱尖，旗帜上方有象征中国共产党、红十四军、县级苏维埃政权的标识，标识下面分别为立体字“1926.9”“1930.4”“1930.5”，再下方分别标明中共如皋独立支部诞生地、中国工农红军第十四军诞生地、如皋县工农革命委员会诞生地。雕塑底座立面“革命摇篮　红色江安”八个大字，点明整个景观的主题。同时，在小龙河桥东西两侧建有四座红旗桥头堡，象征老区人民拥护中国共产党领导、敢为人先、奋勇向前的精神。

江安是如皋革命老区的一块红色高地，是如泰工农红军、中共如皋独立支部、中国工农红军第十四军的诞生地，也是苏中地区抗日战争、解放战争时期著名的革命根据地。在长期艰苦的革命斗争中，江安人民为中国共产党领导下的人民武装提供了大量的人力、物力和财力支持，为创建红色政权、保卫革命根据地付出了巨大牺牲，有3位江安籍县委书记为革命献出了年轻的生命。

2020年至2021年，为赓续红色血脉、打造红色江安品牌，江安镇人民政府建火种广场和红旗桥头堡，作为江安镇红色文化的景观标志，同时也是社会各界人士缅怀革命先辈的重要场所。

红旗桥头堡

中国工农红军南通如皋红军小学

红军小学校门

中国工农红军南通如皋红军小学，原名江安镇东燕小学，地处有“小延安”之称的东燕村，这里红色底蕴深厚。校内有如泰工农红军大队部旧址，如皋境内第一个施政纲领在这里制定，校内操场为当时红十四军战士训练场地。2020年12月，经全国红军小学建设工程理事会批准，该校被正式命名为“中国工农红军南通如皋红军小学”，并于2021年6月23日隆重举行授旗授牌仪式。

如泰工农红军大队部旧址

学校辐射江安镇6个行政村，服务人口1.9万人。学校现有学生600余人，共有16个教学班，拥有200米的标准跑道，配备江苏省教育装备一类标准以上要求的实验室、图书室、网络教室以及其他专用教室。

学校以办人民满

瑞红园

红十四军训练场旧址

托起明天的太阳

传承红色基因 赓续红色血脉

先进单位

南通如皋红军小学

中国关心下一代工作委员会 共青团中央、中国青少年发展基金会

全国妇联、中国妇女网 全国红办"让红色基因代代相传"工作领导小组

中国红军小学建设工程发展促进会 全国红军小学建设工程理事会

2021年12月

荣誉奖牌

意的教育为宗旨，秉承“红军精神，永放光芒”校训，以“红色教育，锻铸底色；玩转篮球，强健体魄”为办学特色，以“追求卓越”为校风，以“托起明天的太阳”为教风，以“铸红军魂，做接班人”为学风，大力弘扬“树立理想、善于探索、勇于攀登、服务人民”的新时代红军小学精神。近年来，学校教学质量一直位居全市第一方阵，先后获得江苏省篮球体育特色学校、江苏省健康促进学校、江苏省平安校园、南通市德育先进学校、南通市数字化校园、南通市绿色学校、南通市依法治校示范校等荣誉称号，被中国关心下一代工作委员会等多家单位表彰为全国“传承红色基因赓续红色血脉”先进单位。

如皋市烈士陵园安葬烈士信息统计表

表 1

序号	烈士姓名	性别	出生年月	简要事迹
1	何　昆	男	1898年	湖南永兴县人，1925年参加革命，曾任红十四军军长，1930年4月在如皋县老户庄因战牺牲
2	阎崇德	男	1909年	又名阎瑞卿，原搬经乡人，1928年参加革命，曾任红十四军赤卫队队长，1930年7月在如皋晏家岱因战牺牲
3	陈琼林	女	1923年	广东汕头市人，1939年参加革命，曾任县委秘书，1941年在董家庄遭敌袭击突围时牺牲
4	薛仁杰	男	—	原郭园人，1929年参加镇涛游击队，1944年2月任苏北人民抗日自卫军通如纵队3支队支队长，8月在上海南洋医院病故，被如西县政府追认为革命烈士
5	朱　纯	女	1922年	如城镇人，1941年参加革命，曾任马塘区文教股股长，1946年11月在海安县油坊头因战牺牲
6	王　克	男	1917年	原磨头乡人，1941年参加革命，曾任如皋县政府会计，1947年2月在如皋县太阳庵被捕牺牲
7	郭　斌	男	1919年	原郭园乡人，1940年参加革命，曾任如皋警卫团二营营长，1949年被捕牺牲于常熟虞山镇
8	袁建国	男	1962年4月	搬经镇人，1982年入伍，战士，共产党员，1985年在对越自卫还击战中牺牲，追记一等功
9	陈友明	男	—	原丁北乡人，1981年入伍，曾任41师某部排长，1987年在对越自卫还击中战中牺牲
10	黄子国	男	1964年12月	原黄市乡人，1983年入伍，曾任41师副班长，1987年在对越自卫还击战中牺牲，追记一等功

续表

序号	烈士姓名	性别	出生年月	简要事迹
11	冒新建	男	1963年3月	原花园乡人,1981年入伍,曾任40师排长,1987年在对越自卫防御作战中牺牲,追记一等功
12	石炳建	男	1962年12月	原花园乡人,1982年入伍,曾任40师工兵连副班长,1987年在对越自卫防御作战中牺牲,追记三等功
13	环加林	男	1951年10月	原胜利乡人,1972年参加工作,中共党员,曾任胜利乡派出所联防队队长,1994年11月5日追捕犯罪嫌疑人时牺牲
14	李建华	男	1957年8月	原高井乡人,1977年1月参加入伍,46军138师战士,1977年9月在徐州市因公牺牲
15	梅仁爵	男	1943年	原何庄乡人,1961年入伍,曾任南通警卫连报务主任,1966年在南通因公牺牲
16	秦国才	男	1952年	原邓园乡人,1973年1月入伍,6170部队战士,1974年6月在山东省莱阳县因公牺牲
17	石征美	男	1947年	原花园乡人,1965年10月参加革命,曾任6181部队司务长,1970年7月因战牺牲
18	孙长全	男	1971年12月	原长庄乡人,1989年入伍,曾任武警福建总队莆田支队机动中队班长,1991年因公牺牲
19	唐正祥	男	1949年8月	原石庄镇人,1970年12月入伍,曾任83474部队59分队副排长,1976年6月在安徽霍山县因公牺牲
20	王汝林	男	1964年	如城镇人,1982年入伍,南京军区守备团战士,1983年在浙江苍南追捕逃犯时牺牲
21	王兆明	男	1954年	如城镇人,1973年1月入伍,曾任638团1营机枪连副班长,1976年2月在济南因公牺牲

序号	烈士姓名	性别	出生年月	简要事迹
22	徐相国	男	1956年5月	原江安乡人，1976年3月参军，00050部队3区队战士，1979年11月于杭州因公牺牲
23	薛松桐	男	1943年	如城镇人，1960年入伍，曾任421部队管理员，1967年8月在重庆因公牺牲
24	张其忠	男	1938年	原奚斜乡人，1956年3月参军，曾任125部队副连长，1968年2月因公牺牲
25	张世来	男	1965年11月	原邓园乡人，1984年参军，曾任39军班长，1989年在辽宁省辽阳市遭歹徒袭击牺牲
26	俞铭璜	男	1916年	如城镇人，1939年参加革命，曾任华东局宣传部副部长，1963年12月在上海病故
27	沈　序	女	1919年	如城镇人，1935年7月参加革命，曾任江苏省中苏友协秘书长，1957年5月在上海病故
28	李希成	男	1910年12月	陕西省安康县人，1935年10月参加革命，曾任如皋县兵役局局长，1961年6月在上海病故
29	殷　鉴	男	1921年8月	如城镇人，1940年8月参加革命，曾任空军2台子基地副政治委员，1975年5月于长春市病故
30	郑　健	男	1965年7月	原空军14师40团2大队副团职飞行副大队长，2000年9月18日在训练中因机器故障不幸光荣牺牲
31	沈银亮	男	1986年10月	白蒲镇林梓居人，如皋市公安局白蒲中心派出所辅警。2018年10月19日9时许，遭犯罪嫌疑人持刀袭击牺牲
32	王宝树	男	1914年	天津杨柳青人，中共地下党员。曾任江防大队长，兼江防行署主任、江防区区长等职。1946年夏，奉命回天津养病，从事城市地下工作。1948年10月病逝

吴庄烈士陵园安葬烈士信息统计表

表 2

序号	烈士姓名	性别	出生年月	简要事迹
1	王玉文	男	1905年	如皋搬经人,1925年入伍,中共党员,曾任县委书记、五县巡视员,1930年在泰兴广陵镇周家荡被捕牺牲
2	周仪成	男	1922年	原江安公社戈堡大队九生产队人,1944年入伍,中共党员,苏中独立旅副政指,1948年在淮海战役中牺牲
3	吴殿根	男	1920年	原常青公社吴庄大队三生产队人,1942年入伍,芦港区队中队长,1942年在如皋圩岸因战牺牲
4	黄　新	男	1924年	原黄市公社黄岱大队七生产队人,1944年入伍,中共党员,91团3营指导员,1946年在海安角斜因战牺牲
5	黄维邦	男	1927年	原黄市公社黄岱大队六队生产队人,1945年入伍,如皋文工团团员,1947年在如皋南小庄因战牺牲
6	严显达	男	1918年	原黄市公社红旗大队七生产队人,1940年入伍,中共党员,南通警卫团3营8连战士,1945年失踪,1958年追认为烈士
7	徐永良	男	1923年	原高井公社何狄大队六生产队人,1942年入伍,中共党员,如皋铁草乡指导员,1947年在如皋张庄被捕牺牲
8	李永谦	男	1922年	原黄市公社合作大队四生产队人,1943年入伍,中共党员,华中野战军7纵某部指导员,1946年在如皋杨花桥因战牺牲

续表

序号	烈士姓名	性别	出生年月	简要事迹
9	章金春	男	1905年	原黄市公社合作大队一生产队人,1928年入伍,中共党员,红十四军特务营战士,1930年在靖江西来镇被捕牺牲
10	邹正林	男	1920年	原葛市公社百新大队八生产队人,苏中军区特务3团班长,1946年在兴化因战牺牲
11	李永珍	男	1929年	原黄市公社合作大队五生产队人,曾任如皋陈堡乡儿童团长,1947年在如皋张家岱被捕牺牲
12	印锦青	男	1928年	原黄市公社合作大队四生产队人,1944年入伍,苏北9分区特务团副连长,1948年在泗阳县因战牺牲
13	吴金元	男	1920年	原葛市公社百新大队四生产队人,1943年入伍,如皋警卫团通讯员,1947年在如皋石庄因战牺牲
14	严裕启	男	1920年	原葛市公社四号大队三生产队人,1945年入伍,如皋警卫团1营3连战士,1947年在如皋邹家岱因战牺牲
15	王社子	男	1900年	原黄市公社马曹大队一生产队人,1930年入伍,红十四军特务团战士,1930年在如皋县城因战牺牲
16	黄宝文	男	1919年	原海安县海安镇曹陈村人,海南区文华乡曹陈村民兵中队长,1948年在海安县仁桥张庄村因战牺牲
17	刘桂俊	男	1919年	原葛市公社四号大队五生产队人,1938年入伍,中共党员,如皋北兴乡指导员,1948年在靖江西来镇被捕牺牲

序号	烈士姓名	性别	出生年月	简要事迹
18	吴子山	男	1905年	原黄市公社合作大队一生产队人，1928年入伍，红十四军某部班长，1930年在如皋老虎庄因战牺牲
19	张光璧	男	1919年	原高井公社蔡堡大队十生产队人，1943年入伍，无锡总队1营1连排长，1949年在无锡因公牺牲
20	顾锦荣	男	1925年	原葛市公社百新大队六生产队人，1948年入伍，华东野战军某部战士，1948年在淮海战役中牺牲
21	吴广才	男	1926年	原黄市公社合作大队一生产队人，1945年入伍，如皋警卫团战士，1946年在如皋杨家岱因战牺牲
22	章裕祥	男	1909年	原黄市公社合作大队一生产队人，1929年入伍，红十四军特务团战士，1930年在靖江西来镇被捕牺牲
23	丁祝喜	男	1917年	原高井公社杨岱大队二生产队人，1940年入伍，中共党员，苏浙军区4纵队10支队2营机炮连班长，1945年在浙江孝丰四墩子因战牺牲
24	僧俊如	男	1885年	原胜利公社贲巷大队五生产队人，1929年入伍，中共党员，地下工作者，1932年在如皋县城被捕牺牲
25	吴伯田	男	1926年	原胜利公社水洞大队九生产队人，1945年入伍，中共党员，苏北9分区特务团1营3连班长，1948年在泰县姜堰因战牺牲
26	姜道和	男	1923年	原场南公社朗窑大队一生产队人，1947年入伍，如皋警卫团3营7连副班长，1948年在如皋王林庄因战牺牲

续表

序号	烈士姓名	性别	出生年月	简要事迹
27	冒锦华	男	1916年	原胜利公社陈园大队三生产队人，1946年入伍，中共党员，如皋县警卫团战士，1947年在如皋司马港因战牺牲
28	徐中汉	男	1925年	原江安公社申岱大队四生产队人，1940年入伍，华东野战军4纵10师28团机炮连连长，1948年在淮海战役中牺牲
29	徐金保	男	1920年	原江安公社申岱大队四生产队人，1940年入伍，中共党员，新四军1纵1团3营战士，1940年在泰兴县黄桥因战牺牲
30	周业成	男	1911年	原江安公社戈堡大队八生产队人，1929年入伍，中共党员，如皋县江安区区委委员，1930年在如皋县夏堡因战牺牲
31	余　大	男	1917年	原江安公社戈堡大队一生产队人，1945年入伍，如西独立团战士，1945年在泰兴县城因战牺牲
32	周永田	男	1906年	原江安公社戈堡大队十二生产队人，1928年入伍，红十四军大队部炮队长，1930年在如皋县老虎庄因战牺牲
33	周达福	男	1923年	原江安公社戈堡大队十四生产队人，1940年入伍，新四军1师1旅2团1营战士，1941年在泰兴县黄桥老叶庄因战牺牲
34	胡发贵	男	1879年	原胜利公社陈园大队二生产队人，1940年入伍，中共党员，如皋县通讯站炊事员，1941年在如皋高明被捕牺牲

序号	烈士姓名	性别	出生年月	简要事迹
35	周富章	男	1906年	原江安公社戈堡大队八生产队人，1929年入伍，中共党员，如皋县江安区委委员，1930年在如皋县夏堡因战牺牲
36	缪新圣	男	1903年	原江安公社戈堡大队十一生产队人，1928年入伍，红十四军战士，1930年在泰兴县蒋垛因战牺牲
37	周贵达	男	1899年	原江安公社戈堡大队十四生产队人，1928年入伍，红十四军战士，1930年在如皋县老虎庄因战牺牲
38	孙开雨	男	1929年	原胜利公社堰里大队三生产队人，1945年入伍，中共党员，23军67师200团2营4连副排长，1949年在泰兴县口岸因战牺牲
39	倪国礼	男	1925年	原胜利公社堰里大队四生产队人，1944年入伍，如皋警卫团战士，1946年在如皋县吴窑因战牺牲
40	冯勇山	男	1911年	原常青公社薄湾大队一生产队人，1941年入伍，华东野战军2纵6师17团副排长，1948年在淮海战役中牺牲
41	王祝贤	男	1898年	原江安公社鄂岱大队六生产队人，1928年入伍，红十四军赤卫队经济委员，1930年在如皋县城被捕牺牲
42	许秀平	男	1925年	原江安公社池岸大队九生产队人，1944年入伍，中共党员，如西独立团1营2连战士，1945年在如皋县永安沙因战牺牲

续表

序号	烈士姓名	性别	出生年月	简要事迹
43	李建国	男	1920年	原胜利公社青巷大队四生产队人，1940年入伍，中共党员，29军87师261团参谋，1949年在渡江战役中牺牲
44	徐达山	男	1896年	原江安公社鄂岱大队四生产队人，中共党员，如皋县鄂西乡交通员，1930年在如皋县鄂岱被捕牺牲
45	徐永良	男	1908年	原江安公社九甲大队七生产队人，1928年入伍，中共党员，如皋县委委员，1933年在如皋县城被捕牺牲
46	刘宝如	男	1918年	原江安公社九甲大队九生产队人，1940年入伍，如西独立团班长，1941年在靖江县西沙因战牺牲
47	陈张盛	男	1926年	原江安公社鄂岱大队二生产队人，1946年入伍，如皋县江安区工作队委员，1948年在如皋县郭园被捕牺牲
48	徐永乔	男	1901年	原江安公社鄂岱大队七生产队人，1927年入伍，红十四军赤卫队战士，1930年在如皋老虎庄因战牺牲
49	尤学志	男	1923年	原江安公社戈堡大队三生产队人，1943年入伍，中共党员，如皋县江安区税务所征收员，1948年在如皋县下原被捕牺牲
50	陶增连	男	1922年	原江安公社团结大队十四生产队人，1941年入伍，中共党员，华中野战军1师1旅2团3营7连排长，1946年在苏北茅庄因战牺牲

续表

序号	烈士姓名	性别	出生年月	简要事迹
51	苏文祥	男	1926年	原江安公社团结大队十二生产队人，1947年入伍，苏北九分区供给部会计，1948年在苏北军区医院病故
52	陶增福	男	1924年	原江安公社团结大队十三生产队人，1946年入伍，如皋警卫团战士，1948年在如东县掘港因战牺牲
53	苏宏进	男	1930年	原江安公社团结大队十生产队人，1948年入伍，志愿军27军81师243团2营4连班长，1952年在朝鲜因战牺牲
54	尤福明	男	1925年2月	原胜利公社章严大队四生产队人，1940年3月参加革命，中共党员，如皋县江安区公所文书，1941年2月在如皋县石家岱因战牺牲
55	陈应美	男	1929年	原搬经区常青公社薄湾大队二生产队人，1947年参加革命，如皋警卫团班长，1948年4月在如皋王林庄因战牺牲
56	陈　峰	男	1922年	1942年参加革命，先后任蒲西、车马湖区副区长，青年科长，薛窑区组织科长等职，1944年4月在田家埠执行提粮任务时被捕牺牲
57	刘海涛	男	1925年	原薛窑区营防公社六号大队二生产队人，1941年参加革命，薛窑区区队战士，1943年4月在姚家桥因战牺牲
58	朱保群	男	1920年9月	如皋范湖洲人，1937年参加革命，中共党员，曾任薛窑区民政委员、如西秘书室书记、新四军连长、副营长等职，1944年4月在田家埠执行提粮任务时被捕牺牲

续表

序号	烈士姓名	性别	出生年月	简要事迹
59	王保连	男	1919年	原常青公社草荡大队六生产队人，1940年入伍，如皋警卫团排长，1948年在如皋县蒋岱因战牺牲
60	张宜生	男	1924年	原常青公社王陈大队二生产队人，民工，1946年在如皋县杨华桥因战牺牲
61	张万余	男	1926年	原常青公社董庄大队九生产队人，如皋董庄乡联防队民兵，1945年在如皋县王小庄因战牺牲
62	徐永林	男	1913年	原常青公社王陈大队九生产队人，1944年入伍，中共党员，如皋县薄湾乡指导员，1948年在如皋顾家庄被捕牺牲
63	何轩余	男	1905年	原常青公社王陈大队二生产队人，1929年入伍，红十四军战士，1930年在如皋县王陈庄被捕牺牲
64	仲季如	男	1926年	原常青公社王陈大队一生产队人，1943年入伍，如皋警卫团副营长，1947年在如皋县永安沙被捕牺牲
65	徐国圣	男	1928年	原常青公社王陈大队二生产队人，1947年入伍，如皋警卫团战士，1948年在如皋永安沙因战牺牲
66	薛有桂	男	1894年	原常青公社王陈大队九生产队人，中共党员，如皋县薄湾乡农会主任，1947年在如皋被捕牺牲
67	秦奎富	男	1928年	原常青公社土山大队九生产队人，1948年入伍，华东野战军2纵4师12团3营战士，1948年在淮海战役中牺牲

续表

序号	烈士姓名	性别	出生年月	简要事迹
68	刘万喜	男	1921年	原常青公社草荡大队六生产队人，1945年入伍，苏中军区4分区特务团战士，1948年在如皋郭园因战牺牲
69	高之和	男	1925年	原高井公社高楼大队六生产队人，1942年入伍，如皋警卫团战士，1948年在如皋沈家甸因战牺牲
70	徐永清	男	1921年	原江安公社北小庄大队一生产队人，1944年入伍，中共党员，如皋警卫团2营副排长，1946年在如皋杨华桥因战牺牲
71	张太华	男	1921年	原常青公社王陈大队十生产队人，民工，1946年在泰兴分界因战牺牲
72	孙福成	男	1927年	原胜利公社堰里大队二生产队人，1945年入伍，中共党员，9分区特务团副班长，1948年在泰兴县口岸因战牺牲
73	黄　堂	男	1921年	原胜利公社堰里大队二生产队人，1940年入伍，中共党员，新四军1师1旅1团班长，1942年在如皋县高明庄因战牺牲
74	徐名会	男	1903年	原江安公社九甲大队五生产队人，1929年入伍，系红十四军战士，1930年在靖江县西来镇被捕牺牲
75	苏　纬	男	1924年6月	江安区胜利公社九龙口人，1944年12月参加革命，1946年加入中国共产党，历任班、排、连、科长等职，1952年5月在朝鲜因战牺牲
76	丁昌盛	男	1907年	原常青公社叶庄大队八小队人，1947年7月参加革命，如皋县7连3班班长，1948年在泰兴县珊瑚庄因战牺牲

续表

序号	烈士姓名	性别	出生年月	简要事迹
77	许福元	男	1930年	原江安公社徐甸大队二生产队人，1947年2月参加革命，如皋县江安区队战士，1947年9月在如皋南小庄被捕牺牲
78	徐鹤圣	男	1918年1月	原江安公社徐甸大队四生产队人，1948年1月参加革命，中共党员，如皋县薛窑区工作队队长，1948年11月在如皋县龙舌被捕牺牲
79	徐　泽	男	1920年	原江安公社徐甸大队六生产队人，1945年参加革命，中共党员，如皋警卫团排长，1948年在如东掘港因战牺牲
80	黄瑞祥	男	1920年12月	原江安公社黄家庄大队四生产队人，1946年参加革命，中共党员，如皋警卫团排长，1948年在靖江县二甲因战牺牲
81	黄国华	男	1926年3月	原江安公社黄家庄大队六生产队人，1943年参加革命，华东野战军某部排长，1948年12月在淮海战役中牺牲
82	徐金生	男	1923年	原江安公社徐甸大队五生产队，1943年参加革命，10兵团后勤处助理员，1949年在厦门病故
83	陆玉章	男	1923年	原江安公社徐甸大队十二生产队人，1947年参加革命，中共党员，浙江省湖州市人武部助理员，1959年在如皋县石家岱因公牺牲

续表

序号	烈士姓名	性别	出生年月	简要事迹
84	孙福康	男	1923年	原江安公社徐甸大队十二生产队人，1945年入伍，中共党员，任9分区特务团副班长，1948年在泰兴县口岸因战牺牲
85	徐鹤俊	男	1921年1月	原江安公社徐甸大队四生产队人，1944年1月参加革命，薛窑区工作队人员，1947年2月在如皋县龙舌被捕牺牲
86	缪根山	男	1926年	原江安公社徐甸大队十一生产队人，1947年参加革命，如皋警卫团1营1连战士，1948年2月在泰兴八户庄因战牺牲
87	陈德广	男	1905年	原江安公社黄家庄大队五生产队人，1930年参加革命，红十四军赤卫队战士，1930年在如皋县老户庄因战牺牲
88	许秀仁	男	1921年	原江安公社徐甸大队一生产队人，1940年7月参加革命，新四军1师1旅2团战士，1942年在高邮因战牺牲
89	王锡山	男	1919年7月	原如皋县楼房乡王立庄人，1946年10月参加革命，1947年4月3日在王立庄执行革命任务时被捕牺牲
90	蔡永勤	男	1925年	原高井公社八国大队六生产队人，1946年参加革命，如西独立团1营4连排长，1947年10月在如皋癞宝庄战斗中牺牲
91	陆松山	男	1929年	原黄市公社徐圩大队五生产队人，1944年参加革命，华东野战军4纵10师28团供给处运输员，1949年1月在淮海战役中牺牲

续表

序号	烈士姓名	性别	出生年月	简要事迹
92	王太成	男	1930年	原常青公社草荡大队二生产队人，1948年入伍，苏北军区9分区特务团2营4连战士，1948年在如皋县石庄因战牺牲
93	史林圣	男	1921年	原胜利公社赍巷大队七生产队人，1940年入伍，新四军1师1旅1团1营3连战士，1941年在泰兴县黄桥因战牺牲
94	杨贵基	男	1908年	原江安公社九甲大队二生产队人，1929年入伍，红十四军特务连战士，1930年在如皋县城被捕牺牲
95	徐永业	男	1919年	原江安公社团结大队四生产队人，1942年入伍，中共党员，如皋县白蒲区区委组织股长，1947年在如皋县李家桥因战牺牲
96	许秀高	男	1920年	原江安公社团结大队十二生产队人，1943年入伍，中共党员，如皋度军井区委组织干事，1946年在如皋县石灰庄被捕牺牲
97	徐名高	男	1923年	原江安公社团结大队二生产队人，1945年入伍，如皋警卫团战士，1948年在如皋县下原因公牺牲
98	许秀楼	男	1922年	原江安公社团结大队十三生产队人，如皋县江安区六桥乡农会主任，1948年在如皋县南小庄被捕牺牲
99	沈佰林	男	1896年 9月	原江安公社鄂岱村人，1921年参加革命，1929年加入中国共产党，红十四军第二支部委员，1934年被捕，在如皋牺牲

续表

序号	烈士姓名	性别	出生年月	简要事迹
100	吴才圣	男	1927年	原江安公社小庄大队三生产队人，1948年入伍，江安区队战士，1948年在如皋胡家空田因战牺牲
101	丁　二	男	1909年	原江安公社九甲大队一生产队人，1929年入伍，红十四军赤卫队特务连战士，1930年在靖江季家市被捕牺牲
102	周贵圣	男	1926年	原胜利公社贲巷大队一生产队人，1946年5月参加革命，如皋警卫团战士，1948年8月在如皋县钱家夹巷因战牺牲
103	陈仁和	男	1921年	原城西区何庄大队一生产队人，1940年参加革命，如皋城西区税务所税收员，1948年5月在如皋陆家庄被捕牺牲
104	石昭鉴	男	1925年	原石北公社高二桥大队二生产队人，1942年参加革命，中共党员，如皋县警卫团连长，1946年在如皋司马港因战牺牲
105	鞠华庆	男	1924年	原常青公社冯东大队三生产队人，1943年参加革命，苏中独立团1支队战士，1947年2月在海安县因战牺牲
106	郝　云	男	1895年	吴窑镇沈桥村人，中共党员，1948年4月25日在长江清剿海盗战斗中牺牲
107	石征友	男	1950年	原新建公社北元一组人，1970年12月入伍，服役于6593部队10连，1971年6月21日在安徽南陵国防工程中因公牺牲

序号	烈士姓名	性别	出生年月	简要事迹
108	魏明元	男	1916年	原城西公社郎庄大队七队人，中共党员，地下工作者，于1948年7月6日牺牲
109	杭世高	男	1931年	原薄湾乡人，1947年参军，如皋县团战士，1948年9月在宗家庄战斗中光荣牺牲，时年18岁
110	周永庆	男	1905年	原黄市公社徐圩大队十一生产队人，赤卫队队长，1930年在如皋县居黄庙执行任务时牺牲
111	王汝俊	男	1920年	如皋人，中共党员，任如皋警卫团排长，1947年10月11日在如皋癞宝庄战斗中牺牲
112	孔凡裕	男	1920年	原卢港朱夏乡湾桥村人，中共党员，任朱夏乡农抗会主任，1947年3月在如皋县孔家庄执行任务时被捕牺牲
113	钱金喜	男	1907年	原如皋县白李乡民兵队长，1946年12月在如皋县小桥头被捕牺牲
114	石　林	男	1918年	安徽舒城人，1939年参加新四军，加入中国共产党。历任战士、指挥员、军法处科长。1945年到如皋任一分区专属公安局副局长兼如皋县公安局局长。1946年秋，率武工队在龙游河东坚持斗争，11月4日，在文家庄负伤被俘，10日在刘家渡就义
115	许秀峰	男	1925年	原江安许家庄人，1944年加入中国共产党，历任卢港区委宣传干事、石庄区委组织科长等职。1946年秋新四军北撤后，配合石庄区队奉命在原地坚持斗争，1月31日，区队在杨园桥被围，激战中不幸胸部中弹，光荣牺牲

续表

序号	烈士姓名	性别	出生年月	简要事迹
116	潘　云	男	1924年	生于北京，迁居上海，读高中时加入中国共产党。毕业后到如皋工作，1944年任如西县东南行署指导员。1944年，策反驻郭园伪军薛丹凤营。11月15日与日伪军激战，胸部中弹，不能行动，仍击毙日军2人，后被日军连刺数刀，壮烈牺牲
117	汤亚雄	男	1926年	原何庄乡陆家庄人，1942年参加青年解放团，任支团长。1943年加入中国共产党。1946年任县委民运部青年科科长，从事反内战、反迫害斗争。12月22日，因叛徒告密在吴窑被捕，受尽酷刑，始终不屈，于当晚英勇就义
118	穆子奇	男	1903年	原江安朝西庄人，1928年加入中国共产党。参加过五一农民暴动和红十四军老户庄战斗。1930年年底受命任如皋县委书记，在自沪返如途中被捕，次年3月在镇江北固山就义
119	黄　明	男	1921年	江苏泰兴人，1940年加入中国共产党，1946年任公安局科长，1946年11月和汤亚熊一起在吴窑被捕，受尽酷刑，始终不屈，英勇就义
120	张学礼	男	1927年	原场南乡人，1948年参加革命，石庄区队战士，1948年在如皋石灰庄战斗中牺牲

续表

序号	烈士姓名	性别	出生年月	简要事迹
121	苏德馨	男	1904年	原胜利乡九龙口人。1926年加入中国共产党。系首届如皋县委委员，曾参与如泰五一农民暴动，任如皋县暴动委员会肃反委员。暴动失败后，任中共马塘中心区委书记。同年6月被捕牺牲
122	何　正	男	1919年	江西省安福县人，1935年参加中国工农红军，1936年加入中国共产党。1947年初调任如皋县团参谋长。同年4月因战功升为副团长。其后，率部取得攻打范湖洲据点、击溃季家市守敌等胜利。12月10日，在癞宝庄战斗中不幸牺牲
123	陆　纯	女	1928年	中共党员，何正之妻。1947年5月调任如皋石庄区妇女主任。分区部队攻打石庄战斗结束后即奉命转移，陆纯误以为石庄镇已全部攻克，带领民兵进镇打扫战场时被俘。陆纯在酷刑面前坚贞不屈，被敌人乱刀戳死
124	胡　之	男	1920年	南通县川港镇人，1940年5月加入中国共产党，先任如皋县委联络部部长，后兼任渡区区委书记。1947年2月4日，率武装小组至渡区陆窑乡活动，遭敌方包围，因弹药耗尽而壮烈牺牲

续表

序号	烈士姓名	性别	出生年月	简要事迹
125	蔡　焰	男	1919年	祖籍浙江省鄞县。1942年加入中国共产党,任如皋县财经局局长。1947年1月20日,随县团于石庄伏击抢劫物资之敌,转移途中,在吴庄与国民党军遭遇,突围时中弹牺牲
126	王有德	男	1920年	原磨头乡人,1942年参加革命,1943年加入中国共产党,1947年在如皋县团任连长。1947年8月在如皋佘马庄因战牺牲
127	毕　云	男	1919年	如东沿南乡人,1940年参加中国共产党,历任乡指导员、区队副指导员、武工队指导员。1946年11月18日,国民党军四路奔袭石庄区杨家埭,为了掩护我党领导机关转移,率领战士与敌激战,不幸身负重伤,又无弹药补给,与五位勇士砸坏枪支,奋起肉搏,最后全部壮烈牺牲
128	贲同云	男	1920年	原高井乡人,石庄区财经局工作人员,1947年4月在高井乡贲家庄被捕牺牲

如皋市镇(街道)烈士陵园安葬烈士信息统计表

表 3

序号	烈士姓名	性别	出生年月	简介	安葬地点
1	周富荣	男	1924年1月	原黄市乡人,如皋县警卫团战士,1947年10月25日在芦港区杨岱牺牲	江安镇烈士陵园
2	顾学富	男	1921年	原马塘乡人,马塘区队队员,1948年在如皋马塘庙门口牺牲	皋南烈士陵园
3	王海林	男	1926年	原马塘乡人,华东野战军8纵队22师65团连长,1948年在淮安战役中牺牲	皋南烈士陵园
4	李安书	男	1929年	原马塘乡人,如皋县马塘区副班长,1948年9月24日在如皋下原野苏庄因战牺牲	皋南烈士陵园
5	陈德圣	男	1926年	原何庄乡人,何庄乡一村翻身组长,1948年1月12日在如皋县六里桥被捕牺牲	皋南烈士陵园
6	陈学忠	男	1925年	原大明乡人,如皋县城郊武工队排长,1945年8月15日在如皋因战牺牲	皋南烈士陵园
7	田兆元	男	1915年	原桃园乡人,桃园乡邦墩委员,1947年11月4日在如皋县磨头西哨口被捕牺牲	皋南烈士陵园
8	严绍文	男	1904年3月	原长庄乡人,车马湖区民政股长,1948年11月26日在下驾原因战牺牲	皋南烈士陵园
9	郑长稳	男	1924年12月	原邓园乡人,邓园乡游击队员,1946年8月23日在陆家庄因战牺牲	皋南烈士陵园

续表

序号	烈士姓名	性别	出生年月	简介	安葬地点
10	陈月书	男	1925年	原马塘乡人，小顾乡通讯员，1947年在小顾乡被捕牺牲	皋南烈士陵园
11	陈长穆	男	1919年	原桃园乡人，马塘区队战士，1945年5月25日在磨头天池头因战牺牲	皋南烈士陵园
12	冒张圣	男	1927年	原建设乡人，苏北独立第1团1营3连2排班长，1948年在开封因战牺牲	皋南烈士陵园
13	王盛福	男	1918年	原建设乡人，马塘区许陈乡二村村长，1946年6月20日在如皋宋家桥被捕牺牲	皋南烈士陵园
14	周凤元	男	1917年10月	原建设乡人，如皋县团侦察班长，1948年11月在磨头因战牺牲	皋南烈士陵园
15	缪国施	男	1919年	原建设乡人，志愿军20军58师174团战士，1950年11月在朝鲜因战牺牲	皋南烈士陵园
16	何太山	男	1914年	原建设乡人，马塘区区队长，1948年11月2日在杨园头因战牺牲	皋南烈士陵园
17	陆云祥	男	1905年11月	原建设乡人，许陈乡乡长，1944年在如皋县斜三官殿因战牺牲	皋南烈士陵园
18	刘德圣	男	1923年	原建设乡人，1纵1师1团连长，1947年在山东滕县因战牺牲	皋南烈士陵园
19	黄金圣	男	1920年	原建设乡人，三野7兵团23军67师199团1营3连战士，1946年10月15日在涟水因战牺牲	皋南烈士陵园

续表

序号	烈士姓名	性别	出生年月	简介	安葬地点
20	阮书伯	男	1925年9月	原建设乡人，4纵130团卫生队战士，1947年在山东孟良崮因战牺牲	皋南烈士陵园
21	冒国光	男	1920年	原建设乡人，如皋县马塘区区长，1946年7月在如皋县被捕牺牲	皋南烈士陵园
22	顾春华	男	1929年3月	原建设乡人，26军76师227团战士，1948年在徐州因战牺牲	皋南烈士陵园
23	陈小波	男	1927年	原建设乡人，12师34团3营7连1排3班副班长，1948年11月在淮海战役中牺牲	皋南烈士陵园
24	李子德	男	1929年	原建设乡人，江苏军区南线支队4营（警察营）战士，1948年在石庄因战牺牲	皋南烈士陵园
25	纪年山	男	1927年	原建设乡人，三野战士，1946年7月在如皋县宋家桥因战牺牲	皋南烈士陵园
26	邱广生	男	1925年	原建设乡人，1师1旅1团2营7连战士，1946年7月在如皋县宋家桥因战牺牲	皋南烈士陵园
27	严星明	男	1924年	原建设乡人，志愿军45军135师405团1营3连通讯员，1953年7月25日在朝鲜金城川因战牺牲	皋南烈士陵园
28	冒元成	男	1924年	原建设乡人，如皋县团战士，1946年7月在如皋县宋家桥因战牺牲	皋南烈士陵园

续表

序号	烈士姓名	性别	出生年月	简介	安葬地点
29	郭和法	男	1925年9月	原建设乡人，三野23军68师203团战士，1947年在山东枣庄因战牺牲	皋南烈士陵园
30	陈九明	男	1929年	原建设乡人，6师63团班长，1947年12月在河南永城因战牺牲	皋南烈士陵园
31	吴　海	男	1926年	原建设乡人，10师28团2营4连战士，1946年7月在海安县李堡大杨庄因战牺牲	皋南烈士陵园
32	钱兴明	男	1914年	原建设乡人，马塘区游击队队员，1947年在如皋县丁堰双马头因战牺牲	皋南烈士陵园
33	葛明新	男	1929年	原建设乡人，三野1师战士，1947年在山东枣庄因战牺牲	皋南烈士陵园
34	吴玉广	男	1930年10月	原建设乡人，志愿军24军70师208团3营7连战士，1953年6月13日在朝鲜上甘岭因战牺牲	皋南烈士陵园
35	黄献林	男	1914年	原建设乡人，许陈乡七村副管理员，1946年9月在如城被捕牺牲	皋南烈士陵园
36	徐松鹤	男	1929年1月	原建设乡人，马塘区武工队通讯员，1947年12月在如皋申家庄因战牺牲	皋南烈士陵园
37	韩良成	男	1918年	原建设乡人，如皋县团战士，1946年2月26日在南通新生港因战牺牲	皋南烈士陵园
38	何太明	男	1928年	原建设乡人，如皋县团战士，1946年在如皋县宋家桥因战牺牲	皋南烈士陵园

续表

序号	烈士姓名	性别	出生年月	简介	安葬地点
39	何达如	男	1927年2月	原建设乡人，步兵20军177团5连战士，1950年12月在朝鲜因战牺牲	皋南烈士陵园
40	吕广富	男	1924年	原建设乡人，民兵，1946年6月22日在如皋县宋家桥因战牺牲	皋南烈士陵园
41	许秀如	男	1930年	原建设乡人，志愿军27军81师242团战士，1950年11月29日于朝鲜因战牺牲	皋南烈士陵园
42	许　岗	男	1928年	原建设乡人，如皋县团1连2排3班机枪班长，1946年12月29日在如皋县石庄北焦港因战牺牲	皋南烈士陵园
43	崔福寿	男	1917年	原建设乡人，民工，1946年7月在皋南战斗中牺牲	皋南烈士陵园
44	陈达元	男	1925年	原建设乡人，三野32旅96团1营2连战士，1948年12月于徐州因战牺牲	皋南烈士陵园
45	冒浪萍	男	1925年	原建设乡人，志愿军某部战士，1951年在朝鲜失踪	皋南烈士陵园
46	丁忠元	男	1912年	原建设乡人，民工支前担架队队员，1946年在皋南战斗中牺牲	皋南烈士陵园
47	顾邵文	男	1927年	原建设乡人，志愿军26军77师231团3营7连战士，1951年11月23日在朝鲜因战牺牲	皋南烈士陵园
48	孙长和	男	1929年	原建设乡人，三野战士，1952年在朝鲜失踪	皋南烈士陵园

续表

序号	烈士姓名	性别	出生年月	简介	安葬地点
49	张必富	男	1929年	原建设乡人,如皋县团战士,1947年磨头石家空田因战牺牲	皋南烈士陵园
50	苏春余	男	1920年6月	原建设乡人,志愿军20军58师173团6连战士,1950年11月在朝鲜因战牺牲	皋南烈士陵园
51	许秀山	男	1906年7月	原建设乡人,民工,1946年7月24日在如皋宋家桥因战牺牲	皋南烈士陵园
52	张成志	男	1927年	原马塘乡人,如皋县马塘战士,1948年4月在如皋县王林庄因战牺牲	皋南烈士陵园
53	秦有来	男	1923年	原新民乡人,泰州分区政治部副排长,1950年7月22日在泰州医院病故	皋南烈士陵园
54	丁正清	男	1916年	原桃园乡人,桃园乡民兵分队队长,1946年7月21日在皋南战斗中牺牲	皋南烈士陵园
55	冒长圣	男	1926年	原建设乡人,1942年参加革命,华东野战军某团副排长,1948年在淮海战役中牺牲	皋南烈士陵园
56	肖春龙	男	1925年	原马塘乡人,1946年5月参加革命,马塘区队粮管员,1947年9月在如皋斜陆庄因战牺牲	皋南烈士陵园
57	顾子勤	男	1919年	原桃园乡人,1941年8月参加革命,苏北军区独立团3营7连排长,1946年在连云港因战牺牲	皋南烈士陵园

序号	烈士姓名	性别	出生年月	简介	安葬地点
58	冒立生	男	1926年	原马塘乡人，1943年参加革命，马塘区队侦察员，1947年在如皋焦家桥被捕牺牲	皋南烈士陵园
59	王长友	男	1921年	原马塘乡人，1943年参加革命，如皋警卫团3连连长，1949年1月在如皋县永安沙因战牺牲	皋南烈士陵园
60	邵守魁	男	1923年	原邓园乡人，1943年参加革命，城西区队连长，1948年8月在如皋县六里桥因战牺牲	皋南烈士陵园
61	李世熊	男	1914年	原桃园乡人，陈绍乡民兵小队队长，1946年9月在如皋东陶庄被捕牺牲	皋南烈士陵园
62	赵　国	男	1925年5月	江苏泰州人，见习医生，1945年7月在如皋宋家桥因战牺牲	皋南烈士陵园
63	张祖铎	男	1922年	原马塘乡人，1946年12月参加革命，原骆臣乡乡长，1947年12月在如皋县骆臣乡被捕牺牲	皋南烈士陵园
64	李伯奎	男	1922年	原新民乡人，又名李佰奎，中共党员，如皋县普渡乡乡长，1947年在如皋李家庄因战牺牲	皋南烈士陵园
65	季万林	男	1904年	原邓园乡人，如皋县纪庄乡一村村长，1948年11月在如皋县孔家桥被捕牺牲	皋南烈士陵园
66	王长春	男	1919年	原马塘乡人，原骆臣乡十村村长，1947年12月在如城关帝庙被捕牺牲	皋南烈士陵园

续表

序号	烈士姓名	性别	出生年月	简介	安葬地点
67	顾绍文	男	1927年	原建设乡人，1949年参加革命，志愿军某连战士，1951年11月在朝鲜平金淮因战牺牲	皋南烈士陵园
68	朱友才	男	1921年	原建设乡人，1945年参加革命，华中野战军战士，1947年在山东省枣庄因战牺牲	皋南烈士陵园
69	洪久和	男	1914年	原城西乡人，1946年参加革命，华东警备6旅18团战士，1946年12月在如皋县因战牺牲	皋南烈士陵园
70	严兴贵	男	1925年	如皋人，曾担任如东县城东区游击连战士，1948年11月17日在如皋丁埝东因战牺牲	皋南烈士陵园
71	吴荣学	男	1920年	原九华乡人，华东野战军战士，1948年在东台因战牺牲	九华镇红色主题教育基地
72	李昌林	男	1921年	原九华乡人，老区101团战士，1949年在解放江南黄山战役中壮烈牺牲	九华镇红色主题教育基地
73	邹金泉	男	1920年	原龙舌乡人，如皋警卫团连长，1948年在如皋县石桥头壮烈牺牲	九华镇红色主题教育基地
74	陈奎海	男	1909年	原龙舌乡人，薛窑区区委委员，1948年在如皋县秦家甸战斗中被坏人告密壮烈牺牲	九华镇红色主题教育基地
75	汤小冬	男	1906年	原名汤兰友，又名小东、小明，红十四军连长，1931年被捕牺牲	九华镇红色主题教育基地

续表

序号	烈士姓名	性别	出生年月	简介	安葬地点
76	李昌金	男	1910年	原九华乡人，如皋警卫团战士，1948年在如皋县康家桥因战牺牲	九华镇红色主题教育基地
77	徐姚容	男	1898年	原营防乡人，又名徐恩来，红十四军赤卫队战士，1930年在如皋县郭园镇小圩桥因战牺牲	九华镇红色主题教育基地
78	王金国	男	1921年	原营防乡人，如皋警卫团战士，1947年在如皋县永安沙因战牺牲	九华镇红色主题教育基地
79	陆锦成	男	1921年	原龙舌乡人，如皋姜元乡民兵中队队长，1945年在葛家坝被反动派杀害	九华镇红色主题教育基地
80	殷鹤民	男	1924年	原九华乡人，如皋薛窑区队战士，1947年在如皋县郭园镇因战牺牲	九华镇红色主题教育基地
81	邵秀文	男	1905年	原营防乡人，红十四军连长，1929年在如皋县城被捕牺牲	九华镇红色主题教育基地
82	卢荣庆	男	1922年	原营防乡人，薛窑区队战士，1945年在南通县五接桥被捕牺牲	九华镇红色主题教育基地
83	徐大瑞	男	1924年	原营防乡人，薛窑区队队长，1946年在如皋县大石庄因战牺牲	九华镇红色主题教育基地
84	马玉顺	男	1921年	原营防乡人，薛窑区队班长，1946年在如皋县九甲桥因战牺牲	九华镇红色主题教育基地
85	胡汉生	男	1927年	原营防乡人，华中野战军7纵队战士，1946年在海安因战牺牲	九华镇红色主题教育基地

续表

序号	烈士姓名	性别	出生年月	简介	安葬地点
86	张炳辉	男	1925年	原龙舌乡人，苏中1分区特务团战士，1944年在扬州因公牺牲	九华镇红色主题教育基地
87	金　泽	男	1923年	原营防乡人，又名金春顶，如皋警卫团指导员，1948年在如皋县扒头桥因战牺牲	九华镇红色主题教育基地
88	沙四元	男	1898年	原九华乡人，如皋县北元乡粮食委员，1932年在如皋县城被捕牺牲	九华镇红色主题教育基地
89	夏祖华	男	1918年	原九华乡人，华东野战军4纵10师28团2营5连副排长，1947年在山东费县因战牺牲	九华镇红色主题教育基地
90	孙和尚	男	1906年	原龙舌乡人，如皋县薛窑区队战士，1946年在南通县新坝因战牺牲	九华镇红色主题教育基地
91	金其祥	男	1920年	原九华乡人，如西独立团战士，1945年在如皋县城因战牺牲	九华镇红色主题教育基地
92	于　诚	男	1894年	原九华乡人，如皋县委特派员，1931年在如皋县九甲被捕牺牲	九华镇红色主题教育基地
93	张玉华	男	1917年	原九华乡人，如皋坝头乡农会主任，1946年在如皋县余冯庄被捕牺牲	九华镇红色主题教育基地
94	王金成	男	1927年	原营防乡人，志愿军某部班长，1951年在朝鲜第五次战役中牺牲	九华镇红色主题教育基地
95	冯礼元	男	1923年	原营防乡人，又名冯长元，如皋警卫团战士，1945年于泰兴县古溪因战牺牲	九华镇红色主题教育基地

续表

序号	烈士姓名	性别	出生年月	简介	安葬地点
96	薛汉成	男	1924年	原龙舌乡人，志愿军67军200师598团侦察营营长，1951年于朝鲜因战牺牲	九华镇红色主题教育基地
97	李洪生	男	1921年	原龙舌乡人，平西区区长，1946年在如皋县白蒲因战牺牲	九华镇红色主题教育基地
98	龚志祺	男	1915年	原龙舌乡人，如皋县龙舌乡民兵队队长，1947年在如皋县勇敢乡被捕牺牲	九华镇红色主题教育基地
99	钱保富	男	1917年	原龙舌乡人，如皋县龙舌乡一村村长，1947年在如皋县薛家庄被捕牺牲	九华镇红色主题教育基地
100	陆有才	男	1918年	原龙舌乡人，如皋县政府科长，1945年在海安县西场因战牺牲	九华镇红色主题教育基地
101	陆美玲	女	1941年	原营防乡漕狼村村民，1993年7月19日为保护公民生命财产，奋力扑救火灾牺牲	九华镇红色主题教育基地
102	顾文清	男	1927年	原龙舌乡人，又名顾国清、吴二，龙舌乡乡长，1948年10月在如皋县郑甸被捕牺牲	九华镇红色主题教育基地
103	陈家宾	男	1926年4月	原长庄乡人，如皋独立团班长，1945年在南通县五接桥因战牺牲	吴窑镇烈士陵园
104	曹贵兰	男	1922年	原长庄乡人，车马湖区队班长，1946年在如皋县薛窑因战牺牲	吴窑镇烈士陵园
105	张民权	男	1920年10月	原长庄乡人，大石乡文化教员，1941年在如皋县冒兴庄因战牺牲	吴窑镇烈士陵园

续表

序号	烈士姓名	性别	出生年月	简介	安葬地点
106	章锦桂	男	1921年3月	原磨头公社人，如皋县委工作队队长，1948年9月在如皋鞠家庄被捕牺牲	磨头烈士陵园
107	张仕华	男	1923年3月	原场南乡人，如西独立团排长，1943年7月在如皋县沈甸因战牺牲	磨头烈士陵园
108	刘德才	男	1926年	原场南乡人，苏中特务5团2营4连副班长，1944年在兴化叉河因战牺牲	磨头烈士陵园
109	张耀生	男	1922年	原场南乡人，如皋县沈朗乡民兵副队长，1943年10月在如皋顾家庄因战牺牲	磨头烈士陵园
110	吴朋仁	男	1918年5月	原场北乡人，又名吴朋仁，如皋警卫团1营3连战士，1948年在如皋新庙被捕牺牲	磨头烈士陵园
111	黄裕龙	男	1928年9月	原场北乡人，如皋警卫团战士，1948年12月在如皋磨头因战牺牲	磨头烈士陵园
112	张忠祥	男	1922年	原场南乡人，如皋县郝李乡民兵队队长，1947年7月在如皋磨头被捕牺牲	磨头烈士陵园
113	杜济明	男	1910年	原场南乡人，如皋警卫团1营2连战士，1948年11月在如皋磨头因战牺牲	磨头烈士陵园
114	沙润德	男	1927年6月	原场南乡人，如皋警卫团3营9连班长，1948年8月在如皋石灰庄因战牺牲	磨头烈士陵园
115	张元甫	男	1930年5月	原场南乡人，如皋警卫团1营1连战士，1948年1月在如皋马塘因战牺牲	磨头烈士陵园

续表

序号	烈士姓名	性别	出生年月	简介	安葬地点
116	沙和均	男	1913年7月	原场南乡人,如皋县沈朗乡三村会计,1948年5月在如皋邬子家被捕牺牲	磨头烈士陵园
117	王步青	男	1913年9月	原磨头乡人,又名王甫清,如皋县高曹乡粮管员,1948年3月在如皋石家庄被捕牺牲	磨头烈士陵园
118	马能寿	男	1913年	原磨头乡人,如皋县曹汤乡6村翻身主任,1947年4月在如皋洋桥口因战牺牲	磨头烈士陵园
119	宗少明	男	1929年	原磨头乡人,又名宗少如,如皋贾屋乡民兵队队长,1948年8月在如皋贾屋乡四村因战牺牲	磨头烈士陵园
120	章金来	男	1905年10月	原磨头乡人,如皋警卫团战士,1948年3月在如皋狗子桥因战牺牲	磨头烈士陵园
121	朱济祥	男	1923年10月	原场南乡人,如皋警卫团战士,1947年11月在如皋东马港因战牺牲	磨头烈士陵园
122	陈金荣	男	1926年2月	原场南乡人,如皋警卫团战士,1948年7月在如皋丁家庄因战牺牲	磨头烈士陵园
123	唐文彬	男	1924年1月	原场北乡人,如皋警卫团战士,1947年4月在如皋磨头因战牺牲	磨头烈士陵园
124	刘裕祥	男	1922年6月	原场北乡人,如皋县度军井区队战士,1947年10月在如皋厦基头因战牺牲	磨头烈士陵园

续表

序号	烈士姓名	性别	出生年月	简介	安葬地点
125	林长贵	男	1922年3月	原场北乡人,如皋警卫团1营3连班长,1948年在如皋佘家荒塘因战牺牲	磨头烈士陵园
126	金明华	男	1915年7月	原场北乡人,如皋警卫团战士,1948年10月在如皋厦基头因战牺牲	磨头烈士陵园
127	章开元	男	1923年11月	原磨头乡人,如皋县磨头乡民兵队队长,1946年7月在如皋杨花桥因战牺牲	磨头烈士陵园
128	仇锦洲	男	1925年2月	原磨头乡人,如皋县磨头区干部,1946年11月在如皋刘家田被捕牺牲	磨头烈士陵园
129	李昌庆	男	1930年4月	原磨头乡人,如皋薛窑区队战士,1948年12月在如皋谢庄因战牺牲	磨头烈士陵园
130	李昌贤	男	1920年	原磨头乡人,如皋县陈绍乡民兵队队长,1946年11月在如皋王家庄因战牺牲	磨头烈士陵园
131	王明富	男	1921年	原磨头乡人,志愿军26军76师228团2营4连战士,1950年12月在朝鲜因战牺牲	磨头烈士陵园
132	吴正林	男	1926年7月	原磨头乡人,志愿军26军76师227团2营连长,1952年在朝鲜因战牺牲	磨头烈士陵园
133	吴忠富	男	1924年	原场南乡人,如皋警卫团战士,1948年8月在如皋吴窑因战牺牲	磨头烈士陵园
134	成子山	男	1906年	原场南乡人,如皋县城区武工队股长,1948年在如皋庄子被捕牺牲	磨头烈士陵园

续表

序号	烈士姓名	性别	出生年月	简介	安葬地点
135	张仕明	男	1926年10月	原场南乡人,如皋沈朗乡民兵小队队长,1947年9月在如皋叶庄被捕牺牲	磨头烈士陵园
136	苏长明	男	1929年	原场北乡人,如皋县唐湾乡副队长,1948年5月在如皋田堡因战牺牲	磨头烈士陵园
137	陈　健	男	1931年	原场南乡人,如皋警卫团战士,1947年在泰兴八户庄因战牺牲	磨头烈士陵园
138	周文如	男	1927年11月	原场北乡人,又名周久如,如皋警卫团战士,1948年8月在如皋佘家庄因战牺牲	磨头烈士陵园
139	夏保林	男	1928年	原场北乡人,苏北9分区司令部警卫排排长,1947年2月在海安曲塘因战牺牲	磨头烈士陵园
140	张耀成	男	1925年4月	原场南乡人,如皋警卫团1营3连班长,1948年8月在如皋佘家荒场因战牺牲	磨头烈士陵园
141	严夕贵	男	1921年6月	原长庄乡人,如西独立团作战参谋,1944年在如皋县草张庄因战牺牲	磨头烈士陵园
142	陈伯青	男	1895年6月	原磨头乡人,如皋粮食局副主任,1951年3月在如皋县城因公牺牲	磨头烈士陵园
143	陈金涛	男	1921年9月	原场南乡人,苏北军区一分区特务团排长,1947年在泰州因战牺牲	磨头烈士陵园
144	狄祥太	男	1906年	原磨头乡人,如皋县车马湖区队战士,1947年5月在如皋西狄庄被捕牺牲	磨头烈士陵园

续表

序号	烈士姓名	性别	出生年月	简介	安葬地点
145	丁正富	男	1931年1月	原场南乡人,如皋警卫团战士,1948年7月在如皋丁家庄因战牺牲	磨头烈士陵园
146	冯国山	男	1923年	原场南乡人,如皋县沈朗乡三村村长,1947年1月在如皋大腰庄被捕牺牲	磨头烈士陵园
147	冯隆盛	男	1916年	原场北乡人,如皋县胡芝乡民兵排长,1946年11月在如皋大洋乡因战牺牲	磨头烈士陵园
148	冯永文	男	1902年	原场南乡人,如皋沈朗乡五村农会主任,1948年9月在如皋殳庄因战牺牲	磨头烈士陵园
149	高仁生	男	1921年	原场北乡人,如皋警卫团战士,1947年9月在如皋佘家荒塘因战牺牲	磨头烈士陵园
150	高仁轩	男	1906年7月	原场南乡人,如皋高田乡通讯员,1948年7月在如皋谢庄被捕牺牲	磨头烈士陵园
151	高申福	男	1915年4月	原场南乡人,如皋县高田乡乡长,1946年在如皋许庄被捕牺牲	磨头烈士陵园
152	高申平	男	1923年5月	原场南乡人,华中野战军52团2营6连战士,1946年7月在如皋杨花桥因战牺牲	磨头烈士陵园
153	高兴如	男	1924年8月	原场南乡人,如皋县蒲西区公所征收员,1945年8月在如皋白蒲被捕牺牲	磨头烈士陵园
154	葛美进	男	1925年	原磨头乡人,如皋县磨头镇镇长,1946年5月在如皋磨头镇被捕牺牲	磨头烈士陵园

序号	烈士姓名	性别	出生年月	简介	安葬地点
155	顾锦连	男	1921年	原磨头乡人,民兵,1947年在如皋长庄被捕牺牲	磨头烈士陵园
156	郭其凤	男	1923年5月	原场南乡人,民兵小队长,1945年10月在如皋高马渡被捕牺牲	磨头烈士陵园
157	郭勇圣	男	1924年3月	原场北乡人,如皋县塘万乡民兵排长,1948年6月在如皋磨业庄被捕牺牲	磨头烈士陵园
158	郭再和	男	1916年	原磨头乡人,如皋县徐石乡民兵队长,1944年5月在如皋张八里被捕牺牲	磨头烈士陵园
159	郭照轩	男	1899年	原磨头乡人,如皋县徐石乡乡长,1944年4月在如皋王户庄被捕牺牲	磨头烈士陵园
160	何忠发	男	1902年	原场南乡人,殳庄翻身队队长兼收税员,1948年9月13日在刘家渡被捕牺牲	磨头烈士陵园
161	洪正文	男	1922年	原场北乡人,如皋石塘乡交通员,1948年1月在如皋四里井被捕牺牲	磨头烈士陵园
162	胡科进	男	1920年5月	原场北乡人,如皋石塘乡民兵队队长,1947年8月在如皋大唐庄因战牺牲	磨头烈士陵园
163	金德昌	男	1927年	原场北乡人,如皋度军井区联防队情报员,1947年11月在如皋南门宏林庵被捕牺牲	磨头烈士陵园
164	李连发	男	1909年6月	原磨头乡人,如皋县高曹乡农会主任,1948年5月在如皋磨头被捕牺牲	磨头烈士陵园
165	刘笃庭	男	1920年	原磨头乡人,如皋县渡井区情报员,1947年8月在磨头被捕牺牲	磨头烈士陵园

续表

序号	烈士姓名	性别	出生年月	简介	安葬地点
166	缪德圣	男	1928年	原磨头乡人,如皋县高曹乡联防队队长,1948年5月在如皋宗家庄因战牺牲	磨头烈士陵园
167	裴长清	男	1925年	原场南乡人,如皋城郊大队排长,1947年10月在如皋厦基头因战牺牲	磨头烈士陵园
168	平国凡	男	1928年	原场南乡人,华东野战军某部战士,1947年在大丰刘庄失踪	磨头烈士陵园
169	钱良才	男	1922年	原场南乡人,苏中四分区特务团2营4连战士,1944年5月在盐城伍佑因战牺牲	磨头烈士陵园
170	钱圣宽	男	1922年	原场北乡人,如西独立团战士,1944年10月在如皋顾庄因战牺牲	磨头烈士陵园
171	沈金才	男	1921年	原场北乡人,苏北九分区独立团3营7连战士,1947年11月在如皋石庄因战牺牲	磨头烈士陵园
172	沈金如	男	1924年1月	原场北乡人,如皋警卫团3营3排战士,1947年9月在如皋长庄因战牺牲	磨头烈士陵园
173	石明俊	男	1914年5月	原磨头乡人,如皋警卫团战士,1947年在如皋石庄因战牺牲	磨头烈士陵园
174	石昭银	男	1925年9月	原场北乡人,如皋城郊大队战士,1948年在如皋石庄因战牺牲	磨头烈士陵园
175	石祚言	男	1925年5月	原场北乡人,如皋县度军井区联防队事务长,1948年4月在如皋长庄被捕牺牲	磨头烈士陵园

续表

序号	烈士姓名	性别	出生年月	简介	安葬地点
176	苏友太	男	1915年	原桃园乡人,如皋县陈绍乡联防侦察员,1948年8月在如皋磨头被捕牺牲	磨头烈士陵园
177	田大富	男	1923年7月	原场北乡人,如皋县城西区公所通讯员,1946年10月在如皋杨岱因战牺牲	磨头烈士陵园
178	田玉高	男	1925年5月	原场北乡人,如皋警卫团排长,1948年在如皋谢庄因战牺牲	磨头烈士陵园
179	万学贵	男	1902年11月	原场南乡人,如皋县高田乡农会主任,1946年在如皋许庄被捕牺牲	磨头烈士陵园
180	邬平松	男	1916年1月	原磨头乡人,如皋县度军井区通讯站站长,1947年在如皋搬经因战牺牲	磨头烈士陵园
181	吴绍贤	男	1922年5月	原场南乡人,华东野战军2纵4师10团战士,1948年11月在淮海战役中牺牲	磨头烈士陵园
182	吴正山	男	1917年	原磨头乡人,如皋县磨房乡民兵小队长,1947年10月在如皋四房庄因战牺牲	磨头烈士陵园
183	夏立祥	男	1928年	原场南乡人,如皋警卫团1营1连战士,1948年4月在如皋王林庄因战牺牲	磨头烈士陵园
184	肖来章	男	1930年3月	原磨头乡人,如皋县章王乡联防队队员,1948年5月在如皋磨头因战牺牲	磨头烈士陵园
185	谢同德	男	1920年	原场南乡人,如皋警卫团战士,1946年5月在如皋吴庄因战牺牲	磨头烈士陵园

续表

序号	烈士姓名	性别	出生年月	简介	安葬地点
186	徐玉美	男	1927年1月	原场南乡人,苏北军区独立团班长,1949年4月在渡江战役中牺牲	磨头烈士陵园
187	许尧德	男	1916年	原场南乡人,如皋县度军井区交通站站长,1948年10月在如皋石庄被捕牺牲	磨头烈士陵园
188	薛锦文	男	1922年	原磨头乡人,如皋车马湖区队班长,1948年8月在如皋小秦庄因战牺牲	磨头烈士陵园
189	姚俊科	男	1915年	原场南乡人,殳庄村村长,1948年9月14日在刘家渡被捕牺牲	磨头烈士陵园
190	姚俊美	男	1910年	原场南乡人,负责殳庄村财经工作,1948年9月13日在刘家渡被捕牺牲	磨头烈士陵园
191	张光昌	男	1926年	原场南乡人,苏中1分区1团3营班长,1948年10月在姜堰因战牺牲	磨头烈士陵园
192	张友富	男	1922年	原场北乡人,如皋警卫团战士,1946年在如皋杨岱因战牺牲	磨头烈士陵园
193	章成伍	男	1923年2月	原磨头乡人,如皋章王乡乡长,1948年5月在如皋磨头被捕牺牲	磨头烈士陵园
194	赵长华	男	1928年	原磨头乡人,28军82师244团特务连战士,1950年在金门岛失踪	磨头烈士陵园
195	朱昌吉	男	1906年	原磨头乡人,如皋贾屋乡四村村长,1948年9月在如皋磨头被捕牺牲	磨头烈士陵园

续表

序号	烈士姓名	性别	出生年月	简介	安葬地点
196	朱国文	男	1903年2月	原磨头乡人,如皋磨头乡农会主任,1946年在如皋磨头被捕牺牲	磨头烈士陵园
197	朱济进	男	1925年	原场南乡人,如皋县城郊大队战士,1947年在如皋厦基头因战牺牲	磨头烈士陵园
198	朱济明	男	1927年9月	原场南乡人,如皋警卫团战士,1947年8月在如皋老户庄因战牺牲	磨头烈士陵园
199	朱仁静	男	1921年6月	原场南乡人,如皋县磨头区区委书记,1946年在如皋磨头因战牺牲	磨头烈士陵园
200	朱圣祥	男	1919年1月	原场南乡人,如皋县大兴乡三村村长,1947年8月在如皋老户庄被捕牺牲	磨头烈士陵园
201	蔡国均	男	1916年	原横埭乡乡长,1947年3月在如皋牺牲	搬经镇烈士陵园
202	缪文礼	男	1931年	如皋县团战士,1948年在磨头王林庄因战牺牲	搬经镇烈士陵园
203	杨余炳	男	1924年2月	原倪建乡民兵队长,1947年4月19日在对敌斗争中牺牲	搬经镇烈士陵园
204	朱从西	男	1926年3月	志愿军67军200师598团战士，1950年11月在朝鲜牺牲	搬经镇烈士陵园
205	朱恒友	男	1927年	如皋县警卫团班长,1946年11月在杨花桥因战牺牲	搬经镇烈士陵园
206	高山川	男	1922年3月	如皋警卫团3营战士,1948年8月17日在如皋县石庄杨园因战牺牲	搬经镇烈士陵园

续表

序号	烈士姓名	性别	出生年月	简介	安葬地点
207	张宗全	男	1918年3月	原如皋红窑乡农抗主任，1949年3月在朱庄被捕牺牲	搬经镇烈士陵园
208	卢宗甫	男	1927年11月	26军77师231团警卫连副班长，1951年10月18日在朝鲜平金淮因战牺牲	搬经镇烈士陵园
209	缪元林	男	1916年8月	农会主任，1947年7月11日在如皋县顾庄被捕牺牲	搬经镇烈士陵园
210	何伯勋	男	1915年	如皋县团战士，1947年12月在如皋县李三圩因战牺牲	搬经镇烈士陵园
211	缪希良	女	1891年1月	高明乡妇女会长,1947年4月在如皋白池被捕牺牲	搬经镇烈士陵园
212	章可生	男	1920年4月	杨庄乡乡长，1948年1月在如皋姚岱被捕牺牲	搬经镇烈士陵园
213	缪宜贵	男	1920年3月	分区特务团班长，1944年6月在靖江季家市因战牺牲	搬经镇烈士陵园
214	许逢奎	男	1922年4月	分区1团排长，1946年在如皋县太平井因战牺牲	搬经镇烈士陵园
215	李有裕	男	1906年4月	搬经鞠桥村人，1946年8月2日在如黄路战役中牺牲	搬经镇烈士陵园
216	季崇森	男	1920年9月	泰州独立团班长，1947年8月在如皋沙家湾因战牺牲	搬经镇烈士陵园
217	周美玉	男	1910年10月	搬经朱庄人，1946年2月在对敌斗争中牺牲	搬经镇烈士陵园
218	顾子才	男	1914年	泰州团14团战士，1947年被捕牺牲	搬经镇烈士陵园

续表

序号	烈士姓名	性别	出生年月	简介	安葬地点
219	周荣山	男	1924年6月	如皋警卫团战士，1947年2月在如皋县太平井因战牺牲	搬经镇烈士陵园
220	段仁礼	男	1926年3月	老2团战士，1926年3月出生，1944年11月在如皋孔家桥因战牺牲	搬经镇烈士陵园
221	席云志	男	1923年3月	如皋县胡林乡财委，1947年7月在夏堡被捕牺牲	搬经镇烈士陵园
222	陈锦和	男	1928年	地下工作者，1948年2月在如皋县五里墩被捕	搬经镇烈士陵园
223	陈锦国	男	1920年	2纵6师17团3连战士，1949年1月在淮海战役中牺牲	搬经镇烈士陵园
224	周永亮	男	1915年5月	原卢庄乡民兵中队长，1947年7月在如皋县石桥被捕牺牲	搬经镇烈士陵园
225	季全华	男	1929年2月	原夏堡乡三村村长，1947年7月在对敌斗争中牺牲	搬经镇烈士陵园
226	季万元	男	1908年6月	曾任村长，1947年3月在如皋加力被捕牺牲	搬经镇烈士陵园
227	陈应茂	男	1902年5月	1930年参加革命，如皋卢港地下工作者，1930年6月在卢港被捕牺牲	搬经镇烈士陵园
228	孟德才	男	1922年	1941年参加革命，新四军1师1旅2团战士，1945年在如东陈林坝因战牺牲	搬经镇烈士陵园
229	夏书生	男	1905年1月	1938年参加革命，新四军6师16旅某部排长，1942年在丹阳因战牺牲	搬经镇烈士陵园

续表

序号	烈士姓名	性别	出生年月	简介	安葬地点
230	苏 三	男	1898年	红十四军战士，1930年在如皋港因战牺牲	搬经镇烈士陵园
231	季崇银	男	1923年	1纵6团战士，1948年在淮海战役中牺牲	搬经镇烈士陵园
232	孙道富	男	1927年9月	曾用名孙德和，如西特务团战士，1948年3月在泰兴三户庄因战牺牲	搬经镇烈士陵园
233	丁昌贵	男	1918年	原高明乡联防队员，1947年3月在北来庄被捕牺牲	搬经镇烈士陵园
234	杨南山	男	1902年	原搬经乡人，民工，1946年7月18日在如皋县夏岱因战牺牲	搬经镇鞠庄烈士陵园
235	鞠永和	男	1928年3月	原加力乡人，如皋警卫团战士，1949年在如刘田因战牺牲	搬经镇鞠庄烈士陵园
236	夏策甫	男	1919年3月	原搬经乡人，苏北军区九分区特务团班长，1947年在如皋袁桥因战牺牲	搬经镇鞠庄烈士陵园
237	汪以龙	男	1916年	原搬经乡人，朱夏乡民兵，1947年9月在朱夏庄被捕牺牲	搬经镇鞠庄烈士陵园
238	马希班	男	1893年	原加力乡人，又名马志远，卢港区农运干部，1928年在如皋县城被捕牺牲	搬经镇鞠庄烈士陵园
239	马自权	男	1913年	原加力乡人，加马乡党支部书记，1930年在如皋县城被捕牺牲	搬经镇鞠庄烈士陵园
240	缪长山	男	1896年	原加力乡人，侦察交通员，1930年在如皋严家桥被捕牺牲	搬经镇鞠庄烈士陵园

续表

序号	烈士姓名	性别	出生年月	简介	安葬地点
241	陈兆庆	男	1927年	原搬经乡人，华东邮管局一分局战士，1948年在海安因战牺牲	搬经镇鞠庄烈士陵园
242	顾堂华	男	1926年	原搬经乡人，如皋警卫团战士，1946年在如皋县杨花桥因战牺牲	搬经镇鞠庄烈士陵园
243	夏书社	男	1885年	原加力乡人，如皋县卢港区党支部书记，1930年7月在高明被捕牺牲	搬经镇鞠庄烈士陵园
244	夏宝友	男	1929年5月	原搬经乡人，如皋警卫团战士，1948年6月在泰兴县八户庄因战牺牲	搬经镇鞠庄烈士陵园
245	凌伯留	男	1975年7月	原搬经乡人，夏岱中学学生，1989年因救落水学生牺牲，1991年被评定为烈士	搬经镇鞠庄烈士陵园
246	夏　军	男	1922年1月	原搬经乡人，又名夏俊，芹界乡通讯员，1947年在如皋芹界沟被捕牺牲	搬经镇鞠庄烈士陵园
247	谢志友	男	1926年	原加力乡人，新四军1师1旅2团通讯员，1941年在如皋陆家庄因战牺牲	搬经镇鞠庄烈士陵园
248	谢龙银	男	1928年	原加力乡人，如皋县卢港区班长，1946年在如皋宋家桥因战牺牲	搬经镇鞠庄烈士陵园
249	张仁义	男	1927年	原加力乡人，华东野战军警备6旅18团1营3连战士，1948年在泰兴龙窝口因战牺牲	搬经镇鞠庄烈士陵园
250	余深海	男	1922年	原加力乡人，华中野战军91团2营6连排长，1946年在如皋土山因战牺牲	搬经镇鞠庄烈士陵园

续表

序号	烈士姓名	性别	出生年月	简介	安葬地点
251	吴忠德	男	1923年	原加力乡人,苏中4分区特务团战士,1946年7月在如黄线因战牺牲	搬经镇鞠庄烈士陵园
252	谢广圣	男	1924年	原加力乡人,新四军1师1旅1团3营7连通讯员,1942年在海安青萍港因战牺牲	搬经镇鞠庄烈士陵园
253	肖承璋	男	1912年12月	原夏堡乡人,海安海南区区长,1948年在扬州因公牺牲	搬经镇鞠庄烈士陵园
254	赵玉正	男	1928年7月	原搬经乡人,华中野战军班长,1946年在海安洋蛮河因战牺牲	搬经镇鞠庄烈士陵园
255	陈明义	男	1912年3月	原搬经乡人,搬经乡通讯员,1943年6月在搬经被捕牺牲	搬经镇鞠庄烈士陵园
256	王友圣	男	1926年	原夏堡乡人,志愿军20军58师173团战士,1950年在朝鲜因战牺牲	搬经镇鞠庄烈士陵园
257	丁正明	男	1919年	黄市乡人,如西独立团机枪连战士,1941年1月在泰兴老圩因战牺牲	搬经镇鞠庄烈士陵园
258	储正林	男	1920年	原加力乡人,如西独立团班长,1945年在靖江季家市因战牺牲	搬经镇鞠庄烈士陵园
259	谢友珍	男	1917年	原搬经乡人,23军207团战士,1949年4月在渡江战役中失踪	搬经镇鞠庄烈士陵园
260	余宏模	男	1931年4月	原搬经乡人,如皋警卫团战士,1948年4月在泰县姜堰因战牺牲	搬经镇鞠庄烈士陵园

序号	烈士姓名	性别	出生年月	简介	安葬地点
261	陈应山	男	1989年8月	原夏堡乡人,如皋县六桥乡党支部宣传委员,1930年5月在如皋卢港区刘家桥被捕牺牲	搬经镇鞠庄烈士陵园
262	丁正年	男	1906年	原搬经乡人,如皋卢港区地下工作者,1931年在如皋县城被捕牺牲	搬经镇鞠庄烈士陵园
263	杨昌龙	男	1901年	原搬经乡人,朱厦乡赤卫队队长,1930年在如皋卢庄因战牺牲	搬经镇鞠庄烈士陵园
264	杨长德	男	1905年5月	原搬经乡人,红十四军扩充连排长,1931年9月在如皋被捕牺牲	搬经镇鞠庄烈士陵园
265	余宏章	男	1893年	原搬经乡人,朱厦乡党支委、组长,1930年在如皋林梓被捕牺牲	搬经镇鞠庄烈士陵园
266	薛金书	男	1907年8月	原搬经乡人,如皋卢港区地下工作者,1931年在如皋县城被捕牺牲	搬经镇鞠庄烈士陵园
267	杨正国	男	1903年	原搬经乡人,如皋县委工作组干事,1931年8月在如皋县城被捕牺牲	搬经镇鞠庄烈士陵园
268	冷全发	男	1890年8月	原搬经乡人,又名冷全法,红十四军赤卫队班长,1930年在如皋卢庄被捕牺牲	搬经镇鞠庄烈士陵园
269	夏宝清	男	1914年	原搬经乡人,新四军1师1旅2团副排长,1944年在海安李堡因战牺牲	搬经镇鞠庄烈士陵园

续表

序号	烈士姓名	性别	出生年月	简介	安葬地点
270	丁忠龙	男	1916年5月	原搬经乡人,如皋警卫团战士,1946年在如皋朱庄因战牺牲	搬经镇鞠庄烈士陵园
271	夏树祥	男	1905年9月	原搬经乡人,红十四军战士,1930年3月在如皋朱庄因战牺牲	搬经镇鞠庄烈士陵园
272	石光文	男	1894年	原搬经乡人,如皋卢港区地下工作者,1930年在如皋港区大丁庄被捕牺牲	搬经镇鞠庄烈士陵园
273	姚文贵	男	1910年	原邓园乡人,1929年5月参加革命,1930年在八角井牺牲	搬经镇鞠庄烈士陵园
274	缪　杰	男	1922年	原搬经乡人,如皋县芹界乡民兵中队长,1947年5月在如皋因战牺牲	搬经镇鞠庄烈士陵园
275	谢仁圣	男	1913年	原加力乡人,如皋警卫团连长,1947年在如皋佘桥因战牺牲	搬经镇鞠庄烈士陵园
276	苏元同	男	1898年	原搬经乡人,曾用名苏三、苏山,红十四军战士,1930年在如皋卢港被捕牺牲	搬经镇鞠庄烈士陵园
277	孔凡裕	男	1920年	原搬经乡人,朱夏乡农会主任,1947年在如皋朱夏庄被捕牺牲	搬经镇鞠庄烈士陵园
278	李宏才	男	1924年	原搬经乡人,如皋警卫团班长,1947年在如皋加力因战牺牲	搬经镇鞠庄烈士陵园
279	张圣堂	男	1917年	原加力乡人,新四军1师1旅1团战士,1941年在如皋卢庄因战牺牲	搬经镇鞠庄烈士陵园

续表

序号	烈士姓名	性别	出生年月	简介	安葬地点
280	鞠有文	男	1907年	原加力乡人，如皋卢港区梅甸乡指导员，1942年在如皋程家庄被捕牺牲	搬经镇鞠庄烈士陵园
281	陈本茂	男	1927年	原搬经乡人，民工，1946年在海安因战牺牲	搬经镇鞠庄烈士陵园
282	王宝进	男	1929年	原搬经乡人，九分区特务团战士，1947年在泰兴县郭家堡因战牺牲	搬经镇鞠庄烈士陵园
283	杨金余	男	1937年10月	原夏堡乡人，新疆生产建设兵团第二师一工区拖拉机工人，1964年3月在新疆因公牺牲	搬经镇鞠庄烈士陵园
284	丁正荣	男	1921年	原加力乡人，如皋警卫团班长，1947年在如皋县谢家甸因战牺牲	搬经镇鞠庄烈士陵园
285	顾松芝	男	1924年	原搬经乡人，民工，1948年5月在泰兴县姜堰马沟因战牺牲	搬经镇鞠庄烈士陵园
286	陈子彬	男	1925年	原搬经乡人，老1团战士，1944年10月在泰兴分界被捕牺牲	搬经镇鞠庄烈士陵园
287	张汝祥	男	1899年	原搬经乡人，如皋卢港区队战士，1947年在如皋朱庄因战牺牲	搬经镇鞠庄烈士陵园
288	鞠汉清	男	1926年	原加力乡人，卢港乡农抗主任，1948年5月2日在如皋县如城西门被捕牺牲	搬经镇鞠庄烈士陵园
289	谢同伦	男	1924年	原加力乡人，如皋卢港区委委员，1947年在如皋谢甸因战牺牲	搬经镇鞠庄烈士陵园

续表

序号	烈士姓名	性别	出生年月	简介	安葬地点
290	谢友芝	男	1917年	原搬经乡人,如皋警卫团班长,1946年在如皋钱荡因战牺牲	搬经镇鞠庄烈士陵园
291	石甫卿	男	1900年	原搬经乡人,又名石普卿,如皋卢港区委委员,1930年在如皋卢庄被捕牺牲	搬经镇鞠庄烈士陵园
292	石明中	男	1926年	原搬经乡人,地下联络员,1948年在如皋西门外被捕牺牲	搬经镇鞠庄烈士陵园
293	丁正光	男	1921年	原搬经乡人,如皋芹界乡民兵中队长,1947年在如皋界沟被捕牺牲	搬经镇鞠庄烈士陵园
294	陈玉明	男	1921年	原加力乡人,如皋卢港区总务股长,1947年在如皋加力被捕牺牲	搬经镇鞠庄烈士陵园
295	陈裕德	男	1919年	原搬经乡人,华中野战军54团排长,1946年在杨花桥因战牺牲	搬经镇鞠庄烈士陵园
296	石昭志	男	1924年	原磨头乡人,华野1师1旅1团战士,1947年在山东枣庄因战牺牲	搬经镇鞠庄烈士陵园
297	陈秉南	男	1929年	原搬经乡人,苏北军区9分区特务团战士,1948年在泰县姜堰因战牺牲	搬经镇鞠庄烈士陵园
298	石　俊	男	1909年	原搬经乡人,南京市行动委员会宣传部部长,1930年在南京雨花台牺牲	搬经镇鞠庄烈士陵园
299	丁邦彦	男	1915年	原搬经乡人,如皋卢港区委委员兼联络科科长,1947年在如皋搬经芹湖因战牺牲	搬经镇鞠庄烈士陵园

续表

序号	烈士姓名	性别	出生年月	简介	安葬地点
300	马　松	男	1917年	原下原乡人,如皋县蔡藕乡农会主任,1947年11月在如皋县熊家圦被捕牺牲	下原镇烈士陵园
301	李伯清	男	1913年	原花园乡人,花园乡乡长,1948年在如皋县九条巷因战牺牲	下原镇烈士陵园
302	李炳保	男	1919年	原下原乡人,文庄乡七村民兵队长,1948年在花园被捕牺牲	下原镇烈士陵园
303	蒋从正	男	1926年	原花园乡人,白蒲区队通讯员,1946年12月在如皋县东节杨元头因战牺牲	下原镇烈士陵园
304	吴士林	男	1931年4月	原下原乡人,0096部队3支队4连战士,1950年11月24日在朝鲜因战牺牲	下原镇烈士陵园
305	陈立功	男	1913年	原奚斜乡人,浦东区队侦察班班长,1947年在如皋驴子头因战牺牲	丁堰镇烈士陵园
306	陈南奎	男	1905年	原丁堰镇人,担架队民工,1946年在皋南战斗中牺牲	丁堰镇烈士陵园
307	陈召喜	男	1926年	原丁西乡人,如皋县顾邵丁乡五村农会主任,1946年7月在如皋县双车蓬被捕牺牲	丁堰镇烈士陵园
308	陈兆林	男	1913年	原丁堰乡人,民工,1946年在皋南战斗中牺牲	丁堰镇烈士陵园
309	龚玉书	男	1925年	原丁西乡人,如皋县顾绍丁乡财委,1944年10月在如皋县白蒲被捕牺牲	丁堰镇烈士陵园

续表

序号	烈士姓名	性别	出生年月	简介	安葬地点
310	黄长林	男	1920年4月	原丁堰乡人，丁北乡指导员，1947年3月在丁堰牺牲	丁堰镇烈士陵园
311	刘达富	男	1921年	原丁堰乡人，如皋警卫团战士，1948年11月20日在海安李堡因战牺牲	丁堰镇烈士陵园
312	刘悦进	男	1910年11月	原丁堰乡人，冯石乡政治指导员，1947年7月在丁堰战斗中牺牲	丁堰镇烈士陵园
313	娄锦林	男	1924年9月	原丁堰乡人，如皋马塘区武工战士，1946年在解放战争中牺牲	丁堰镇烈士陵园
314	倪玉平	男	1926年	原林梓乡人，白蒲区交通站站长，1946年7月在林梓被捕牺牲	丁堰镇烈士陵园
315	钱同余	男	1919年	原林梓乡人，林梓地区农会会长，1947年在如皋三桥村被捕牺牲	丁堰镇烈士陵园
316	任福海	男	1928年	原丁堰镇人，如皋警卫团战士，1947年在江安周庄头因战牺牲	丁堰镇烈士陵园
317	万永太	男	1927年1月	原丁堰乡人，丁北乡民兵，1948年7月在丁堰观音山因战牺牲	丁堰镇烈士陵园
318	王　太	男	1928年	原奚斜乡人，奚斜乡通讯员，1946年在10月在如皋斜庄被捕牺牲	丁堰镇烈士陵园
319	王　祥	男	1924年	原奚斜乡人，如皋警卫团战士，1947年11月在如皋李三圩因战牺牲	丁堰镇烈士陵园

续表

序号	烈士姓名	性别	出生年月	简介	安葬地点
320	吴福余	男	1926年	原丁西乡人,如皋县白马区队战士,1946年7月在桃园战斗中牺牲	丁堰镇烈士陵园
321	奚兴长	男	1925年	原奚斜乡人,如皋县河东地区中心交通站站长,1948年11月24日在如皋谢家庄因战牺牲	丁堰镇烈士陵园
322	胥长贵	男	1918年	原丁西乡人,如皋县马塘区队战士,1946年12月在如皋被捕牺牲	丁堰镇烈士陵园
323	许波林	男	1922年	原林梓乡人,中共党员,如东县浦东区委副书记,1947年6月在如东县海家园因战牺牲	丁堰镇烈士陵园
324	严德记	男	1904年	原奚斜乡人,奚斜乡九村村长,1947年10月在白蒲被捕牺牲	丁堰镇烈士陵园
325	于春元	男	1918年12月	原丁堰镇人,民工,1946年在皋南战斗中牺牲	丁堰镇烈士陵园
326	袁维裕	男	1923年3月	原丁堰乡人,冯石乡乡长,1947年10月22日在丁堰被捕牺牲	丁堰镇烈士陵园
327	郑子生	男	1925年	原丁堰乡人,苏浙军区4纵队10支队战士,1945年在浙江毛竹山因战牺牲	丁堰镇烈士陵园
328	朱春泰	男	1924年	原林梓乡人,如皋县蒲东区队班长,1942年5月在雪岸北庆桥因战牺牲	丁堰镇烈士陵园

续表

序号	烈士姓名	性别	出生年月	简介	安葬地点
329	朱余庆	男	1929年	原林梓乡人，如东县浦东区队班长，1946年10月在如东县汤家园因战牺牲	丁堰镇烈士陵园
330	庄继高	男	1924年	原丁西乡人，中共党员，如皋警卫团排长，1948年在如皋花园文家庄因战牺牲	丁堰镇烈士陵园
331	薛春元	男	1909年	原江防人，福建军区某部班长，1949年5月在上海因战牺牲	长江镇烈士陵园
332	张　铎	男	不详	原如皋县人，如皋县某区税务所所长，在南通县新坝因公牺牲	长江镇烈士陵园
333	汤必和	男	1919年	原长江镇人，大石乡民兵队队长，1948年4月在长庄大石乡刘家庄因战牺牲	长江镇烈士陵园
334	陈世昌	男	1897年	原江防乡人，石庄区队战士，1946年在泰兴黄桥因战牺牲	长江镇烈士陵园
335	朱千细	男	1927年	原郭园乡人，船工，1949年4月21日在渡江战役中牺牲	长江镇烈士陵园
336	汤占山	男	1914年	如皋县人，如皋县公安局科长，1946年8月在薛庄乡凿子庄被捕牺牲	长江镇烈士陵园
337	李松波	男	1928年	长江镇人，武装交通队支部书记，1947年7月12日在泰州被捕牺牲	长江镇烈士陵园
338	薛松银	男	1929年	原郭园人，薛窑区游击队战士，1948年在如皋县陈家市因战牺牲	长江镇烈士陵园

续表

序号	烈士姓名	性别	出生年月	简介	安葬地点
339	陶银海	男	1918年	原车马湖乡人，如皋县团战士，1947年在如皋县汤桥因战牺牲	长江镇烈士陵园
340	蔡根宝	男	1923年	原江防乡人，1师2旅9团2营5连战士，1946年在泰兴县黄桥因战牺牲	长江镇烈士陵园
341	黄国良	男	1930年	原江防乡人，江防区财经委员，1947年2月在江防东平乡被害牺牲	长江镇烈士陵园
342	陈克昌	男	1920年5月	原营防乡人，上海市军事管制委员会第一粮仓仓库副主任，1950年在上海病故	长江镇烈士陵园
343	戴名仕	男	1911年	原江防乡人，如皋县独立团3营8连连长，1941年7月在如皋因战牺牲	长江镇烈士陵园
344	凌日明	男	1921年	原长江人，石庄区游击队分队长，1946年6月在如皋李港被捕牺牲	长江镇烈士陵园
345	蔡学平	男	1926年	原车马湖乡人，3分区1团班长，1947年1月14日在谢庄病故	长江镇烈士陵园
346	陈公伯	男	1901年	原江防乡人，上海地下工作者，1941年3月在上海被捕牺牲	长江镇烈士陵园
347	郭坤瑞	男	1921年	原江防乡人，志愿军29军59师177团2连战士，1950年11月27日在朝鲜死鹰岭因战牺牲	长江镇烈士陵园

续表

序号	烈士姓名	性别	出生年月	简介	安葬地点
348	薛文胜	男	1927年	原郭园乡人，如西县独立团战士，1943年3月3日在如皋县江防三洞口因战牺牲	长江镇烈士陵园
349	陆佩林	男	1945年	原江防乡人，解放军某部连长，1976年7月在唐山因公牺牲	长江镇烈士陵园
350	孙国明	男	1925年	原江防乡人，1师1旅3团3营排长，1955年在如皋县江防公社去世	长江镇烈士陵园
351	张宏飞	男	1918年	原长青沙乡人，如皋县团战士，1946年12月在如皋县江防永建因战牺牲	长江镇烈士陵园
352	陆文清	男	1920年	原郭园乡人，老1团班长，1945年8月15日在如皋城因战牺牲	长江镇烈士陵园
353	田金和	男	1926年	原长江人，特务2团连长，1946年2月23日在海安因战牺牲	长江镇烈士陵园
354	候福全	男	1949年	原江防乡人，6330部队坦克驾驶员，1972年1月19日在安徽定远县藕塘执行任务中牺牲	长江镇烈士陵园
355	薛广鑑	男	1927年	原郭园乡人，如皋县警卫团战士，1945年在如皋县贲家港战斗牺牲	长江镇烈士陵园
356	任保祥	男	1924年	原车马湖乡人，如皋县团副排长，1948年2月在如皋县永安沙因战牺牲	长江镇烈士陵园
357	李松茂	男	1914年	原长江人，如皋县团连长，1947年2月4日在江安周庄头因战牺牲	长江镇烈士陵园

序号	烈士姓名	性别	出生年月	简介	安葬地点
358	朱官福	男	1925年	原长江人，民工，1949年在渡江战役中牺牲	长江镇烈士陵园
359	徐长富	男	1923年	原长江人，如皋县团侦察员，1946年9月在丁堰因战牺牲	长江镇烈士陵园
360	朱林初	男	1920年5月	原江防乡人，江阴县游击队战士，1949年6月在江阴县因战牺牲	长江镇烈士陵园
361	谢长太	男	1924年	原长江人，华东野战军某部排长，1948年失踪	长江镇烈士陵园
362	薛炳泉	男	1928年	原江防乡人，苏中1团连指导员，1948年4月在江安徐岱因战牺牲	长江镇烈士陵园
363	朱明仁	男	1920年	原车马湖乡人，如皋县朱楼乡民兵中队队长，1942年12月12日在车马湖朱楼因战牺牲	长江镇烈士陵园
364	薛金山	男	1926年	原车马湖乡人，车马湖区游击队战士，1946年12月在郭园被捕牺牲	长江镇烈士陵园
365	王金堂	男	1926年	原长江人，老3团3营7连班长，1947年12月在淮阴战役因战牺牲	长江镇烈士陵园
366	朱银根	男	1925年	原江防乡人，26军76师226团战士，1948年12月在安徽宿县因战牺牲	长江镇烈士陵园

续表

序号	烈士姓名	性别	出生年月	简介	安葬地点
367	黄金贵	男	1926年	原郭园乡人,如皋县薛窑区队班长,1946年9月在如皋县虾儿桥战斗牺牲	长江镇烈士陵园
368	孙鼎福	男	1929年	原江防乡人,85师253团战士,1945年8月在兴化因战牺牲	长江镇烈士陵园
369	朱千忠	男	1924年	原车马湖乡人,高国乡农会主任,1948年6月在如皋县姚家桥被捕牺牲	长江镇烈士陵园
370	吴成玉	男	1923年	原车马湖乡人,车马湖乡民兵队长,1947年2月在郭园因战牺牲	长江镇烈士陵园
371	朱宗礼	男	1930年	原郭园乡人,薛窑区游击队战士,1947年在如皋县郑庄东头被捕牺牲	长江镇烈士陵园
372	朱宗耀	男	1930年	原郭园乡人,薛窑区游击队战士,1947年1月在郭园郑庄被捕牺牲	长江镇烈士陵园
373	石桂香	男	1915年	原车马湖乡人,民工,1948年11月22日在如皋县谢庄被捕牺牲	长江镇烈士陵园
374	王家猷	男	1920年	原江防乡人,192师567团6连战士,1951年9月12日在朝鲜因战牺牲	长江镇烈士陵园
375	王锦云	男	1927年	原郭园乡人,如皋县城郊部战士,1948年12月28日在如皋刘家田战斗中牺牲	长江镇烈士陵园

序号	烈士姓名	性别	出生年月	简介	安葬地点
376	蒋井荣	男	1927年	原江防乡人,23军67师199团4连副排长,1948年在泰州因战牺牲	长江镇烈士陵园
377	田金本	男	1923年	原长江人,山东第2团第1分部排长,1951年于南京失踪	长江镇烈士陵园
378	薛广志	男	1929年	原郭园乡人,薛窑区游击队司务长,1949年1月在如皋县郭家洋战斗牺牲	长江镇烈士陵园
379	刘福成	男	1928年	原江防乡人,如皋县团排长,1947年在如皋县永安沙因战牺牲	长江镇烈士陵园
380	阮兆钱	男	1928年	原车马湖乡人,如皋警卫团战士,1948年在下原王空田因战牺牲	长江镇烈士陵园
381	尹林法	男	1928年	原车马湖乡人,朱庄乡大王村民兵,1948年在下原被捕牺牲	长江镇烈士陵园
382	尹中连	男	1896年	原车马湖乡人,车马湖区朱庄乡优抗主任,1946年10月在姚家桥被捕牺牲	长江镇烈士陵园
383	朱文亮	男	1923年	原车马湖乡人,老2团1营3连班长,1949年在渡江战役中牺牲	长江镇烈士陵园
384	谢崇仁	男	1910年	原车马湖乡人,车马湖区农会主任,1947年7月20日在姚家桥被捕牺牲	长江镇烈士陵园

续表

序号	烈士姓名	性别	出生年月	简介	安葬地点
385	谢崇斋	男	1906年	原车马湖乡人,朱楼乡乡长,1947年1月7日在姚家桥被捕牺牲	长江镇烈士陵园
386	郭之高	男	1919年	原长江人,薛窑区区税所所长,1946年7月在皋南战斗中牺牲	长江镇烈士陵园
387	杨志云	男	1915年	原郭园乡人,如皋县团战士,1948年12月在如皋县李桥因战牺牲	长江镇烈士陵园
388	薛邦郎	男	1926年	原郭园乡人,23军68师204团战士,1949年在上海因战牺牲	长江镇烈士陵园
389	张承秀	男	1927年	原东城乡人,民兵,1948年10月在如皋被捕牺牲	丁北烈士陵园
390	袁道发	男	1917年	原雪岸乡人,中共党员,如皋城东区武工队组长,1947年5月在海安李堡因战牺牲	丁北烈士陵园
391	许书田	男	1928年	原雪岸乡人,中共党员,华中野战军1师3旅7团1营3连副班长,1946年7月在如皋丁堰因战牺牲	丁北烈士陵园
392	骆文华	男	1916年7月	原雪岸乡人,新四军1师3旅7团3营7连战士,1944年3月在如东县汤家园战斗中牺牲	丁北烈士陵园
393	毛俊山	男	1923年	原雪岸乡人,中共党员,新四军1师3旅7团1营3连通讯班班长,1945年在高邮因战牺牲	丁北烈士陵园

序号	烈士姓名	性别	出生年月	简介	安葬地点
394	沈义富	男	1924年7月	原南凌乡人,如皋城东区队1营2连排长,1948年5月在如皋大纪庄因战牺牲	丁北烈士陵园
395	王春山	男	1920年2月	原南凌乡人,万富乡三圩村村民,1948年在东陈因战牺牲	丁北烈士陵园
396	房松俊	男	1923年	原雪岸乡人,蒋凌乡民兵,1946年10月在如皋县城被捕牺牲	丁北烈士陵园
397	汪步领	男	1906年	原丁北乡人,长胜乡联防3中队队长,1946年在如东观音堂被捕牺牲	丁北烈士陵园
398	于九如	男	1927年	原雪岸乡人,中共党员,苏北军区医院医生,1948年在射阳县因战牺牲	丁北烈士陵园
399	薛仁发	男	1928年	原雪岸乡人,苏皖边区九行政区班长,1949年4月在南通因战牺牲	丁北烈士陵园
400	蒋本法	男	1926年	原丁北乡人,民兵,1944年在如皋县东陈战斗中牺牲	丁北烈士陵园
401	黄长胜	男	1917年	原丁北乡人,丁堰区队连长,1945年3月在如皋县荣华村因战牺牲	丁北烈士陵园
402	于绍中	男	1918年	原雪岸乡人,如皋警卫团战士,1947年5月在如皋丁堰因战牺牲	丁北烈士陵园

序号	烈士姓名	性别	出生年月	简介	安葬地点
403	沈兴才	男	1917年	原新民乡人，城东区财税所副所长，1948年5月在新民野马口因战牺牲	丁北烈士陵园
404	杨松岭	男	1917年	原丁北乡人，李冯乡联防队队长，1948年6月在如皋韩家渡因战牺牲	丁北烈士陵园
405	冒福安	男	1914年	原丁北乡人，骏发乡指导员，1948年9月在如皋县崔家码头因战牺牲	丁北烈士陵园
406	黄　云	男	1928年2月	原雪岸乡人，又名黄金贵，如西独立团排长，1945年2月在如皋县大腰庄因战牺牲	丁北烈士陵园
407	沈贤如	男	1917年	原东陈人，西挺武工队队员兼村长，1949年1月7日晚在杨松桥作战中牺牲	丁北烈士陵园
408	钱长山	男	1913年7月	原南陵乡人，云龙乡农振会主任，1942年8月在海安县丁家所被捕牺牲	丁北烈士陵园
409	刘圣高	男	1920年	原雪岸乡人，雪洪乡指导员，1947年8月在雪洪乡被捕牺牲	丁北烈士陵园
410	关文友	男	1921年1月	原雪岸乡人，凌云乡指导员，1948年8月在如皋凌云乡被捕牺牲	丁北烈士陵园
411	薛国平	男	1920年	原雪岸乡人，城东区队战士，1947年8月在雪洪乡被捕牺牲	丁北烈士陵园

续表

序号	烈士姓名	性别	出生年月	简介	安葬地点
412	吴桂龙	男	1950年5月	原东陈乡人,4659部队战士,1969年5月在山西太谷县因公牺牲	丁北烈士陵园
413	张树凤	女	1905年	原雪岸乡人,凌云乡妇联主任,1948年10月在如皋范桥被捕牺牲	丁北烈士陵园
414	沈义长	男	1921年10月	原南凌乡人,城东区队班长,1948年在如皋县刘家庄被捕牺牲	丁北烈士陵园
415	冒国忠	男	1921年	原雪岸乡人,雪洪乡民兵,1942年在如皋丁堰被捕牺牲	丁北烈士陵园
416	冒德余	男	1920年4月	原雪岸乡人,雪洪乡民兵,1942年在如皋丁堰被捕牺牲	丁北烈士陵园
417	薛宏圣	男	1911年	原东陈乡人,仙鹤乡乡长,1948年10月在如皋雪岸被捕牺牲	丁北烈士陵园
418	佘林乔	男	1921年11月	原南凌乡人,中共党员,如皋县城东区武工队1队副队长,1946年12月在如皋凌云乡因战牺牲	丁北烈士陵园
419	郑友魁	男	1918年	原雪岸乡人,如皋县城东区工队炊事员,1948年10月在如皋林桥因战牺牲	丁北烈士陵园
420	陈友才	男	1923年	原雪岸乡人,华东野战军某部战士,1948年在海安李堡因战牺牲	丁北烈士陵园

续表

序号	烈士姓名	性别	出生年月	简介	安葬地点
421	何忠佑	男	1918年	原雪岸乡人，刘亮乡指导员，1944年4月28日在海安县丁家所被捕牺牲	丁北烈士陵园
422	卜达山	男	1899年	原丁北乡人，新四军某部战士，1944年在海安县丁所因战牺牲	丁北烈士陵园
423	冒明山	男	1916年	原雪岸乡人，雪岸乡民兵排长，1947年2月在如皋洪桥乡被捕牺牲	丁北烈士陵园
424	陆万生	男	1925年	原丁北乡人，骏发乡民兵班长，1946年10月在如皋骏发乡被捕牺牲	丁北烈士陵园
425	黄友桂	男	1927年1月	原东陈乡人，武工队队长，1948年5月在东陈因战牺牲	丁北烈士陵园
426	薛金生	男	1925年2月	原雪岸乡人，中共党员，武工队战士，1947年7月在雪岸乡二大队洪桥村尖儿桥因战牺牲	丁北烈士陵园
427	陈玉林	男	1927年5月	原东陈乡人，中共党员，排长，1948年在淮海战役中牺牲	丁北烈士陵园
428	刘中良	男	1920年10月	原丁北乡人，11纵队86师任机枪连副班长，1949年在战斗中牺牲	丁北烈士陵园
429	季本达	男	1919年1月	原雪岸乡人，1师3旅7团2连3班战士，1944年7月在如东县曹甸因战牺牲	丁北烈士陵园

续表

序号	烈士姓名	性别	出生年月	简介	安葬地点
430	薛广才	男	1920年11月	原丁北乡人，29军86师95团战士，1948年在淮海战役中牺牲	丁北烈士陵园
431	张世来	男	1965年11月	原邓园乡人，39军炮兵旅6营18连班长，1989年在辽宁省辽阳市遭歹徒袭击牺牲	城北街道慰烈园
432	曾先燕	男	1910年6月	江西省赣州市人,又名曾宪春,新四军1师教导旅3团政治处副主任,1945年9月22日在如皋城因战牺牲	城北街道慰烈园
433	王　成	男	1924年	如城人,如东马北区税务员,1947年4月在如皋县顾家桥征税时被捕牺牲	城北街道慰烈园
434	倪修仁	男	1916年	原柴湾乡人，如皋县景安区游击队中队长，1947年9月在老南陵河边执行任务时被捕牺牲	城北街道慰烈园
435	周映山	男	1937年4月	原柴湾乡人，柴湾乡新农村联防队员，1998年9月17日在辖区巡逻时被歹徒杀害	城北街道慰烈园
436	张德余	男	1913年8月	原戴庄乡人，支前民兵，1944年4月在靖江战役中遭遇敌人的飞机轰炸牺牲	城北街道慰烈园
437	许映太	男	1923年	原柴湾乡人，柴湾乡财委，1948年2月在海安丁家所被捕牺牲	城北街道慰烈园

序号	烈士姓名	性别	出生年月	简介	安葬地点
438	曹有国	男	1923年	原邓园乡人，邓园乡乡长，中共党员，1948年6月在如皋蚂蚁庄执行公务时被捕牺牲	城北街道慰烈园
439	汤景延	男	1904年4月	原何庄乡人，1941年2月加入中国共产党。华中军区苏浙边区游击队党委书记兼政委，副司令员。1948年5月14日在上海江湾慷慨就义	城北街道野林村公墓
440	王子厚	男	1920年	原何庄乡人，中共城西区委书记，1947年5月7日遭国民党102旅306团突袭，在倪家厦壮烈牺牲	城北街道野林村公墓
441	谢德才	男	1910年	原如皋何庄乡四村村长。1948年5月在如皋陆家庄执行公务时被捕牺牲，1983年5月10日被江苏省人民政府追认为革命烈士	城北街道野林村公墓
442	鞠久盛	男	1892年	原何庄乡农会主任，1946年10月于如皋斜港被捕牺牲，1958年10月10日被如皋县政府评定为革命烈士	城北街道野林村公墓
443	谢仲余	男	1914年	陆姚乡五村翻身主任，1948年农历二月在如皋陆家庄牺牲	城北街道野林村公墓
445	朱国民	男	1907年	陆姚乡财委，1948年1月在如皋许家庄牺牲	城北街道野林村公墓

续表

序号	烈士姓名	性别	出生年月	简介	安葬地点
446	章金富	男	1917年7月	如皋人,生前为担架队民工,1947年8月在谢甸壮烈牺牲	城北街道野林村公墓
447	章保堂	男	1923年	原袁桥公社野林大队二生产队人,1944年参加革命,如皋警卫团战士,1948年在泰兴县黄桥战役中牺牲	城北街道野林村公墓
448	赵文奎	男	1905年	原袁桥公社野林村人,1928年冬入党,同年参加革命,地下党组织支部书记,1930年7月于如皋县北纪庄被捕牺牲	城北街道野林村公墓
449	赵兴隆	男	1912年	原袁桥公社野林大队四生产队人,林云乡民兵中队长,1947年9月于如皋花园桥被捕牺牲	城北街道野林村公墓
450	顾德田	男	1902年	野林村七组人,1930年入党,同年参加革命,地方党支部书记,1933年7月于野林被捕牺牲	城北街道野林村公墓
451	王怀德	男	1900年	野林村七组人,1930年入党,同年参加革命,城西区地下党组长,1930年7月于野林村被捕牺牲	城北街道野林村公墓
452	范迪清	男	1910年	野林村九组人,1930年入党,同年参加革命,城西区野林乡农会会员,1930年7月于野林村被捕牺牲	城北街道野林村公墓

续表

序号	烈士姓名	性别	出生年月	简介	安葬地点
453	秦祥凤	男	1913年4月	原袁桥公社野林大队十一生产队人，野林乡西野村村长，1947年9月于野林村被捕牺牲	城北街道野林村公墓
454	薛桂生	男	1925年8月	野林村十组人，1944年9月参加革命，华中7纵64团战士，1946年8月在如皋县杨花桥因战牺牲	城北街道野林村公墓
455	单可成	男	1922年10月	原袁桥公社洪庙大队四生产队人，1946年参加革命，泰州独立团战士，1948年在如皋孔家桥因战牺牲	城北街道野林村公墓
456	张加德	男	1912年	原纪庄乡人，1942年参加革命，纪庄乡支部书记，1946年12月于如皋县八角井被捕牺牲	城北街道野林村公墓
457	章兴美	男	1926年	野林村二十二组人，1944年8月参加革命，城西区妇联主任，1947年在城西区花园乡被捕牺牲	城北街道野林村公墓
458	章金瑞	男	1894年	原袁桥公社花园大队三生产队人，1930年参加革命，1933年入党，如皋县林园乡民兵，1933年8月在如皋县雨蒯被捕牺牲	城北街道野林村公墓
459	章玉山	男	1924年	野林村二十三组人，1947年春参加革命，志愿军26军76师226团4连战士，1951年4月在抗美援朝战争中壮烈牺牲	城北街道野林村公墓

序号	烈士姓名	性别	出生年月	简介	安葬地点
460	刘兆龙	男	1924年	野林乡姚头村人，1946年参加革命，如皋警卫团战士。1946年10月在海安雅周壮烈牺牲	城北街道野林村公墓
461	丁忠甫	男	1916年	曙光村人，1944年任马塘乡队长，1945年提升为马塘区队副，1947年编入新四军，并任某部指导员。参加了举世闻名的淮海战役，1949年4月大军渡江南下，不幸于泰县陈庄遭敌机轰炸牺牲	下原镇曙光村18组
462	翟金成	男	1911年	曙光村人，1948年6月参加马塘区队，战士，同年于花园公社野苏庄战斗中英勇牺牲	下原镇曙光村18组
463	邵海轩	男	1927年	曙光村人，1942年2月参加新四军，1945年于泰县某战场英勇牺牲	下原镇曙光村18组
464	薛广明	男	1922年	1946年2月参加新四军，同年10月于长庄公社张家坊战斗中英勇牺牲	下原镇曙光村18组
465	孙文进	男	1916年	1943年参加新四军，战士，1945年因战牺牲	下原镇曙光村18组
466	徐　余	男	1928年	1947年8月参加马塘区队，同年11月于花园公社阮家庄伏击战中英勇牺牲	下原镇曙光村18组

续表

序号	烈士姓名	性别	出生年月	简介	安葬地点
467	许金才	男	1925年	1944年参加如西县团，任战士，1946年10月任花园乡指导员，同年12月不幸被捕，在花园乡三大队谢家塌子被敌人枪杀	下原镇曙光村18组
468	张文义	男	1902年	1944年任代理行政组长，1948年去马塘侦察敌情时不幸被捕，于马塘乡野马口子被敌人杀害	下原镇曙光村18组

各镇(街道)零星烈士墓统计表

表 4

序号	镇别	烈士姓名	性别	出生年月	简 介	烈士墓地址
1	白蒲	杨启太	男	1924年9月	原蒲西乡人,如皋警卫团排长,1948年在如皋县郭园因战牺牲	邓杨19组
2	白蒲	俞惕菴	男	1922年11月	原新姚乡人,又名俞惕庵,如东县桐本区区长,1944年10月在如东县曹家埠因战牺牲	黄行24组
3	白蒲	李 基	男	1926年	原林梓乡人,1945年参加革命,志愿军某部战士,1950年在朝鲜失踪	蒋殿社区6组
4	白蒲	高银沈	男	1921年	原林梓乡人,白蒲区队长,1946年12月在如皋县杨元头因战牺牲	林梓社区21组
5	白蒲	张德才	男	1928年9月	原新姚乡人,如皋警卫团排长,1948年4月在如皋县王林庄因战牺牲	林梓社区3组
6	白蒲	金锡明	男	1925年	原林梓乡人,又名金二,4分区特务团战士,1946年4月在南通县小海镇因战牺牲	林梓社区3组
7	白蒲	陈少清	男	1927年5月	原蒲西乡人,三分区特务连通讯员,1945年9月在盐城县伍佑因战牺牲	蒲西村30组
8	白蒲	刘海泉	男	1927年	原蒲西乡人,如皋警卫团战士,1946年7月在如皋周观音堂因战牺牲	前进社区24组

续表

序号	镇别	烈士姓名	性别	出生年月	简 介	烈士墓地址
9	白蒲	王福生	男	1923年	原林梓乡人，1943年参加革命，原平刘乡游击队战士，1947年7月在如皋县马武庄被捕牺牲	桥口村31组
10	白蒲	姚友学	男	1920年	原林梓乡人，1949年参加革命，志愿军67军某连排长，1953年7月在朝鲜金城因战牺牲	桥口村34组
11	白蒲	杨德如	男	1921年	原林梓乡人，1945年参加革命，华中野战军班长，1947年1月在山东省枣庄因战牺牲	桥口村26组
12	白蒲	陶福元	男	1927年	原林梓乡人，1945年参加革命，华东野战军某团班长，1947年在盐城因战牺牲	桥口村39组
13	白蒲	顾玉田	男	1926年	原蒲西乡人，原管杨乡农会主任，1948年在如皋县北洋桥被捕牺牲	沈桥村12组
14	白蒲	李友田	男	1920年	原蒲西乡人，志愿军27军战士，1950年12月在朝鲜泗水里因战牺牲	沈桥村31组
15	白蒲	沈逢贵	男	1920年	原林梓乡人，1946年7月参加革命，华东野战军某部副排长，1947年4月在盐城因战牺牲	沈腰村13组

续表

序号	镇别	烈士姓名	性别	出生年月	简介	烈士墓地址
16	白蒲	陈如华	男	1924年	原林梓乡人,1949年4月参加革命,志愿军某部副班长,1953年6月在朝鲜因战牺牲	沈腰村2组
17	白蒲	徐福庆	男	1937年	原新姚乡人,1956年3月参加革命,0054部队副班长,1958年9月在浙江金华因公牺牲	松杨村7组
18	白蒲	程义和	男	1899年	原蒲西乡人,1947年参加革命,原顾塘乡乡长,1948年11月在当地被捕牺牲	唐堡村9组
19	白蒲	徐浩泉	男	1913年	原勇敢乡人,教师,1946年因揭露国民党军破坏停战协定被国民党特务暗杀	文峰村29组
20	白蒲	徐锦泉	男	1916年	原勇敢乡人,1943年参加革命,地下工作者,1946年在太平桥被捕牺牲	文峰村29组
21	白蒲	曹克俊	男	1923年4月	原奚斜乡人,白蒲区队战士,1946年6月在如皋县双桥因战牺牲	文著社区20组
22	白蒲	张　祝	男	1923年	原奚斜乡人,1941年7月参加革命,总参谋部第二部参谋,1966年2月在广东因公牺牲	奚斜小学内

序号	镇别	烈士姓名	性别	出生年月	简介	烈士墓地址
23	白蒲	张和宝	男	1916年	原新姚乡人，如东警卫团7连炊事员，1944年5月在如东县太平庄因战牺牲	姚家园村5组
24	白蒲	戴金富	男	1924年	原新姚乡人，如东县汤园区队副班长，1947年8月在如东县沈家平桥因战牺牲	姚家园村13组
25	白蒲	邵朝学	男	1927年	原新姚乡人，1945年5月参加革命，9分区8团1营战士，1948年5月在如东县因战牺牲	姚家园村23组
26	白蒲	顾　忠	男	1917年	原新姚乡人，南通县刘桥区斗争乡乡队长，1947年11月在南通县刘桥因战牺牲	姚家园村12组
27	白蒲	丁良泉	男	1924年	原新姚乡人，1947年参加革命，白蒲区队战士，1948年3月在如皋县姚家园因战牺牲	姚家园村12组
28	白蒲	高荫沈	男	1921年	原林梓乡人，1946年农历十一月二十九日在原花园乡草庙村战斗中牺牲	林梓社区21组
29	搬经	倪　健	男	1920年5月	原加力乡人，1940年参加革命，分区司令部作战参谋，1947年在如皋加力倪桥因战牺牲	加马社区22组

序号	镇别	烈士姓名	性别	出生年月	简介	烈士墓地址
30	搬经	高书林	男	1918年	原高明乡人,1946年参加革命,如皋警卫团战士,1947年12月在如皋县周岱因战牺牲	高明庄21组
31	搬经	夏　林	男	1921年	原高明乡人,9分区特务团7连连长,1948年1月在如皋县鄂埭因战牺牲	高明庄13组
32	搬经	缪铁山	男	1928年	原高明乡人,苏北军区教导旅炮团战士,1948年8月在如皋县石庄因战牺牲	高明庄22组
33	搬经	缪明坤	男	1912年	原高明乡人,高明乡党支部书记,1932年8月在如皋县城被捕牺牲	高明庄29组
34	搬经	黄荣庆	男	1893年	原梅冯乡人,又名黄吉普,1948年农历五月初二在如皋城西门被捕牺牲	万富村16组
35	搬经	邓美观	男	1927年	原常青乡人,1947年11月参加革命,如皋警卫团战士,1948年3月在如皋县马塘因战牺牲	加力村24组
36	搬经	钱德昌	男	1917年9月	原高明乡人,1942年参加革命,杨庄乡民兵队队长,1947年在当地被捕牺牲	鲍庄社区10组
37	搬经	徐国琴	男	1913年6月	原常青乡人,民工,1942年6月在如皋卢庄因战牺牲	楼冯村11组

续表

序号	镇别	烈士姓名	性别	出生年月	简　介	烈士墓地址
38	搬经	肖承美	男	1920年3月	原夏堡乡人，村长、治安组长，1947年农历六月初六在泰兴古溪被捕牺牲	肖马村27组
39	搬经	章友仁	男	1927年1月	原夏堡乡人，如皋警卫团班长，1947年8月在泰兴因战牺牲	肖马村13组
40	搬经	高宝友	男	1924年6月	原夏堡乡人，1944年参加革命，1947年在石庄因战牺牲	肖马村27组
41	搬经	丁正太	男	1906年	原高明乡人，泰兴县古溪区区长，1933年8月在靖江县正东圩因战牺牲	中心居18组
42	搬经	孙　飞	男	1990年	原高明乡人，高明晏岱小学学生，1999年7月30日为抢救儿童牺牲	中心居8组
43	搬经	卢云季	男	1903年	原高明乡人，南洋乡农会主任，1947年4月在如皋晏岱被捕牺牲	中心居4组
44	搬经	王永富	男	1904年	原高明乡人，民工，1946年7月在如皋县朱夏岱因战牺牲	中心居5组
45	搬经	孙鹤书	男	1900年	原高明乡人，红十四军赤卫队队长，1930年6月在如皋晏家岱因战牺牲	中心居5组
46	搬经	陈怀俊	男	1923年8月	原夏堡乡人，1943年2月参加革命，夏堡区队战士，1947年2月在如皋龙昌头因战牺牲	港桥村6组

序号	镇别	烈士姓名	性别	出生年月	简　介	烈士墓地址
47	搬经	单恒友	男	1924年7月	原夏堡乡人，1941年9月参加革命，1师1旅2团连长，1946年11月在泰州县塘头因战牺牲	港桥村6组
48	搬经	何汉卿	男	1902年5月	原常青乡人，1941年参加革命，任薄湾乡乡长，1946年9月在如皋县顾庄被捕牺牲	万全村21组
49	搬经	张宏圣	男	1917年7月	原夏堡乡人，民工，1948年5月在泰兴县马沟因战牺牲	湖刘居11组
50	搬经	夏余庆	男	1935年	原搬经乡人，1955年参加工作，海安县农场技术员，1957年因公牺牲	朱夏村24组
51	搬经	季崇泰	男	1917年7月	原夏堡乡人，夏堡乡二村村长，1947年3月在加力被捕牺牲	夏堡村14组
52	搬经	卢玉俊	男	1905年4月	原高明乡人，芦港区文教辅导员，1947年秋在卢西被捕牺牲	卢庄村21组
53	搬经	田亚生	男	1960年8月	原高明乡人，1978年3月参加革命，35112部队战士，1979年3月在对越自卫反击战中牺牲	卢庄村32组
54	搬经	章金国	男	1922年1月	原高明乡人，1942年6月参加革命，3纵队8师23团排长，1948年6月在豫东因战牺牲	卢庄村2组
55	搬经	李玉禧	男	1893年	原常青乡人，1935年入党，常青乡农会主任，1947年农历三月二十一日被捕牺牲	万全村11组

续表

序号	镇别	烈士姓名	性别	出生年月	简介	烈士墓地址
56	搬经	卢锦珠	男	1917年	原夏堡乡卢桥村人，1948年1月11日率兵攻打李三圩据点时牺牲	兴夏社区13组
57	城北	谢德才	男	1910年	原何庄乡人，何庄乡4村村长，1948年5月在如皋县陆家庄被捕牺牲	八角井村2组
58	城北	陈　云	男	1917年	原何庄乡人，1944年参加革命，城西区民政股长，1948年在如皋阚家庄因战牺牲	陆姚居2组
59	城北	鞠久盛	男	1892年	原何庄乡人，何庄乡农会主任，1946年10月在如皋县斜港被捕牺牲	顾巷村3组
60	城北	汤景延	男	1904年	原何庄乡人，原名汤克祚，中共党员，江南人民解放军自卫纵队副司令员，1948年5月在上海市青浦县被捕牺牲	何庄村16组
61	城北	谢仲余	男	1914年9月	原何庄乡人，陆姚乡农会主任，1947年2月在如皋陆家庄被捕牺牲	何庄村11组
62	城北	何正田	男	1922年	原何庄乡人，陆姚乡民兵排长，1948年3月在如皋陆家庄被捕牺牲	何庄村13组
63	城北	朱国民	男	1907年	原何庄乡人，1946年参加革命，陆桥乡财委，1948年1月在如皋许家庄因战牺牲	何庄村20组

续表

序号	镇别	烈士姓名	性别	出生年月	简介	烈士墓地址
64	城北	章金富	男	1917年	原何庄乡人，如皋何庄公社东陆大队民工，1947年8月在如皋谢甸因战牺牲	何庄村26组
65	城北	纪国兵	男	1921年	原袁桥乡人，1946年参加革命，城西区队战士，1947年3月在如皋县朱家厦因战牺牲	花园桥社区14组
66	城北	谢久春	男	1928年	原何庄乡人，1947年参加革命，城西区通讯站部长，1948年10月在如皋孔家桥被捕牺牲	纪港村14组
67	城北	陈　勇	男	1919年	原何庄乡人，城西区税务所所长，1948年6月在如皋城西马王桥被捕牺牲	纪港村15组
68	城北	张　爵	男	1924年	原袁桥乡人，又名张钰，城西区队指导员，1946年7月在如皋县邓家庄因战牺牲	民实村9组
69	城北	张祥宝	男	1891年3月	原袁桥乡人，1929年参加革命，城西区宣传干事，1930年5月在如皋邵家庄被捕牺牲	民实村9组
70	城北	陈显来	男	1912年6月	原戴庄乡人，担架队队员，1945年8月15日在如皋如城因战牺牲	桥港村23组

续表

序号	镇别	烈士姓名	性别	出生年月	简 介	烈士墓地址
71	城北	秦万章	男	1903年1月	原戴庄乡人，担架队队员，1946年8月13日在海安南郊韩家庄因战牺牲	桥港村24组
72	城北	洪　流	男	1923年12月	原戴庄乡人，又名洪远为，泰兴县江北区区长，1946年10月在泰兴县娄北区因战牺牲	桥港村5组
73	城北	季万林	男	1904年	原邓园乡人，纪庄乡一村村长，1948年11月在如皋县孔家桥被捕牺牲	邵庄村11组
74	城北	邵守奎	男	1924年	原邓园乡人，如皋县城区队连长，1948年在如皋县六里桥因战牺牲	邵庄村14组
75	城北	王子厚	男	1921年	原何庄乡人，1943年参加革命，城西区委书记，1947年在如皋县朱夏因战牺牲	十里墩2组
76	城北	戴子成	男	1919年	原戴庄乡人，1946年参加革命，太平乡民兵队队长，1948年10月在如皋太平井因战牺牲	天河桥村12组
77	城北	张宏益	男	1928年	原戴庄乡人，1947年参加革命，城西区队战士，1948年12月在如皋县杨家岱被捕牺牲	天河桥村8组
78	城北	丁秀银	男	1916年1月	原柴湾乡人，民工，1945年8月在如皋县城因战牺牲	万新村14组

续表

序号	镇别	烈士姓名	性别	出生年月	简介	烈士墓地址
79	城北	宋邦有	男	1920年	原袁桥乡人,1944年参加革命,城西区队战士,1946年在花园桥因战牺牲	袁桥社区5组
80	城北	宋邦淦	男	1908年3月	原袁桥乡人,1946年10月参加革命,林元乡乡长,1948年9月在花园桥被捕牺牲	袁桥社区5组
81	城北	刘长达	男	1910年	原袁桥乡人,1946年参加革命,城西区队队长,1947年9月在如皋县倪厦乡被捕牺牲	朱厦村11组
82	城南	陈金灿	男	1915年	原桃园乡人,又名陈金达,陈邵乡民兵队队长,1945年3月在磨头天池头因战牺牲	夏庄社区14组
83	城南	顾辛农	男	1922年11月	白蒲人,1940年参加革命,原如皋县马塘区长,1944年在如皋县许家坟因战牺牲	新华社区12组
84	城南	潘增祥	男	1923年	原桃园乡人,共产党员,23军机枪连指导员,1949年因战牺牲	左邬村15组
85	丁堰	杨吉余	男	1918年	原丁堰乡人,1945年参加革命,丁堰区队队长,1946年在如皋县双码头因战牺牲	堰南居11组
86	丁堰	冒元发	男	1928年	原丁堰乡人,民工,1946年在如皋朱家小桥因战牺牲	堰南居15组

续表

序号	镇别	烈士姓名	性别	出生年月	简介	烈士墓地址
87	丁堰	袁志宽	男	1894年	原丁堰乡人,冯石乡交通员,1947年12月在如皋县被捕牺牲	夏圩居24组
88	丁堰	陈正祥	男	1905年	原冯石乡人,通信联络员,1946年腊月初六在丁堰被捕牺牲	夏圩居4组
89	丁堰	钱甫轩	男	1912年	原冯石乡人,冯石村指导员,1946年腊月初六在丁堰被捕牺牲	夏圩居1组
90	丁堰	丰启圣	男	1921年	原丁堰乡人,原冯石乡民兵中队长,1948年在如皋县丁堰因战牺牲	夏圩居8组
91	丁堰	李永泉	男	1919年	原丁西乡人,苏北1分区1团战士,1948年9月在石庄因战牺牲	鞠庄居32组
92	丁堰	季长余	男	1914年	原丁西乡人,民工,1946年6月在如皋县宋家桥因战牺牲	鞠庄居51组
93	丁堰	娄元贵	男	1926年	原丁西乡人,1946年参加革命,如东警卫团班长,1947年2月在如皋县程家湾因战牺牲	鞠庄居21组
94	丁堰	庄富高	男	1928年	原丁西乡人,1944年参加革命,如皋警卫团排长,1948年在如皋县文家庄因战牺牲	鞠庄居37组
95	丁堰	马尚达	男	不详	原华野2师3旅步兵207团营长,在丁林战斗中牺牲	皋南社区16组

续表

序号	镇别	烈士姓名	性别	出生年月	简 介	烈士墓地址
96	东陈	冒品端	男	1925年	原雪岸乡人，丁北乡薛东社区东区保卫股长，1945年在海安丁所被捕牺牲	雪东社区
97	东陈	刘 亮	男	1921年	扬州人，中共党员，区游击队队长，1942年4月4日被捕牺牲	雪岸社区
98	东陈	季本章	男	1921年	原南凌乡人，华东野战军11纵31旅92团2营6连副排长，1948年12月在淮海战役中牺牲	南凌居5组
99	东陈	陈裕才	男	1964年8月	原南凌乡人，三圩村农民，1997年6月3日因抢救触电学生牺牲	凌云居20组
100	东陈	缪三正	男	1911年	原丁北乡人，民工，1947年6月在如皋县三官殿因战牺牲	冯堡居22组
101	东陈	徐玉如	男	1923年	原丁北乡人，民工，1946年7月在皋南战斗中牺牲	冯堡居3组
102	江安	谢志仁	男	1926年7月	原胜利乡人，新四军1师1旅1团通讯员，1942年8月在泰兴县城倒石桥因战牺牲	陈庄村14组
103	江安	徐相瑞	男	1947年	原葛市乡人，1968年参加革命，6408部队战士，1971年1月在安徽合肥因公牺牲	北元村17组
104	江安	顾兰清	男	1923年	原江安乡人，1947年参加革命，江安区工作队主任，1948年在如皋县永安沙因战牺牲	鄂埭村14组

续表

序号	镇别	烈士姓名	性别	出生年月	简　介	烈士墓地址
105	江安	包云清	男	1911年	原严黄乡人，村农会主任兼乡副指导员，1947年3月12日被捕牺牲	黄建村13组
106	江安	包余清	男	1908年	原严黄乡人，黄家圩村村长，1947年3月12日被捕牺牲	黄建村13组
107	江安	黄庆云	男	1916年	原黄市乡人，1945年2月参加革命，如皋磨头区队通讯员，在如皋卫家店因战牺牲	黄建村18组
108	江安	顾玉岗	男	1926年	原黄市乡人，1940年参加革命，西柴乡民兵队队长，1946年12月在如皋县四里坝被捕牺牲	黄建村5组
109	江安	金仁俊	男	1919年	原黄市乡人，西柴乡民兵分队队长，1947年3月在如皋县葛市四口圩被捕牺牲	黄建村3组
110	江安	秦凤才	男	1919年	原黄市乡人，1947年参加革命，9分区特务团3连战士，1948年在靖江因战牺牲	联络村20组
111	江安	秦凤圣	男	1918年	原黄市乡人，4纵队10师30团战士，1947年1月在山东省枣庄因战牺牲	联络村20组
112	江安	丁贵山	男	1910年	原黄市乡人，陈堡乡二村民兵，1947年在陈堡乡被捕牺牲	联络村20组

序号	镇别	烈士姓名	性别	出生年月	简介	烈士墓地址
113	江安	申学林	男	1887年	原江安乡人,红十四军赤卫队战士,1931年在如皋县城被捕牺牲	申九村2组
114	江安	沈中德	男	1917年	原江安乡人,新四军1师1旅某连指导员,1943年10月在泰兴宣家堡因战牺牲	申九村4组
115	江安	申仁桂	男	1923年	原江安乡人,1940年参加革命,新四军1师1旅1团教导员,1944年在海门悦来镇因战牺牲	申九村2组
116	江安	刘文清	男	1922年3月	原江安乡人,新四军1师1旅某连班长,1946年在泰兴县宣家堡因战牺牲	申九村6组
117	江安	孙尔康	男	1923年2月	原胜利乡人,1946年12月参加革命,如皋警卫团战士,1948年4月在如皋县王林庄因战牺牲	周庄村9组
118	江安	孙锦德	男	1910年	原胜利乡人,1945年参加革命,如皋县情报站站长,1949年1月在南通县新坝被捕牺牲	周庄村24组
119	江安	严裕质	男	1928年	原黄市乡人,如皋警卫团1营2连战士,1946年在如皋吴庄战斗中牺牲	黄市新村20组

序号	镇别	烈士姓名	性别	出生年月	简介	烈士墓地址
120	江安	严宏义	男	1929年	原黄市乡人，1947年11月参加革命，长江纵队战士，1948年11月在姜堰因战牺牲	黄市新村21组
121	江安	严明清	男	1923年	原黄市乡人，志愿军21军63师188团战士，1951年5月在朝鲜牺牲	黄市新村22组
122	江安	周可林	男	1927年	原江安乡人，1948年参加革命，21军184团炮连战士，1949年10月在浙江舟山群岛因战牺牲	周群村18组
123	江安	彭克济	男	1903年	原江安乡人，如皋县周庄农会主任，1929年在如皋县城被捕牺牲	周群村22组
124	江安	周秀甫	男	1907年	原江安乡人，又名周贵松，红十四军战士，1937年3月在如皋县城被捕牺牲	周群村2组
125	江安	周刘氏	女	1925年	原江安乡人，邓白乡妇女主任，1947年10月在张黄港被捕牺牲	周群村7组
126	江安	殷有成	男	1905年	原江安乡人，华东野战军教导旅3连班长，1948年10月在山东省滕县因战牺牲	周群村23组
127	江安	冯宏瑜	男	1919年5月	原胜利乡人，1945年参加革命，车马湖区情报站站长，1947年在车马湖被捕牺牲	黄庄村23组

续表

序号	镇别	烈士姓名	性别	出生年月	简介	烈士墓地址
128	江安	冯咬成	男	1895年	原胜利乡人,红十四军某部战士,1930年在泰兴被捕牺牲	黄庄村21组
129	江安	唐民宝	男	1918年8月	原胜利乡人,新四军1师1旅1团排长,1941年在泰兴黄桥利家庄因战牺牲	黄庄村8组
130	江安	唐新民	男	1918年	原胜利乡人,1943年参加革命,燕桥乡九村村长,1947年农历四月十一日在唐楼被捕牺牲	黄庄村4组
131	江安	冯田圣	男	1930年	原胜利乡人,如皋警卫团9连战士,1948年在海安县芦家庄因战牺牲	黄庄村19组
132	江安	徐芳德	男	1909年	原江安乡人,1928年参加革命,如皋县委书记,1929年1月27日在如皋县城被捕牺牲	六团村15组
133	江安	谢明高	男	1916年	原葛市乡人,1948年参加革命,如皋县警卫团战士,1948年在如皋县二甲因战牺牲	葛市村11组
134	江安	周荣镜	男	1925年	原葛市乡人,1944年参加革命,如皋周庄乡民兵队队长,1945年在如皋江安因战牺牲	葛市村4组
135	江安	孙尔倬	男	1927年9月	原胜利乡人,1943年3月参加革命,11纵队某团指导员,1947年在通榆线因战牺牲	胜利居8组

续表

序号	镇别	烈士姓名	性别	出生年月	简 介	烈士墓地址
136	江安	孙尔生	男	1925年9月	原胜利乡人,如皋警卫团1营2连副班长,1946年11月在如皋县郭园因战牺牲	胜利居32组
137	江安	环加安	男	1926年6月	原胜利乡人,1946年3月参加革命,1分区1团战士,1948年在东台竹岗乡因战牺牲	胜利居12组
138	江安	刘志舒	男	1907年	原胜利乡人,1927年4月参加革命,江安区区委书记,1930年在如皋县城被捕牺牲	胜利居16组
139	江安	蒋竹贵	男	1920年	原江安乡人,1945年参加革命,如皋警卫团班长,1947年在如皋县二甲因战牺牲	胜利居18组
140	江安	刘金德	男	1899年	原胜利乡人,1928年入党,红十四军特务队战士,1930年7月在如皋县城梅陈庄被捕牺牲	胜利居16组
141	江安	丁正宣	男	1926年12月	原胜利乡人,1946年参加革命,如皋警卫团1连班长,1947年7月在如皋县磨头因战牺牲	胜利居23组
142	江安	刘正福	男	1928年8月	原胜利乡人,如皋警卫团班长,1948年11月在如皋县磨头奶奶庙因战牺牲	胜利居23组

续表

序号	镇别	烈士姓名	性别	出生年月	简 介	烈士墓地址
143	江安	苏元良	男	1923年3月	原胜利乡人,1946年8月参加革命,如皋县警卫团排长,1948年在如皋磨头沈家庄因战牺牲	胜利居29组
144	江安	刘玉斋	男	1889年	原胜利乡人,如皋县戈堡乡通讯员,1930年3月在苏州被捕牺牲	胜利居23组
145	江安	孙玉才	男	1906年	原胜利乡人,1929年参加革命,赤卫队队长,1931年在朝西庄因战牺牲	胜利居34组
146	江安	丁忠益	男	1906年2月	原胜利乡人,戈堡乡游击队排长,1946年12月在如皋县东燕庄被捕牺牲	胜利居28组
147	江安	孙尔山	男	1923年4月	原胜利乡人,如皋警卫团侦察班长,1947年8月在吴窑因战牺牲	胜利居5组
148	江安	蒋文进	男	1907年5月	原胜利乡人,又名黄伯仁,红十四军特务队队长,1930年5月18日在如皋东燕因战牺牲	胜利居18组
149	九华	康锡纯	男	1918年	原龙舌乡人,云平乡农会主任,1946年9月在如皋县吴塘桥因战牺牲	云屏村27组

续表

序号	镇别	烈士姓名	性别	出生年月	简　介	烈士墓地址
150	九华	胡文峰	男	1902年	原营防乡人，1928年参加革命，薛窑区组织干事，1930年在如皋县龙三圩因战牺牲	营防社区26组
151	石庄	顾文如	男	1913年	原张黄港乡人，机枪队队队长，1947年11月在如皋县张黄港因战牺牲	凤龙村4组
152	石庄	周国庭	男	1911年	原张黄港乡人，龙潭乡农会主任，1948年7月在如皋县头案港被捕牺牲	凤龙村14组
153	石庄	卢德润	男	1898年	原石北乡人，红十四军赤卫队队员，1930年8月在如皋石庄双窑口被捕牺牲	何正村18组
154	石庄	朱玉成	男	1929年12月	原石北乡人，1945年参加革命，9分区特务团班长，1948年在如黄线因战牺牲	何正村26组
155	石庄	郭建华	男	1968年12月	原张黄乡人，1987年入伍，某部勤务连战士，1988年因山洪暴发抢险牺牲	洪港村4组
156	石庄	钱有江	男	1916年	原石北乡人，1946年参加革命，华东野战军4纵10师战士，1948年失踪	楼房村7组
157	石庄	薛学勇	男	1906年5月	石庄人，石北乡7村翻身队长，1948年在如皋县石庄四号港被捕牺牲	石庄社区6组

序号	镇别	烈士姓名	性别	出生年月	简介	烈士墓地址
158	石庄	王锡根	男	1928年	原石北乡人,1948年8月参加革命,志愿军20军战士,1951年4月在朝鲜因战牺牲	思江村3组
159	石庄	石明轩	男	1910年	原石北乡人,石庄区情报站情报员,1947年2月在如皋县朱家堡被捕牺牲	思江村11组
160	石庄	李正才	男	1915年	1942年参加革命,石庄区司法助理,1946年在如皋朱家堡被捕牺牲	思江村15组
161	石庄	沙　凯	男	1927年3月	原高井乡人,1944年参加革命,江防大队队长,1946年在如皋县四号港被捕牺牲	邹蔡村6组
162	石庄	沙焕荣	男	1920年	原高井乡人,邹蔡乡联防队队员,1945年7月在如皋县城被捕牺牲	邹蔡村6组
163	石庄	张龙台	男	1918年	原石北乡人,1946年参加革命,空田乡乡长,1947年在蛇田庄因战牺牲	石北26组
164	石庄	黄金成	男	1919年	原石北乡人,如皋石庄镇一村民兵小队队长,1947年在石庄镇被捕牺牲	石庄10组
165	下原	程志远	男	1922年8月	阜宁益林人,白蒲区区长,1946年12月22日在如皋花园南杨元头牺牲	文庄公墓

续表

序号	镇别	烈士姓名	性别	出生年月	简 介	烈士墓地址
166	下原	郭志清	男	1917年12月	原下原乡人,1946年参加革命,下原乡民兵队队长,1948年10月在如皋县下原被捕牺牲	下原居29组
167	下原	郭志高	男	1919年	原下原乡人,1940年参加革命,如西县独立团排长,1944年在南通平潮因战牺牲	邹庄居7组
168	下原	赵俊祥	男	1910年	原下原乡人,1947年参加革命,蔡藕乡财委,1948年12月在如皋县新庄因公牺牲	邹庄居4组
169	下原	陈锦如	男	1925年	原花园乡人,1944年参加革命,马塘区署会计,1948年4月在如皋县苏家庄被捕牺牲	花园头村26组
170	下原	何佩泉	男	1921年	又名何佩余,原花园乡人,白蒲区情报员,1948年在如皋县三角池因战牺牲	文庄居19组
171	下原	沈金福	男	1927年	原花园乡人,如皋警卫团机枪连战士,1942年9月在如皋县小洋庄因战牺牲	文庄居8组
172	下原	郭月波	男	1923年	原下原乡人,蔡藕乡民兵队队长,1946年8月在蒲西姚家园被捕牺牲	蔡荡村24组
173	下原	张培芝	男	1922年	原下原乡人,1944年参加革命,官杨乡财委,1946年8月在如皋县北洋桥被捕牺牲	蔡荡村22组

序号	镇别	烈士姓名	性别	出生年月	简介	烈士墓地址
174	下原	李百堂	男	1920年	原下原乡人，蔡藕乡治安员，1946年12月在白蒲桑树元被捕牺牲	蔡荡村20组
175	下原	李昌和	男	1917年	原下原乡人，大新乡民兵队队长，1948年6月在如皋县李桥被捕牺牲	白李村25组
176	下原	沈正元	男	1923年	原花园乡人，白蒲区队战士，1946年11月在如皋县杨元头因战牺牲	沈阳居32组
177	下原	龚　五	男	1914年	原下原乡人，原白李乡三村民兵小队队长，1948年6月在如皋县郭园被捕牺牲	腰庄村17组
178	下原	何有余	男	1919年	原下原乡人，1942年参加革命，张仁乡乡长，1948年12月在下原被捕牺牲	腰庄村2组
179	下原	于锦波	男	1919年	原下原乡人，薛窑区队班长，1947年10月在薛窑区蔡庄被捕牺牲	腰庄村8组
180	下原	陈学海	男	1921年	原下原乡人，1940年参加革命，下原乡指导员，1946年10月在下原被捕牺牲	张庄村24组
181	下原	曹连彩	男	1922年	原花园乡人，原洪阳乡游击队队员，1948年10月在石庄因战牺牲	野树居15组
182	下原	陈启中	男	1911年8月	原下原乡人，下原乡财委，1948年7月在如皋县四房庄被捕牺牲	野树居22组

续表

序号	镇别	烈士姓名	性别	出生年月	简 介	烈士墓地址
183	磨头	刘士轩	男	1928年4月	原场北乡人,塘湾乡联防队队员,1947年10月在如皋县夏基头因战牺牲	新联5组
184	磨头	刘松岭	男	1926年	原场北乡人,塘湾乡联防队员,1947年10月在如皋县夏基头因战牺牲	新联6组
185	磨头	陈俊清	男	1922年	原场南乡人,1942年参加革命,郝李乡民兵队队长,1946年在如皋观音堂被捕牺牲	兴韩村24组
186	磨头	张良甫	男	1920年8月	原场北乡人,1946年参加革命,度军井区队战士,1947年11月在如皋南门宏林庵被捕牺牲	塘湾村26组
187	磨头	许相如	男	1924年	原场南乡人,1942年参加革命,郝李乡调解委员,1946年在许家庄牺牲	高李4组
188	磨头	王甫清	男	1916年	原磨头乡人,如皋高曹乡粮管员,1948年3月28日在如皋县石家庄被捕牺牲	董堡5组
189	磨头	章友德	男	1916年	原磨头乡人,高曹乡乡长,1948年8月29日在高曹乡被捕牺牲	董堡9组

续表

序号	镇别	烈士姓名	性别	出生年月	简介	烈士墓地址
190	磨头	石太和	男	1921年	又名石召明，原磨头乡人，如皋警卫团排长，1948年12月在如皋县谢家庄因战牺牲	星港村22组
191	磨头	严新保	男	1931年1月	原磨头乡人，芸房乡联防队队员，1948年8月在车马湖秦家庄因战牺牲	星港村21组
192	磨头	陈子俊	男	1917年	原磨头乡人，高曹乡九村村长，1946年10月在石庄被捕牺牲	邓高居1组
193	磨头	张仁俊	男	1925年	原磨头乡人，1946年8月参加革命，泰州独立团战士，1948年在石庄因战牺牲	邓高居8组
194	磨头	张光树	男	1925年	原磨头乡人，芸房乡民兵队长，1947年11月2日在如皋县四房因战牺牲	严狄13组
195	吴窑	郭再彬	男	1922年	原长庄乡人，芸房乡民兵分队队长，1948年7月在如皋严家堡因战牺牲	四房3组
196	吴窑	沙坤伦	男	1921年	原长庄乡人，如皋警卫团1连2排排长，1948年3月在泰兴县八户庄因战牺牲	四房17组

续表

序号	镇别	烈士姓名	性别	出生年月	简介	烈士墓地址
197	吴窑	吴福海	男	1917年	原长庄乡人,1946年参加革命,车马湖区交通站站长,1947年在如皋刘家渡被捕牺牲	四房13组
198	吴窑	郭锡康	男	1903年	原吴窑乡人,1927年参加革命,如皋县委组织部部长,1929年3月在如皋县城被捕牺牲	吴窑居4组
199	吴窑	郝兆龙	男	1923年	原吴窑乡人,沈石乡三村民兵分队队长,1946在吴窑因战牺牲	吴窑居11组
200	吴窑	沈锦园	男	1906年	原吴窑乡人,1928年4月参加革命,吴窑区委秘书,1930年3月在刘家渡被捕牺牲	吴窑居15组
201	吴窑	郭国平	男	1927年	原长庄乡人,2733部队机务修理主任,1957年6月在西藏因公牺牲	小马居25组
202	吴窑	郭明文	男	1922年	原长庄乡人,苏北3分区1团3营9连战士,1948年在泰兴县黄桥因战牺牲	小马居20组
203	吴窑	吴志明	男	1927年6月	原长庄乡人,1945年参加革命,车马湖区队排长,1948年10月在如皋双马渡因战牺牲	长西村3组
204	吴窑	朱　泽	男	1920年	原长庄乡人,志愿军10军60师180团战士,1951年6月在朝鲜金洞因战牺牲	长庄村5组

续表

序号	镇别	烈士姓名	性别	出生年月	简介	烈士墓地址
205	吴窑	姜桂林	男	1915年7月	原长庄乡人，班长，1948年10月在如皋沈寡妇庄因战牺牲	长庄村18组
206	吴窑	石小连	男	1904年	原长庄乡人，1928年参加革命，红军大队长，1931年2月14日在如皋县城被捕牺牲	大石居12组
207	吴窑	高仁林	男	1908年	原吴窑乡人，1944年参加革命，陈家乡乡长，1945年7月在吴窑被捕牺牲	陈家村25组
208	吴窑	沈元祥	男	1921年	原长庄乡人，1944年7月参加革命，矛山大队战士，1946年7月在泰兴县马沟因战牺牲	平田14组
209	吴窑	周书盛	男	1928年4月	原长庄乡人，1948年1月参加革命，志愿军空军排长，1953年6月在朝鲜因战牺牲	平田17组
210	吴窑	蔡可福	男	1915年4月	原长庄乡人，芸房乡农会主任，1948年6月在如皋张庄被捕牺牲	平田21组
211	吴窑	尤福海	男	1912年6月	原吴窑乡人，1941年参加革命，何庄乡乡长，1947年在何李村被捕牺牲	何柳村7组
212	吴窑	陈德富	男	1916年	原吴窑乡人，1940年参加革命，石庄区队队长，1946年8月在如皋县小燕庄因战牺牲	何柳村19组

续表

序号	镇别	烈士姓名	性别	出生年月	简介	烈士墓地址
213	吴窑	张永清	男	1973年8月	盐城人，中共党员，93528部队飞行员。2001年4月在如皋执行军事任务时牺牲	吴窑居8组
214	长江	陆荫祥	男	1913年	长江人，如皋警卫团作战参谋，1947年10月26日在海安曲胡因战牺牲	二案社区11组
215	长江	胡　宇	男	1927年	原营房乡人，薛窑区青年抗日先锋队副队长，1945年12月在如皋小李港被捕牺牲	长江村12组
216	长江	华香庭	男	1921年	原郭园乡人，薛窑区区委书记，1948年在如皋县蔡家庄因战牺牲	刘胜村5组
217	长江	周纪民	男	1926年	原车马湖乡人，如西独立团3连1班班长，1944年3月在如皋姚家桥因战牺牲	田王村12组
219	长江	于进峰	男	1923年	原车马湖乡人，车马湖区队战士，1948年8月在如皋县平家坝因战牺牲	田王村13组
219	长江	丁进才	男	1917年	原车马湖乡人，车马湖乡农会主任，1946年在郭园被捕牺牲	田王村14组
220	长江	吴开德	男	1929年	原车马湖乡人，1947年参加革命，如皋警卫团战士，1948年11月在如皋县三宫殿因战牺牲	田王村15组

续表

序号	镇别	烈士姓名	性别	出生年月	简 介	烈士墓地址
221	长江	吴长余	男	1907年	原车马湖乡人,朱庄乡民兵队队长,1948年10月在下驾原被捕牺牲	田王村15组
222	长江	王兆寿	男	1921年	原车马湖乡人,4分区特务团连长,1946年2月在海门县灵甸港战斗中牺牲	田王村3组
223	长江	朱志贤	男	1929年4月	原车马湖乡人,1947年参加革命,如皋警卫团战士,1948年12月在如皋王家空田因战牺牲	田王村3组
224	长江	王天禄	男	1925年	原车马湖乡人,如皋警卫团1营侦察员,1947年12月在如皋县三洞口因战牺牲	田王村4组
225	长江	王普盈	男	1927年	原车马湖乡人,华东野战军某连副指导员,1947年12月在河南省睢县因战牺牲	田王村4组
226	长江	范长富	男	1925年	原车马湖乡人,1师6团战士,1948年在河西成介庄因战牺牲	田王村7组
227	长江	谢余才	男	1899年	原车马湖乡人,朱楼村农会主任,1948年11月在下原被捕牺牲	谢楼村1组

续表

序号	镇别	烈士姓名	性别	出生年月	简介	烈士墓地址
228	长江	马文元	男	1924年	原车马湖乡人,1943年参加革命,如皋警卫团战士,1948年在如皋县刘家田因战牺牲	顾桥居4组
229	长江	康贻民	男	1916年	原车马湖乡人,白李乡农会主任,1947年2月在如皋县赵家小桥被捕牺牲	顾桥居2组
230	长江	王天涛	男	1928年9月	原车马湖人,苏北军区1分区某连战士,1949年4月在靖江八圩港西永洲因战牺牲	顾桥居12组
231	长江	郭　友	男	1906年	原郭园乡人,郭园乡一村村长,1947年在下原四村被捕牺牲	郭居37组
232	长江	丁献庭	男	1930年	原江防乡人,松江粮食工作队队长,1949年7月在松江亭林因战牺牲	永建村10组
233	长江	杜天章	男	1910年	原郭园乡人,1942年参加革命,三义乡指导员,1947年在当地被捕牺牲	义圩寸10组
234	长江	郭　斌	男	1921年	原郭园乡人,如西县独立团2营营长,1949年3月26日被捕牺牲	郭园社区1组

如皋市烈士纪念设施及烈士分布图

外县市烈士51人籍贯不详烈士128人

红色藏品

中共如皋县委印章

1927年7月，中共如皋县委在如城福成庵成立。

1929年1月10日，时任如皋县委书记徐芳德被捕，国民党从其身上搜出一枚“中国共产党江苏如皋县委印”，此后印章下落不明。1965年9月19日，如皋县政府民政科翻建旧房，在清理下水道时意外发现一个砖砌圆拱，内有一只平边铁锅，锅盖上有一双绣花鞋，锅内有百余发子弹、一把刺刀、一副脚镣以及一枚印章。据考证，印章发现地曾为国民党如皋看守所，土地革命时期这里关押过我党许多革命志士。如皋县相关部门走访调查并查阅1929年1月16日的上海《申报》，认定这枚印章系徐芳德被捕时所携带的那枚如皋县委印章。据史料记载，从1927年7月如皋县委成立至1933年短短几年间，中共如皋县委八位书记中先后有徐芳德、吴亚苏、韩铁心、汤士伦、穆子奇、于咸、吴汝连7位县委书记前赴后继，英勇牺牲，平均年龄仅25岁。这枚印章见证了我党领导下的如皋革命斗争的跌宕风云，具有很高的历史价值和深远的现实意义。

该印章由青田石制成，素净典雅、上圆下方，圆高0.15厘米，方高1.9厘米，3.9厘米见方，印面镌刻着“中国共产党江苏如皋县委印”12个阳文小篆字。印章保存完好、章法规整、刀法遒劲、带有包浆，符合民国早期的时代特征，确认是原件真品。它是迄今保存完好、来龙去脉清晰、精神内涵丰富的土地革命时期的县委印章，也是中共组织史上县一级党组织已知现存最早的县委印章。印章先后入选“江苏省珍贵档案文献名录”“江苏省百件红色珍档”。2021 年 6 月，这枚印章被评定为国家一级文物。

“中国共产党江苏如皋县委印”现珍藏于如皋市档案馆。

如皋县乡苏维埃政府印章

1930年5月1日，红十四军军部和中共如皋县委在如皋西乡贲家巷召开数万人大会，庆祝五一国际劳动节，选举成立如皋县工农革命委员会，创立了江苏省最早的苏维埃政权。接着，先后在六甲、朝阳、陈堡等乡创立苏维埃政权。现红十四军纪念馆展出的四枚印章为仿制件。

红十四军布告

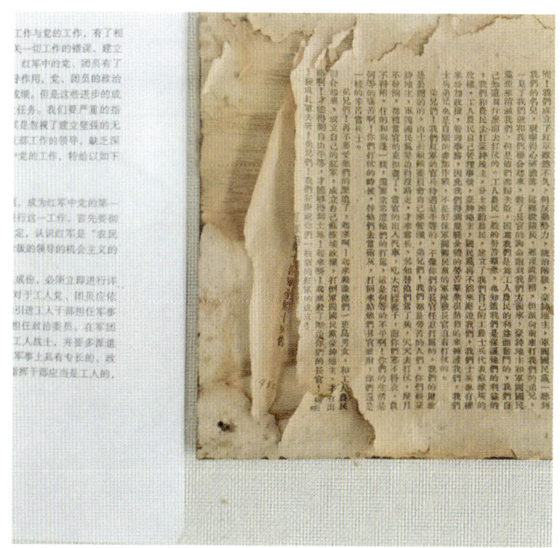

江苏省委军事特派员徐德为红十四军起草的文件原稿

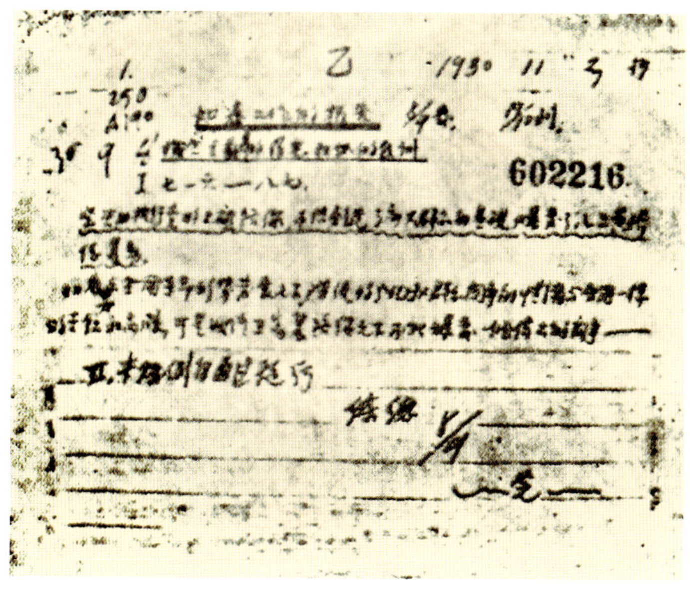

入党志愿书

（1930年5月江安吴林纲）

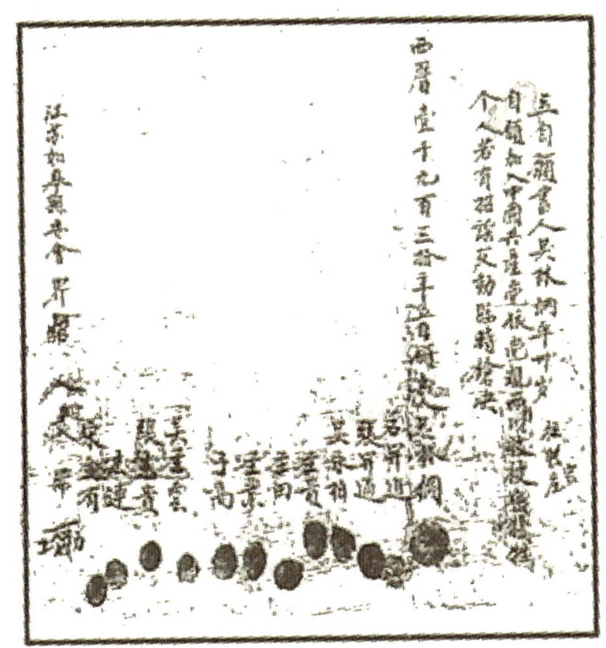

立自願書人吳林綱年廿岁 [illegible]

自願加入中國共產党 [illegible]

個人若有 [illegible]

西曆壹千九百三十年 [illegible]

江蘇如皋縣委會 [illegible]

红十四军时期共产党员党证和党费收据

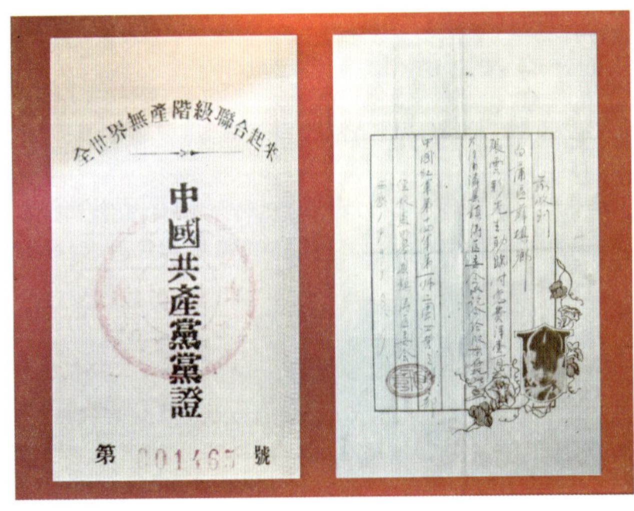

全世界無產階級聯合起來

中國共產黨黨證

第 [illegible] 號

抗日战争时期如西县政府粮赋收据

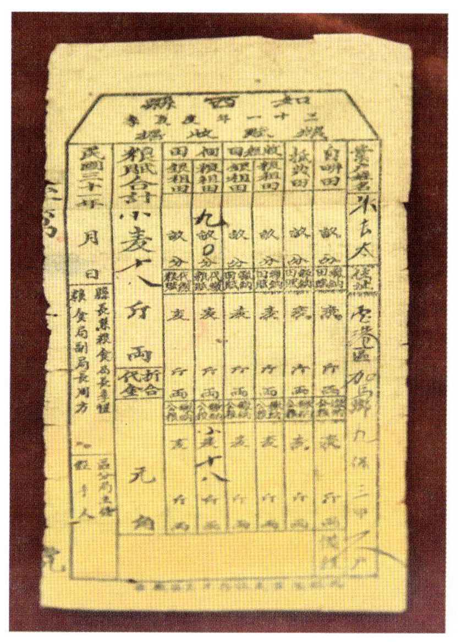

如西縣 三十一年度夏季 糧賦收據

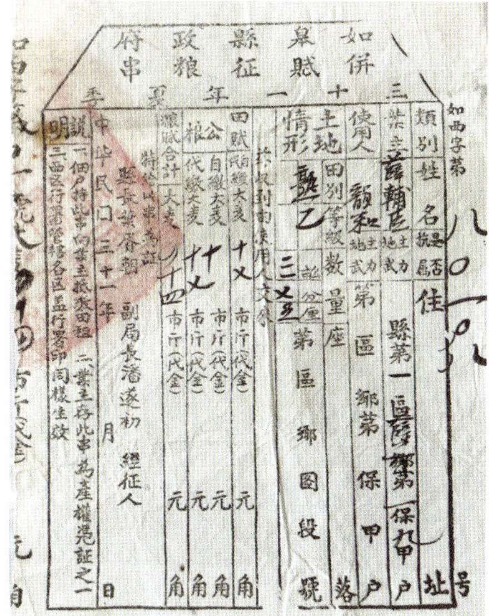

如皋縣政府 併賦征糧串 三十一年夏季

解放战争时期临时军用草证

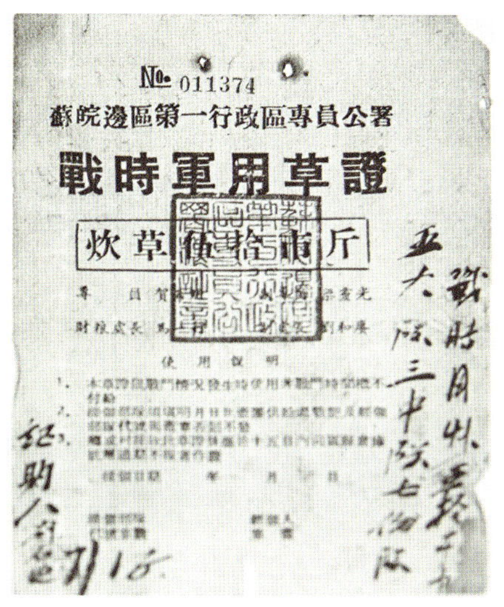

No 011374

蘇皖邊區第一行政區專員公署

戰時軍用草證

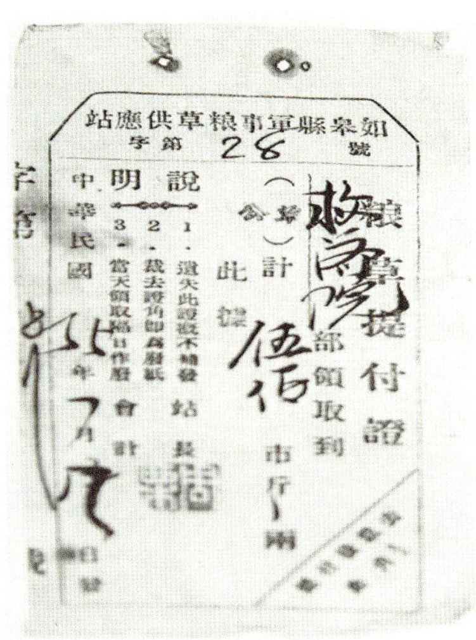

如皋縣軍事糧草供應站

字第 28 號

提付證

如皋县政府布告

1947年6月，在中国共产党的领导下，如皋县政府向全县民众宣布了所有顽伪支持者在土改复查过程中必须遵守的规定和应有的出路，并号召全县民众积极支持土改运动，警告反动地主不得以任何借口破坏和阻挠土改，“夺田追租倒粮”，否则将从严惩处。

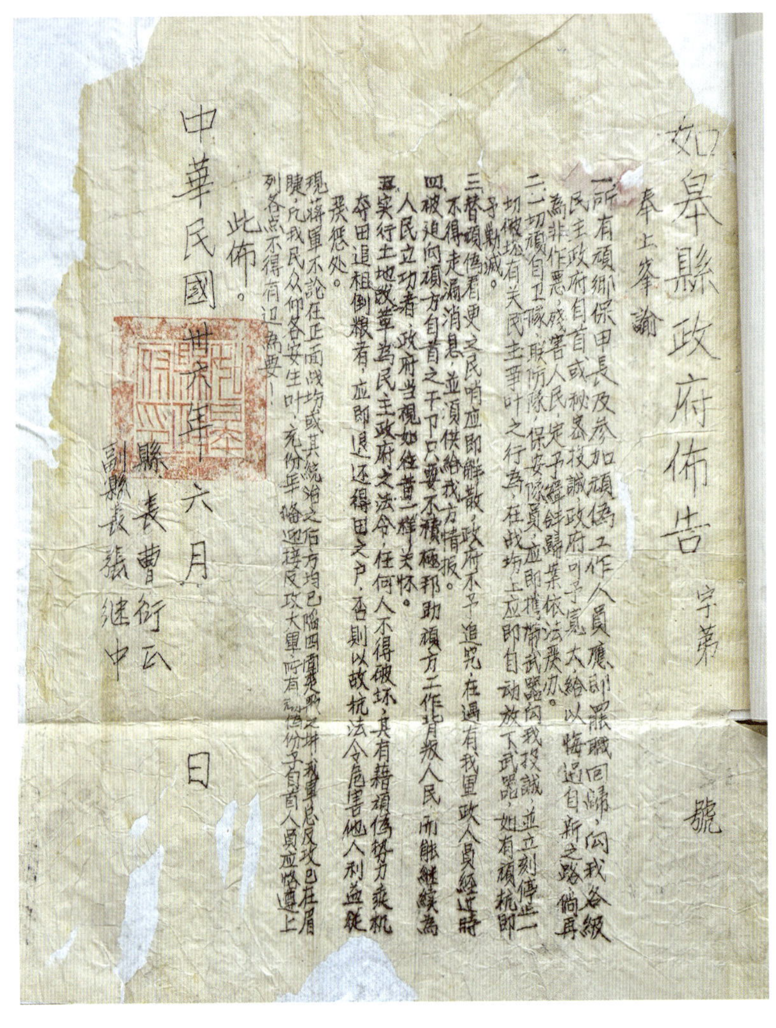

如皋縣政府佈告　字第　號

奉上峯諭

一、所有頑鄉保甲長及參加頑偽工作人員，應即罷職回歸，向我各級民主政府自首或秘密投誠，政府可予寬大，給以悔過自新之路，倘再為非作惡，殘害人民，定予緝辦歸案依法嚴办。

二、一切頑自卫隊、联防隊、保安隊員，应即攜帶武器向我投誠，並立刻停止一切破坏有关民主事业之行為，在战场上应即自动放下武器，如有頑抗即予勦滅。

三、替頑偽看更之民哨应即解散，政府不予追究，在遇有我軍政人員經过時不得走漏消息，並須供給我方情报。

四、被迫向頑方自首之干卩只要不積極邦助頑方工作背叛人民，而能繼續為人民立功者，政府当視如往昔一样关怀。

五、实行土地改革為民主政府之法令，任何人不得破坏，其有藉頑偽势力乘机夺田追租倒粮者，应即退还得田之户，否則以故抗法令危害他人利益從严懲处。

現蔣軍不論在正面战场或其統治之后方均已陷四面楚歌之境，我軍总反攻已在眉睫，凡我民众仰各安生叶，充份準备迎接反攻大軍，所有頑偽份子自首人員应恪遵上列各点，不得有违為要！

此佈。

中華民國卅六年六月　日

縣長曹衍云

副縣長張繼中

如皋县政府通告

1949年1月28日（农历除夕）清晨，中共如皋县委、如皋县政府以及警卫连和县警卫团二营六连等部300多人进入如皋城，人民群众敲锣打鼓夹道欢迎，如皋县政府随之以县长张继中的名义发布秘字第一号通告，宣告如皋解放。

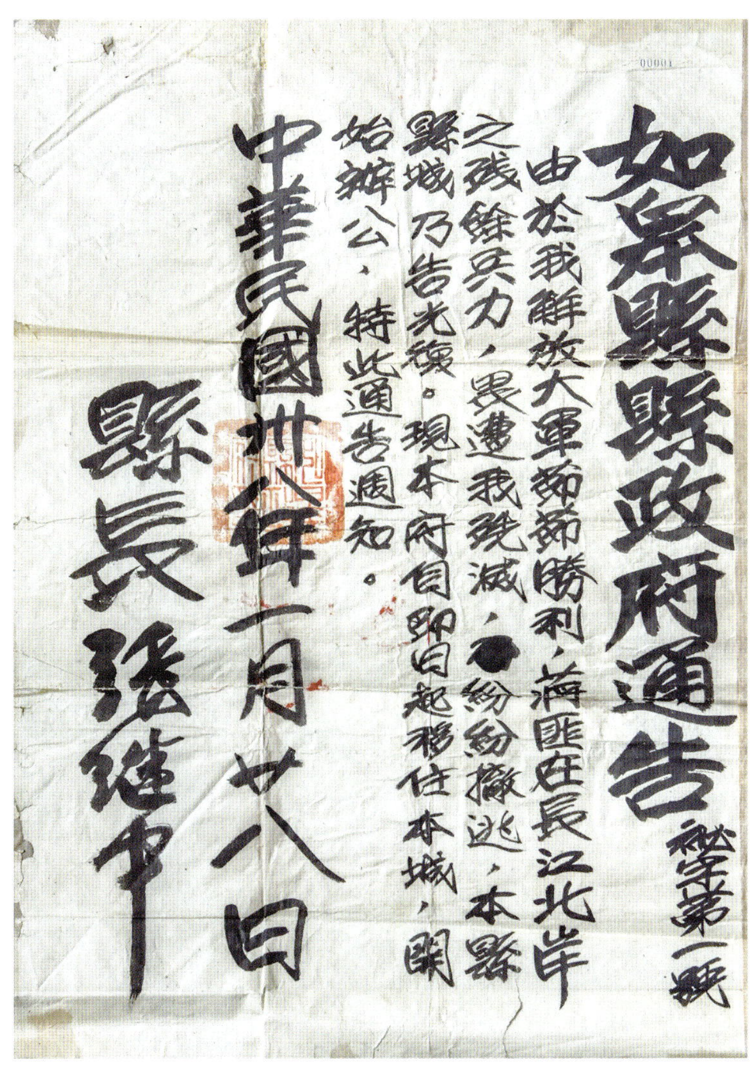

如皋縣縣政府通告

秘字第一號

由於我解放大軍節節勝利，蔣匪在長江北岸之殘餘兵力，畏遭我殲滅，紛紛撤逃，本縣縣城乃告光復。現本府自即日起移住本城，開始辦公。特此通告週知。

中華民國卅八年一月廿八日

縣長 張继中

如皋县支前总队部命令

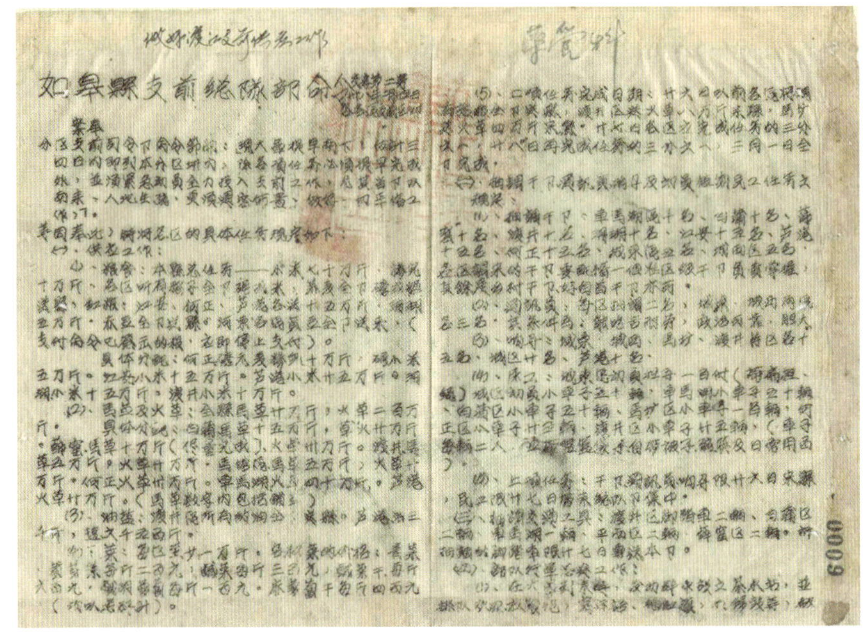
如皋縣支前總隊部命令

如皋县政府支前护交草案

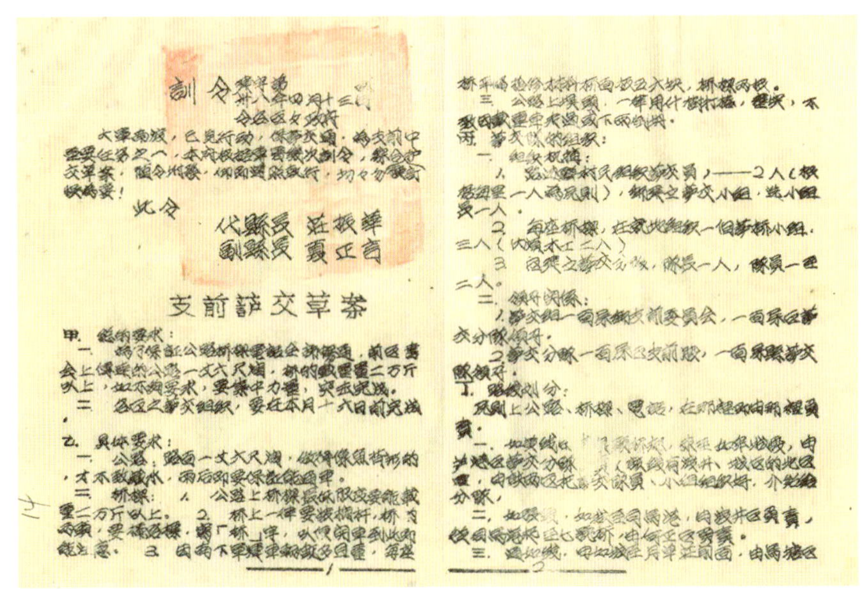
支前護交草案

如皋县支前总队渡江战役捷报

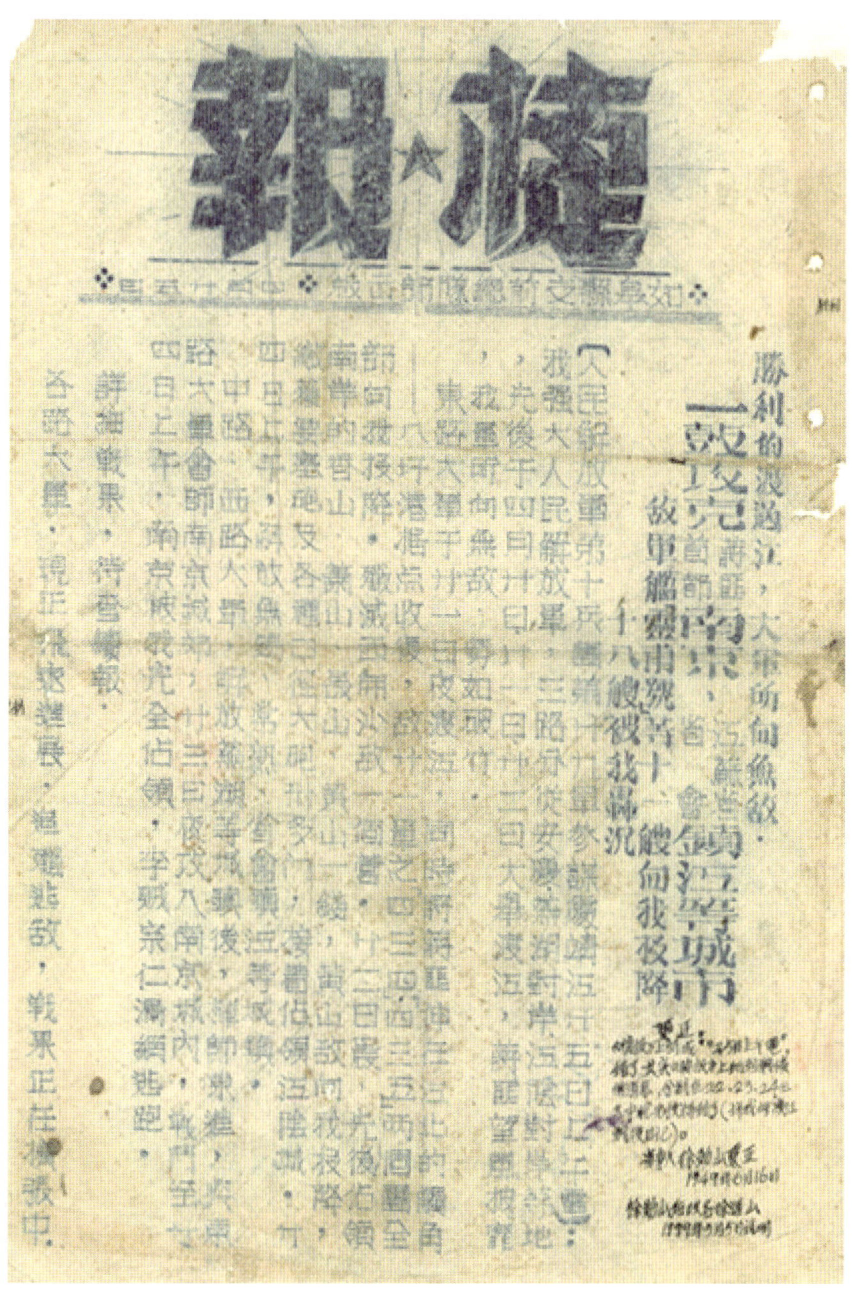

捷报

如皋县支前总队部出版 四月廿五日

胜利的渡过江，大军所向无敌。

一鼓攻克蒋匪首都南京、省会镇江等城市

敌军舰重庆号等十一艘向我投降 十八艘被我击沉

详细战果，待查续报。

各路大军，现正乘胜进展，追歼逃敌，战果正在扩张中。

渡江战役支前光荣证、奖状

渡江支前光榮證

顧煥章同志係江蘇省如皋縣江安區人，參加本軍裕兵团衛生部十五院九大队指導工作对革命認識執行政策，配合本軍渡江，完成戰勤任務，本軍除致謝意外，特發給渡江光榮證，以資表揚。

此證。

中國人民解放軍第三野戰軍

司令員兼政治委員 陳毅

副司令員兼第二副政委 粟裕

副政治委員 譚震林

政治部主任 唐亮

政治部副主任 鍾期光

一九四九年陸月二十二日給

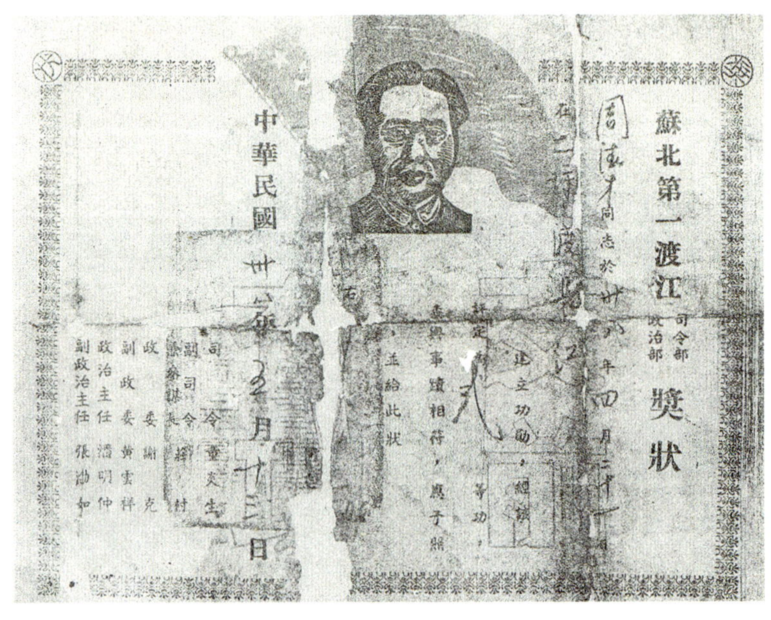

蘇北第一渡江司令部政治部 獎狀

同志於卅八年四月 建立功勛，經 評定 等功， 與事蹟相符，應予照 並給此狀

司令

副司令

參謀長

政委 謝克

副政委 黃雲祥

政治主任 潘明仲

副政治主任 張勁如

中華民國卅 年 月 日

烈士遗物

何昆烈士遗物
（机枪、行军床）

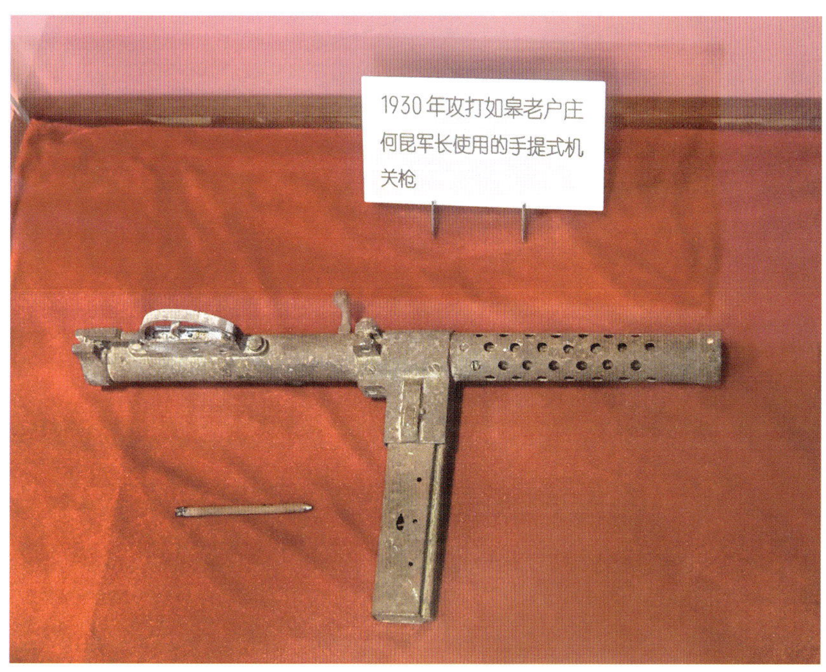

穆子奇烈士遗物

（遗墨）

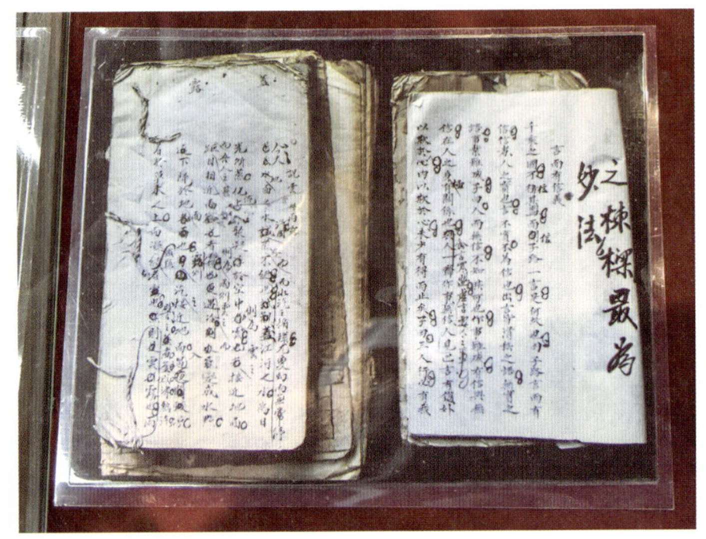

于咸烈士遗物

（衣服、马靴）

曾先燕烈士遗物

（腰带等）

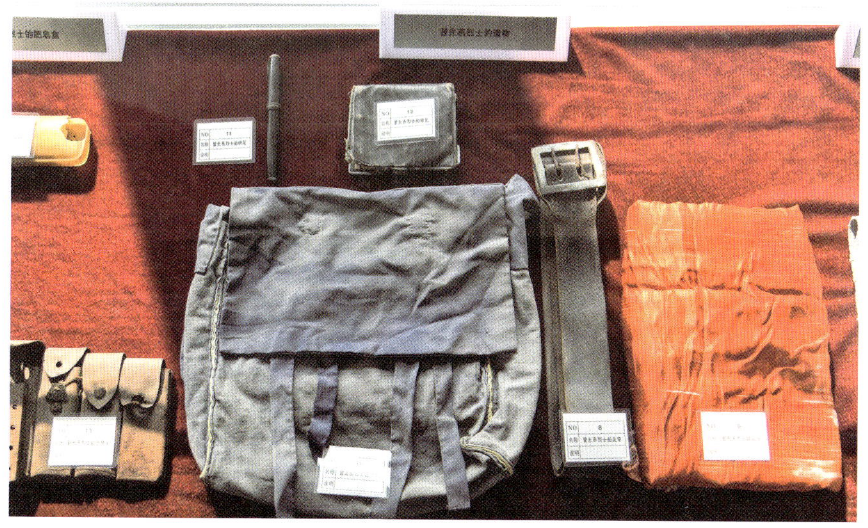

陈琼林烈士遗物

（刺绣作品）

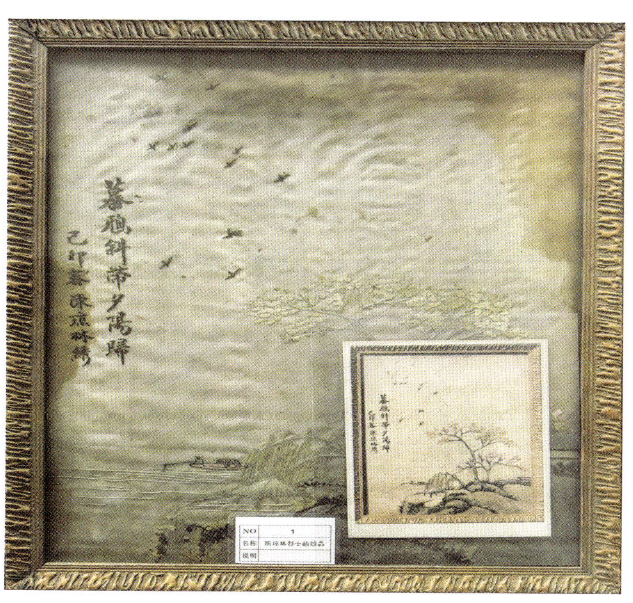

何正、陆纯烈士遗物
（枕套、衣服）

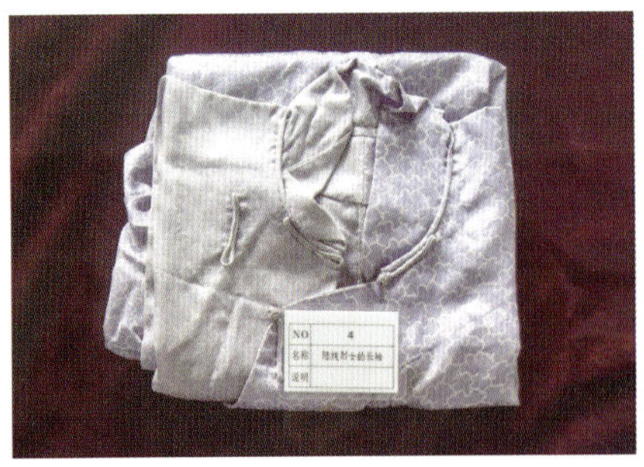

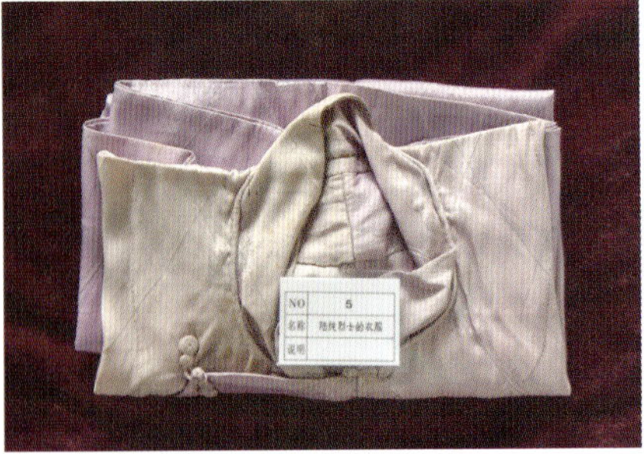

石林烈士遗物
（毛毯、文件袋）

胡之烈士遗物
（眼镜盒）

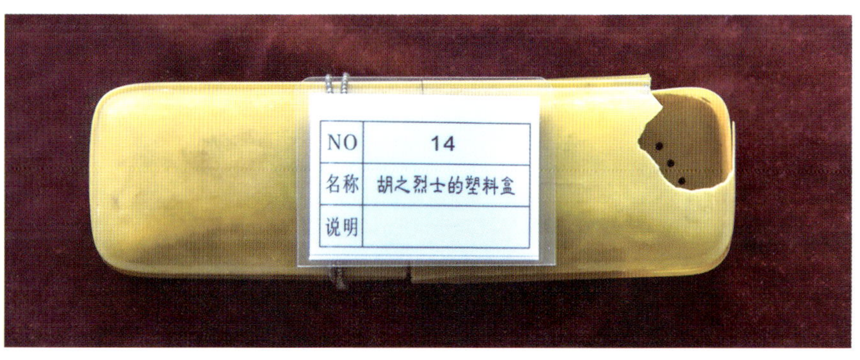

俞铭璜、沈序、程克烈士遗物
（遗著、手迹）

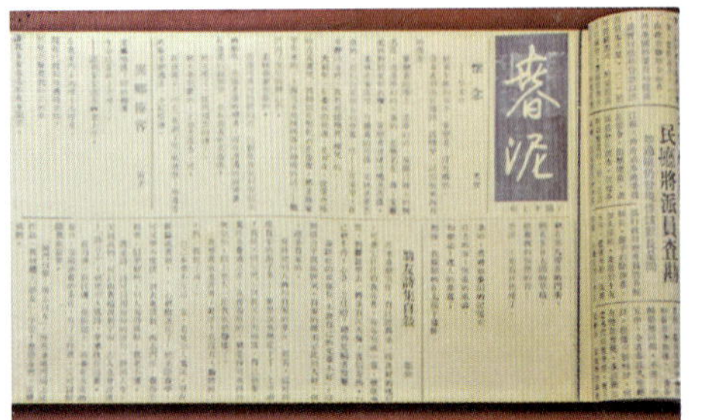

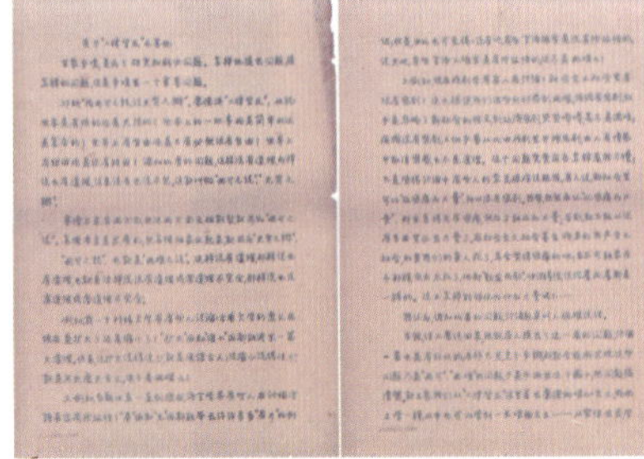

阮也平烈士遗物

（战地日志）

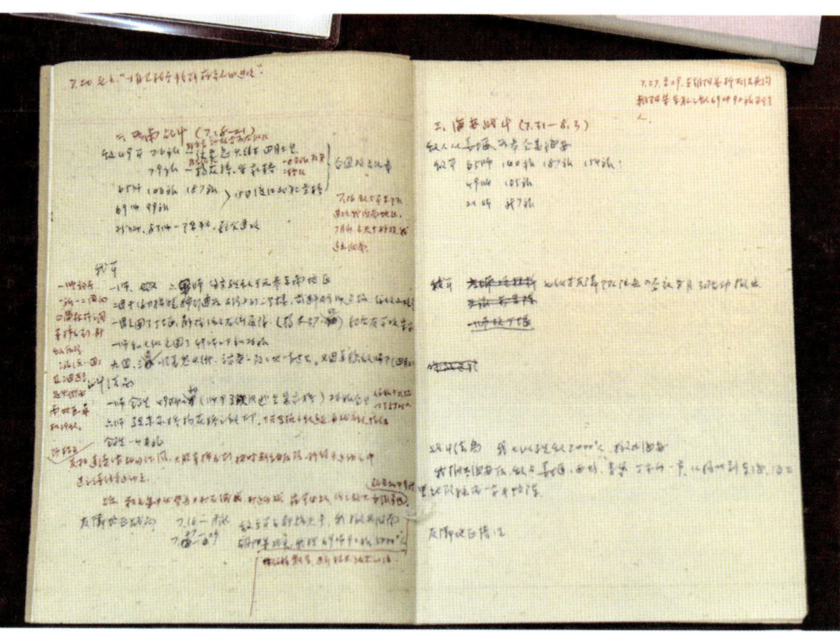

蔡炎(焰)烈士遗物
(信函等)

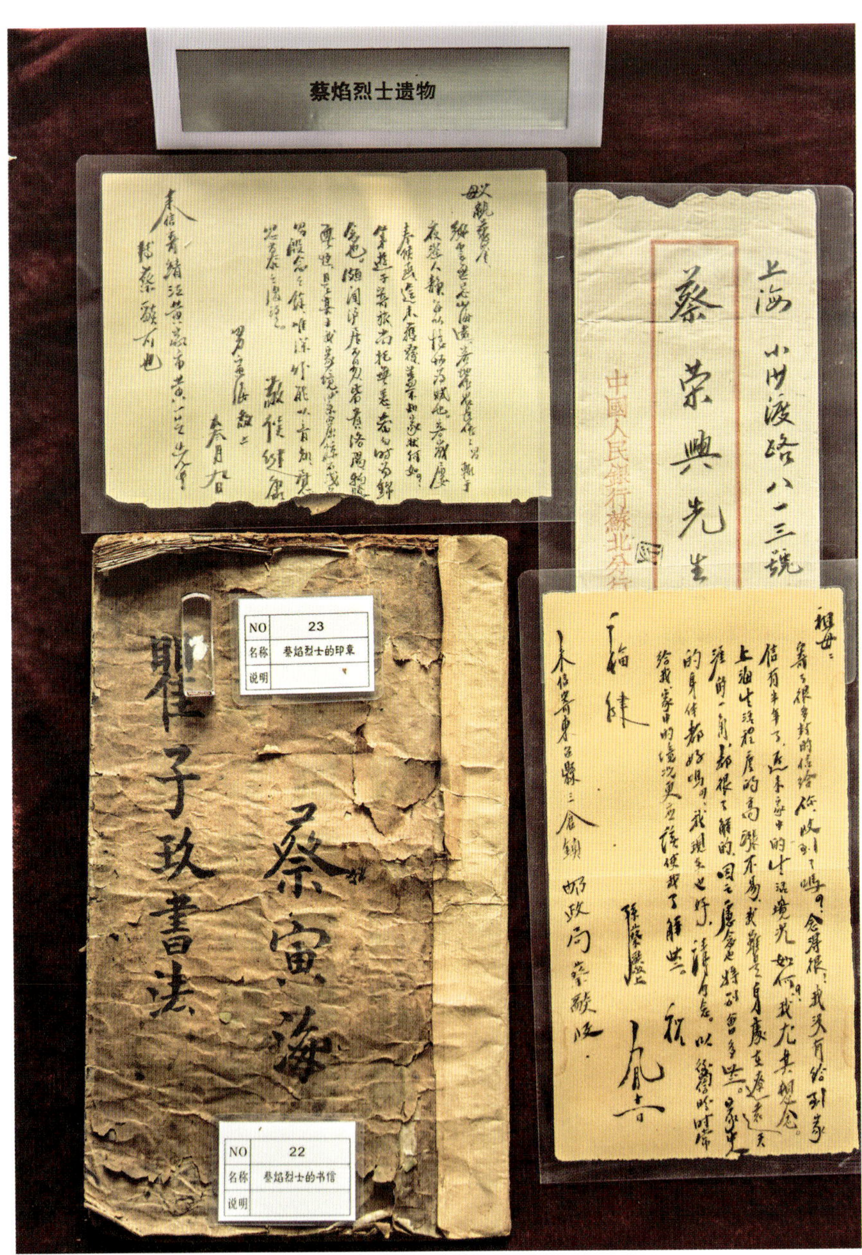

蔡焰烈士遗物
上海 小沙渡路八一三號
蔡荣興先生
中國人民銀行蘇北分行
NO 23
名称 蔡焰烈士的印章
说明
瞿子玖書法
蔡寅海
NO 22
名称 蔡焰烈士的书信
说明

抗美援朝一等功臣、二级战斗英雄，第一、第三届全国人大代表，曾受到毛泽东主席四次接见的陆昌荣烈士遗物（荣誉证书、奖章、日记本、衣物等）

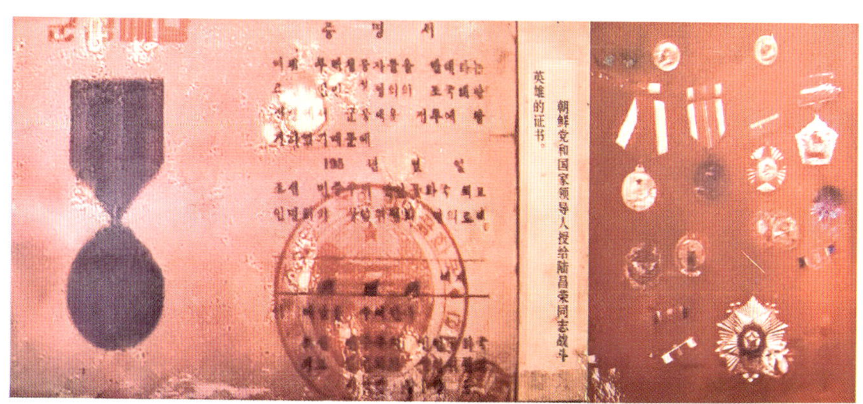

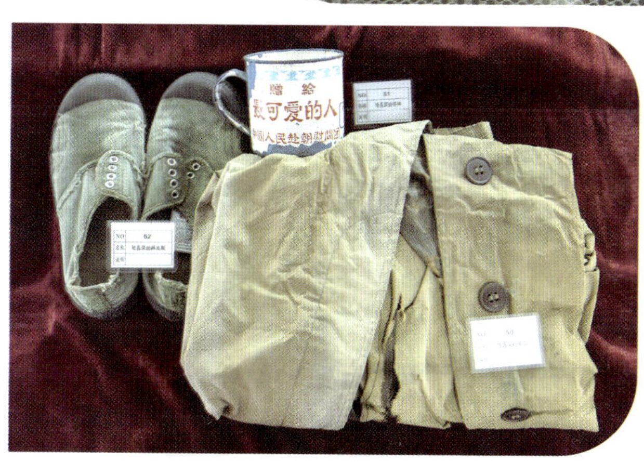

红色报纸

（抗日战争、解放战争时期）

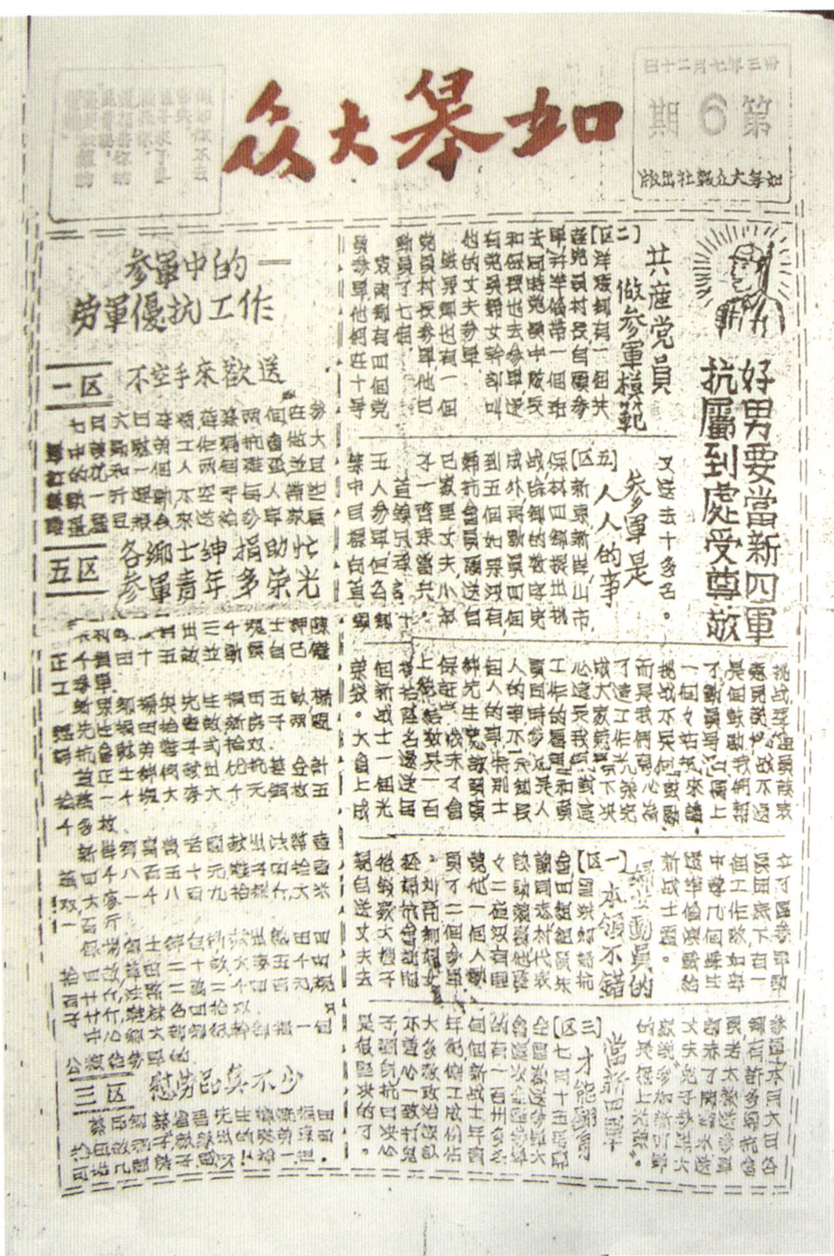

如皋大众

第6期

卅三年七月二十日

如皋大众报社出版

参军中的一一劳军优抗工作

一区 不空手来欢送

五区 各乡士绅捐助忙 参军青年多荣光

三区 慰劳品真不少

好男要当新四军 抗属到处受尊敬

共产党员做参军模范

参军是人人的事

本领不错

才能当新四军

二区成立新兵大队第一连
第一批参军已有一百廿余

二区在七月十日参军的门口挂一个红的大红花，[illegible]一个新同志有一个[illegible]，[illegible]上面[illegible]。[illegible]

这一把新嫂子，这是妇抗会做的，真是好不热闹。第一批参军的已经有一百卅八个，二区现在先将这批新战士编成立新兵大队第一连。

士绅发誓帮助抗属

（二区）四号晚上文化馆开大会，新战士上台叫青年们参军去，民兵当场报名的共有卅四名。[illegible]士绅代表大叫：“那个参军去，我们[illegible]家生活没得困难，[illegible]和各界代表一齐[illegible]抗属[illegible]一二[illegible]用人格担保。”

蔡庄乡大队长 基干队长参军

（三区）蔡庄乡民兵大队长和基干队长×××、×××自己自动到区去报了名，现在蔡庄乡已经集体欢送他们两个参军，赶上部队。

本县新闻

青年学生自动参军

（宋中区）中学有两个学生自动报名参加区队工作。

（三区）蔡庄小学[illegible]

模范母亲叮咛：
哥哥在八路，你到新四军，
你们比赛，我家多光荣

[illegible]

开明地主送雇工参军

[illegible]

哥哥去参军 妹妹来送行

（曹中东区）新兵在参军动员会上，二个少年青年自动报名，决心参加抗日主力军去，自己报名，[illegible]以后要提[illegible]

丈夫当兵妻子送行
儿子当兵母亲乐意

（四区）[illegible]妇抗会[illegible]丈夫当兵，同志送丈夫参军，在妇女中起了很好的作用。

我要翻身 跟你们走

（四区）[illegible]

追悼特刊 如皋大众

卅七·三·廿八·
第30期
本期四版

867

定舒蒋贼头血祭烈士
本县二千人开追悼大会
灵前一不灭蒋贼心不死
宣誓一不报党仇誓不休

祭文

輓联

启事

第二版　　如皋大众　　三月廿八日

胜利的大功 是烈士的血换来的

永不忘人民功臣 石庄区改何正区

十二烈士英名

纪念胡之同志

谢云

表表心意

——写在灵堂前面——

谷東

悼谢崇仁同志

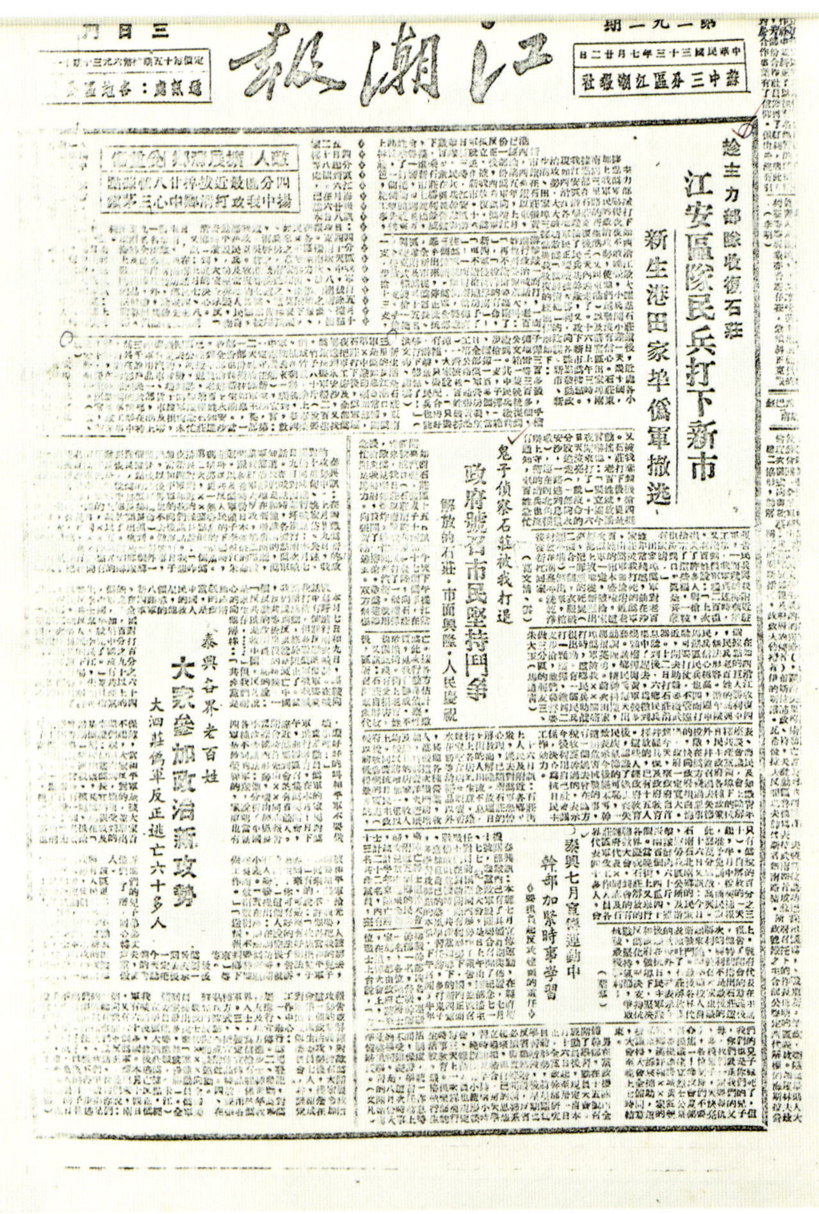

江潮報

第一九一期

中華民國三十三年七月廿二日

蘇中三分區江潮報社

三日刊

主力部隊收復石莊

江安區隊民兵打下新市

新生港田家华偽軍撤逃

鬼子偵察石莊被我打退

政府號召市民堅持鬥爭

解放的石莊，市面興隆，人民慶祝

泰興各界老百姓 大家參加政治攻勢

大泗莊偽軍反正逃亡六十多人

泰興七月宣傳運動中 幹部加緊時事學習

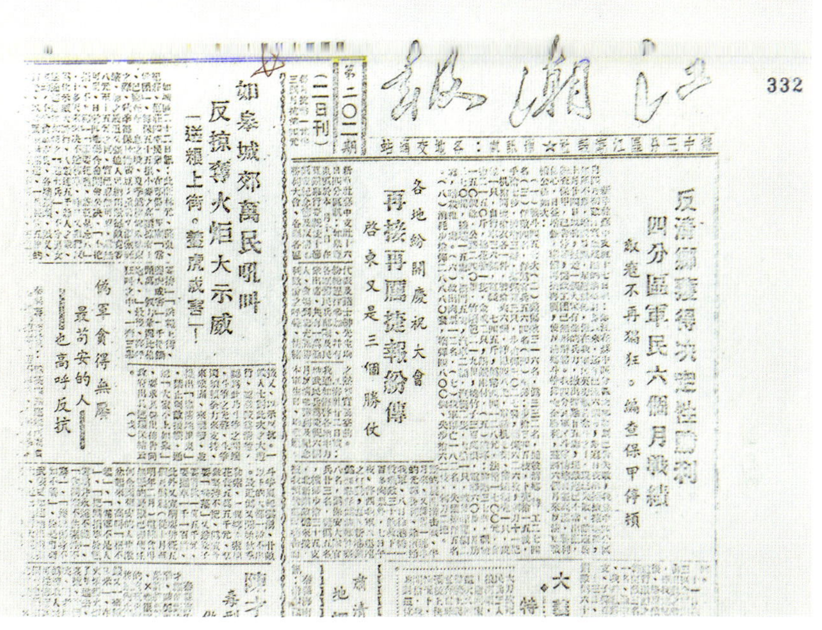

332

江潮报

第二〇二期

（二日刊）

反清乡获得决定性胜利

四分区军民六个月战绩

敌寇不再猖狂，编查保甲停顿

各地纷开庆祝大会

再接再厉捷报纷传

启东又是三个胜仗

如皋城郊万民吼叫

反掠夺火炬大示威

——送粮上街，猛虎成害！

伪军贪得无厌

最苟安的人也高呼反抗

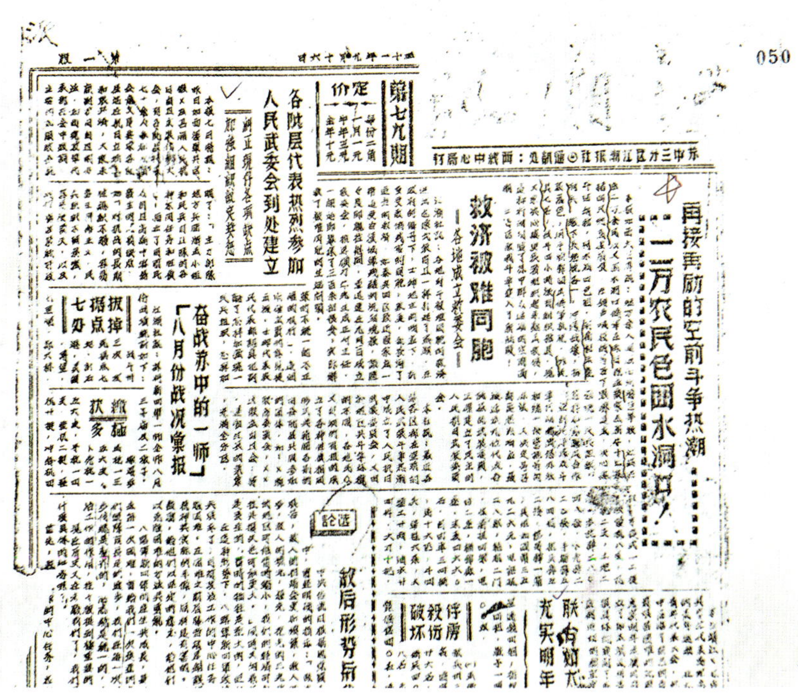

050

江潮报

第七九期

定价

再接再励的空前斗争热潮

一万农民包围水洞口！

救济被难同胞

——各地成立救委会

各阶层代表热烈参加

人民武委会到处建立

奋战苏中的一师

「八月份战况汇报」

拔掉据点七处

缴获甚多

论评

敌后形势

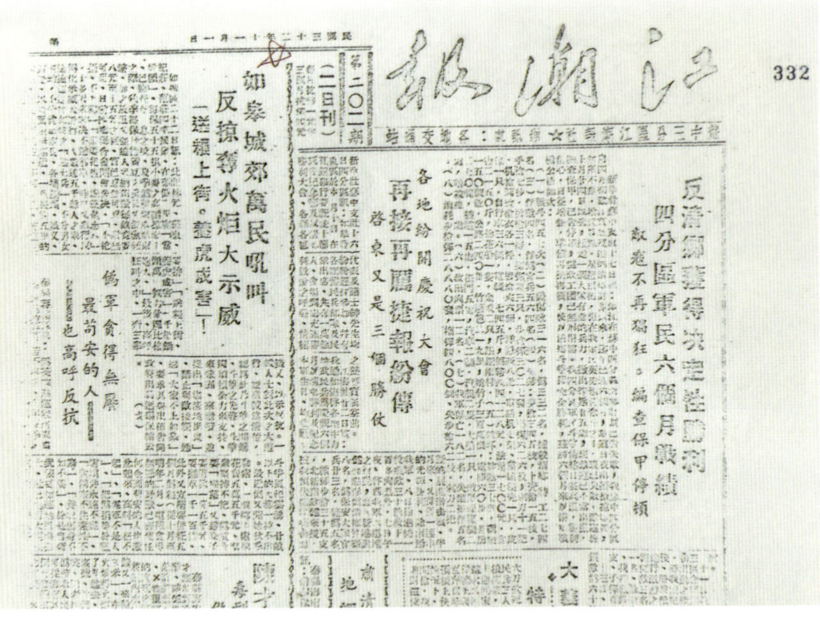
332

民国三十二年十一月一日

江潮报

第二〇二期（二日刊）

苏中三分区江潮报社

反清乡获得决定性胜利

四分区军民六个月战绩

敌寇不再猖狂 编查保甲停顿

各地纷开庆祝大会 再接再厉捷报纷传

洛东又是三个胜仗

如皋城郊万民吼叫 反掠夺火炬大示威

送粮上街 饿虎哉害

伪军贪得无厌

最前安的人也高呼反抗

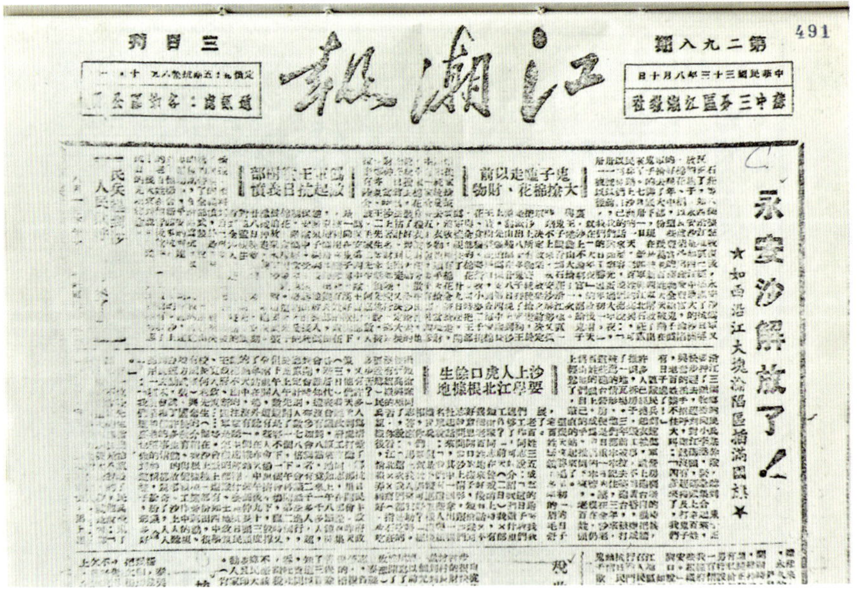
491

江潮报

第二九八期 三日刊

中华民国三十三年八月十日

苏中三分区江潮报社发行

永安沙解放了！

★如西沿江大块沦陷区插满国旗★

江海導報

中華民國三十五年一月九日

第三〇號

大漢奸孔瑞五、孟憲平
交付人民法庭公審

受害區人民從速伸冤報仇！

楊泰綫勝利影響下
蘇陳區人民抬頭
伸冤控訴頑僞保長

反動派血腥屠刀下
泰興城內外

红色传单

（抗日战争、解放战争时期）

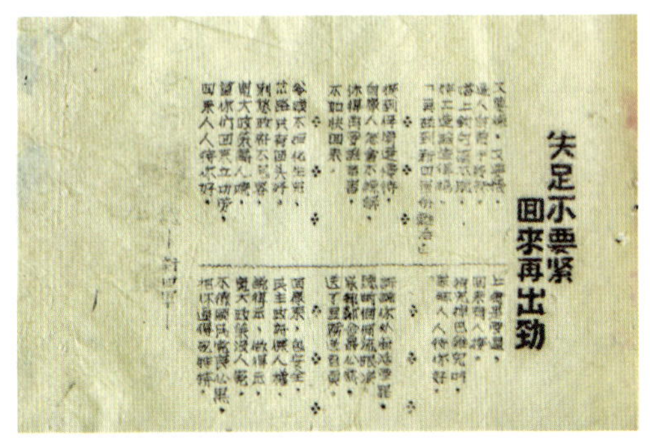

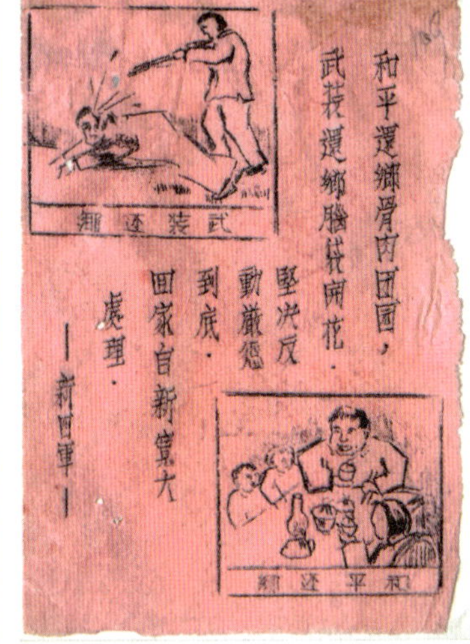

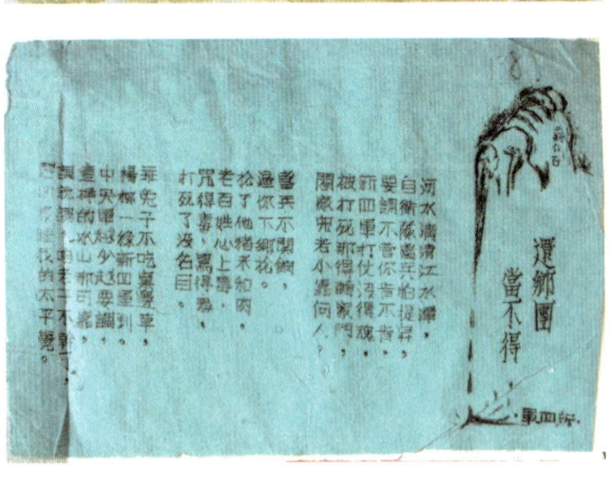

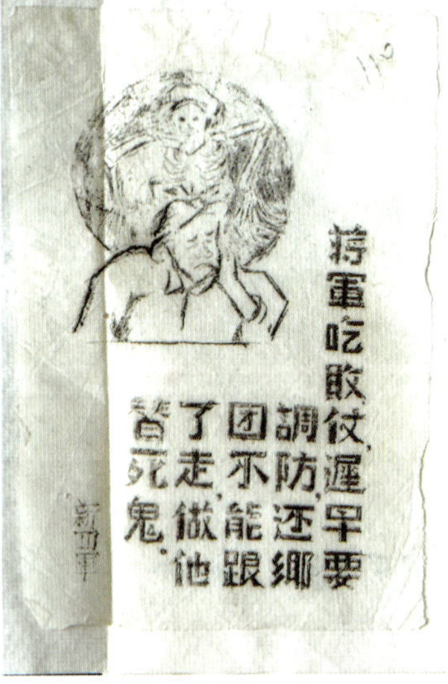

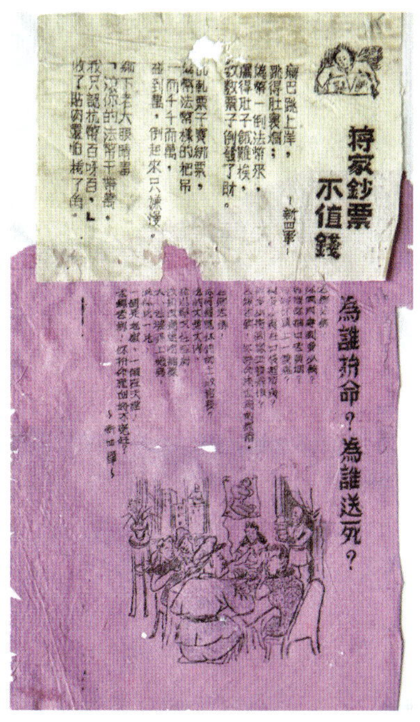
蔣家鈔票不值錢

—新四軍—

為誰拚命？為誰送死？

八年抗戰勝利了，
想說復員回家鄉，
可恨蔣賊想獨裁，
出賣國家打人民，
一年二年過去了，
天大本領也[illegible]，
[illegible]樣糊塗過下去，
何時能得見爹娘，

——新四軍——

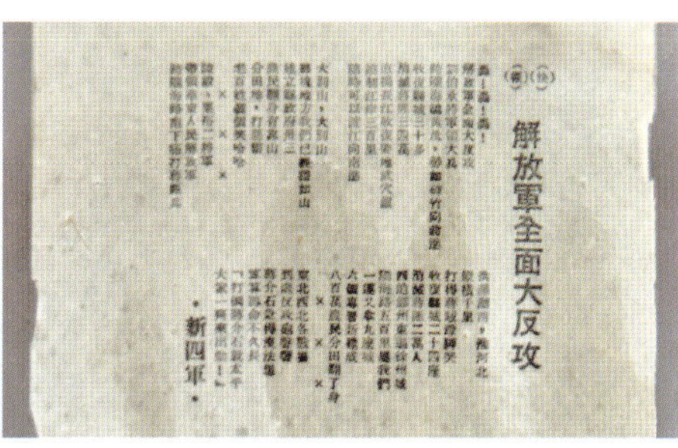
解放軍全面大反攻

新四軍

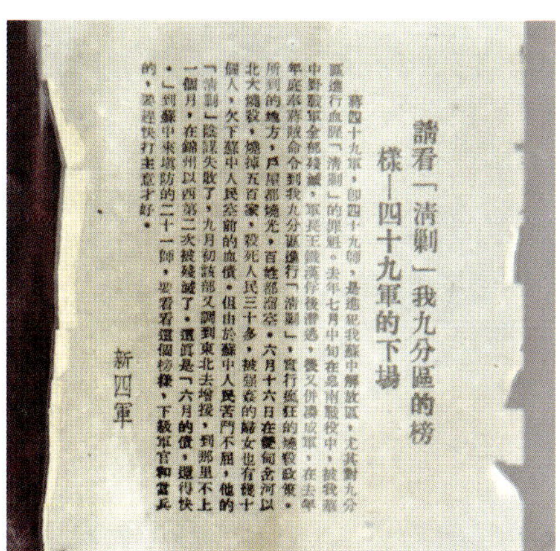
請看「清剿」我九分區的榜樣——四十九軍的下場

蔣四十九軍，即四十九師，是進犯我蘇中解放區，尤其對九分區進行血腥「清剿」的罪魁。去年七月中旬在皋南戰役中，被我蘇中野戰軍全部殲滅，軍長王鐵漢僥倖逃遁，後又併湊成軍，在去年底奉蔣賊命令到我九分區進行「清剿」，實行瘋狂的燒殺政策。所到的地方，房屋都燒光，百姓都逃空。六月十六日在雙甸金河以北大燒殺，燒掉五百家，殺死人民三十多，被強姦的婦女也有幾十個人，欠下蘇中人民空前的血債。但由於蘇中人民苦鬥不屈，他的「清剿」陰謀失敗了，九月初該部又調到東北去增援，到那里不上一個月，在錦州以西第二次被殲滅了。這真是「六月的債，還得快」。到蘇中來填防的二十一師，要看看這個榜樣，下級軍官和當兵的，要趕快打主意才好。

新四軍

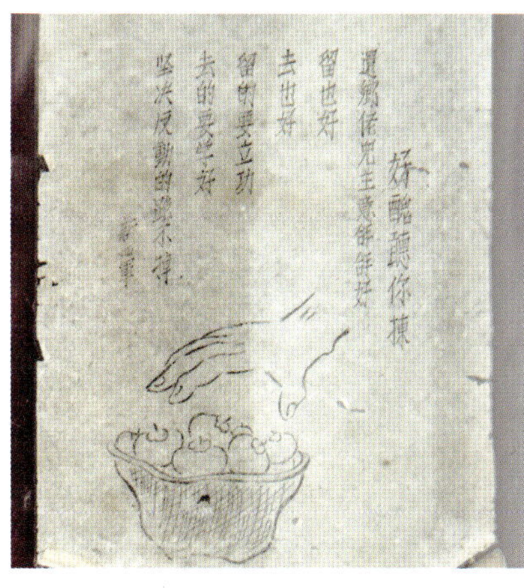
好醜聽你揀

還鄉隊兄主意[illegible]
留也好
去也好
留的要立功
去的要學好
堅決反動的饒不得

新四軍

莫道無人却有人
善惡到頭終有報
你做壞事害自身
懸岸勒馬
回頭是岸
回頭想想，一家五口，
你若送命，靠誰撫養，
不如繳槍、和平还鄉！
悔过自新，戴罪立功，
有田有屋，大家一樣！

蔣介石壽命不長遠

四條生路
第一、拖槍反正，受到優待。
第二、洗手不幹，遠走高飛。
第三、趕快回家，種田學好。
第四、帶罪立功，留條後路。
死路一條
反動到底
人民解放軍

红色地名

何正村

何正村位于石庄镇东北部。1948年3月28日，经苏北泰州行政专员公署批准，将石庄区改为何正区，以纪念何正烈士，1956年3月撤销。后设立何正村。2011年撤乡并镇时，何正村与空田村合并。该村东濒如皋港，西接思江村，南临石北居，北接铁篱村。全村辖27个村民小组，共计1050户3780人，耕地面积3450亩。村内建有何正桥。

何正村党群服务中心

村两委以"红色何正"为主题，重新规划并新建了800平方米的党群服务中心、3000平方米的红色文化广场和百姓大舞台，在潜移默化中凝聚积极向上的内生动力。在此基础上，打通与蒲黄线连接的主干道，以高标准农田项目建设为契机，流转土地1200余亩，盘活老小学等闲置资产，新建3500平方米厂房，引进名璐服装和泽田精纺两家企业，解决100余名群众家门口就业问题。工农业生产得到迅速发展，农民收入逐渐提高。先后荣获省级民主法治示范村、南通市五星级村（社区）党组织、如皋市乡风文明示范村等荣誉。

何正雕塑广场

党史教育长廊

村史馆一角

刘亮村

刘亮烈士

刘亮村位于东陈镇，以刘亮烈士命名。

该村东与如东县毗邻，北与海安县接壤，南有启扬高速，226省道和李平公路南北穿村而过。辖区内有25个村民组，耕地面积4436亩。

2000年以来，刘亮村对刘亮烈士陵园和纪念室进行了提档升级，以此为红色教育基地，开展革命传统教育。切实以乡村振兴为抓手，努力打造生态文明和宜居环境。围绕村公共服务中心，打造集党建文化、法治文化于一体的宣传文化阵地，不断增强村民素质、文明程度和守法意识。该村先后获得如皋市“最佳平安村（社区）”、如皋市新型集居区建设示范村创建先进集体、如皋市政务服务体系建设先进集体、如皋市文明村和江苏省民主法治示范村等荣誉。

刘亮村公共服务中心

刘亮桥(路)

刘杨村

据史料记载,1957年,原来的刘亮、万富、凌云、普渡乡被合并为一个大乡,由如皋县人民委员会命名为刘杨乡,以纪念刘亮、杨万富两位烈士。1958年改为刘杨公社,1964年更名为南凌公社,设刘杨村。

刘杨村党群服务中心

刘杨村位于东陈镇中北部,由原来的周庵、范庄、一新3个自然村合并而成。现有27个村民小组,户籍人口1299户4113人,总耕地面积5445亩,以种植水稻、小麦、蔬菜等农作物为主,兼有药材培育、家禽养殖。村内绿树成荫,房屋错落有致,联网公路南经凌云、杭桥、山河等村直通沈海高速入口,村级道路东连刘亮村直达启扬高速入口,西至东港河,北与海安市接壤,距S338仅8公里,道路四通八达,出行十分便利。近年来,全村流转土地面积3400亩,建成防渗渠面积达26.65亩,新建2座烘干中心,形成了10块机械化专业种植片区。完成村庄道路的优化改造、扩宽工程，形成“三横两纵”特色网格道路。村多次获得党建工作先进集体、农经管理先进集体、土地管理先进集体等荣誉。

杜瓜种植基地

赵明村

赵明村位于丁堰镇西南部。

据史料记载，1957年，顾家岱、邵仁巷、丁家窑等乡被合并为一个大乡，由如皋县人民委员会命名为赵明乡，以纪念革命烈士赵明。1959年改为赵明公社，1965年更名为丁西公社。1995年乡镇合并后，将原邵家村、丁窑村、观柳村、许岱村合并为赵明村。

赵明烈士

赵明，如城人，1926年出生，15岁时随父亲赵源（后任度军井区区委副书记，1947年2月4日于如城东门外壮烈牺牲，时年46岁）去如皋西乡卢港、搬经一带，以理发为掩护开展情报活动。1943年加入中国共产党，担任度军井区农抗会宣传干事。次年，担任区委宣传干事，并配合区武工队活动。1946年，赵明奉命来到河东地区，担任白蒲区委副书记。苏中战役结束后，我军主力北撤，国民党军队卷土重来，凭借军事上的暂时优势，对河东地区实行疯狂“清剿”，赵明和区委、区队同志一道积极投入反“清剿”斗争。1946年12月22日黎明，赵明和区长程志远所带区队在花园乡扬

赵明村党群服务中心

元头被敌人包围，激战中，程志远光荣牺牲，赵明身负重伤。1947年夏，如皋县委和县团决定派河东工委和河东营二次打进河东，迅速建立和扩大阵地。1948年5月，白马区分为白蒲区和马塘区，赵明任马塘区委书记。10月12下午，国民党丁堰区自卫队80余人至马塘边境“清剿”，赵明组织马塘区队联合白蒲区队前往阻击，在追击中与敌正规军一个连相遇。赵明手提盒子枪，冲在最前面，不幸中弹牺牲，年仅22岁。新中国成立后，人民政府在赵明牺牲处修建烈士墓。

赵明村与白蒲镇、高新区接壤。东临通杨运河，丁平线、宁启铁路穿村而过，距沈海高速路口5分钟行程，区位条件优越。该村现有49个村民小组，农户1577户5960人。该村因地制宜，精准发力，持续在产业发展上下功夫，带动村民发展桃树种植。通过加快高标准农田建设、推进土地流转，培育新型农业经营主体，逐步形成了以生产优质大米为主体，苗木生产、时鲜果蔬、乡村旅游齐头并进的共同发展多元化产业格局。

高效设施农业基地

休闲生态园区

蔡炎村

据史料记载，1948年3月28日，经苏北泰州行政专员公署批准，将大腰乡改为蔡炎乡，以纪念在杨家岱战斗中牺牲的如皋县财经局局长蔡炎烈士。1958年公社化时，蔡炎、海圩、铁草、邹蔡、康庄、大腰六个乡合并为蔡炎公社。1964年根据江苏省人民委员会的有关规定，更名为高井公社，1983年改为高井乡，2000年4月并入常青镇，设蔡炎村，现属石庄镇。

蔡炎烈士

蔡炎亦名蔡焰，原名蔡贤宝、蔡寅海。1918年9月11日出生于上海，祖籍浙江省宁波市鄞县潘火乡童王村。小学毕业后，进入上海五和纺织厂当学徒工。1940年进入夜校读书后，得到中共上海地下组织的培养，1942年加入中国共产党。1942年冬，党组织派蔡炎到新四军中，在苏中军区供给部财会科工作。1943年3月，任苏中第三行政区专员公署财经处票照室主任。为战胜敌人的经济封锁，蔡炎运用税收杠杆进行调剂。

1945年冬，蔡炎来到第一次解放后的如皋城，在华中银行一分行工作，年底任一分行如东县办事处主任，并筹建如东县银行。1946年7月

蔡炎村党群服务中心

初，蔡炎调回如皋，任华中银行一分行如皋县办事处主任。7月18日皋南战斗胜利后，我华中野战军主动撤出如城。蔡炎率领办事处同志撤至李堡、角斜一带，经过整编精简，留下30多人，复返江安、西来等狭小地区，负责南线的如皋、泰兴、泰县、靖江四县财经工作。当时处境异常危险，蔡炎常把大批黄金藏在棉衣、马夹、腰带里随身携带，与敌周旋。同年12月，任如皋县财经局局长。

1947年1月19日，驻西来镇的国民党军到江安区龚家腰庄抢劫我方秋征的公粮。蔡炎随如皋县警卫团到唐家埠伏击，打退敌人后，掩护民工将这批公粮安全转移。20日凌晨，石庄据点的敌人下乡沿途抢劫，蔡炎随部队设下伏击圈，打退敌人，夺回了大批被抢物资。蔡炎立即召集当地群众认领，随后转移到横家埭。不料，在吴庄桥附近与国民党军遭遇，突围时中弹牺牲，时年29岁。

蔡炎村位于如皋市石庄镇西北部，现有25个村民小组，农户1064户4019人，总面积5260亩。近年来，蔡炎村加大土地流转，发展规模种养一体化农业。全村共有小型私营企业12家，以“公司+农户”的模式发展家禽养殖业；建立家庭农场，种植水稻、小麦、大豆及经济作物黑塌菜和白萝卜，发展花木生产，增加村民收入，壮大集体经济。村经济总量稳步增长，群众生活水平逐步提升，村容村貌得到很大改善，先后获得江苏省卫生村、如皋市文明村、石庄镇先进基层组织等荣誉称号。

黑塌菜种植基地

白萝卜种植基地

志勇村

志勇村位于城北街道，以徐芝勇烈士命名。

志勇村党群服务中心

徐芝勇，曾用名徐金，1922年2月2日出生于如皋(现如东)县河口乡一个贫苦农民家庭。1942年参加革命，在如皋(现如东)县警卫团先后任战士、班长、排长，后由党组织安排从事我党地下工作。1946年7月，徐芝勇奉命参加苏北土改工作队，在柴湾乡工作。8月8日下午1时许，敌人发现了徐芝勇的踪迹。在匪铁叉队首领金显道的带领下，敌人手持铁叉鸣锣追捕徐芝勇，追出500多米后，徐芝勇因寡不敌众加之道路不熟，不幸被捕。铁叉队员伙同我方变节人员将徐芝勇送到原柴湾乡西钱庄村总据点，施刑5天后，徐芝勇被转送到如皋城关押。在被关押的10多个月中，徐芝勇虽受尽酷刑，但始终坚贞不屈，充分表现出一个共产党员的钢铁意志。1947年7月，徐芝勇被敌人以活埋的方式杀害于如皋城，烈士忠骨至今未找到。徐芝勇牺牲后，当地政府把他工作过的村庄命名为志勇村，以纪念徐芝勇烈士。

志勇村位于城北街道北部，北依海安城东开发区六环大道，西接海安城东开发区油坊头工业园区(204国道扬启高速出口)，

村口标志

水产基地一角

花木基地一角

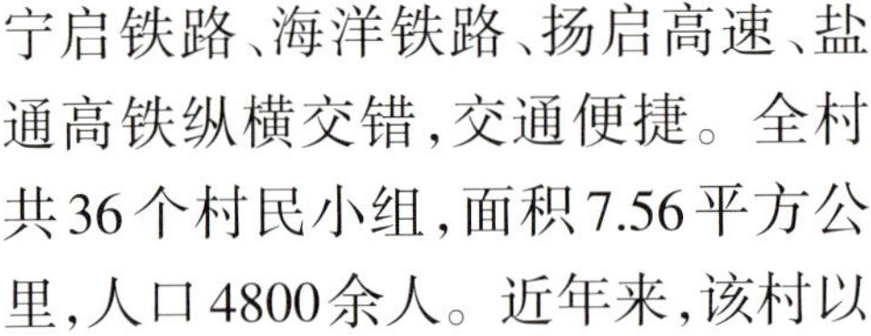
宁启铁路、海洋铁路、扬启高速、盐通高铁纵横交错，交通便捷。全村共36个村民小组，面积7.56平方公里，人口4800余人。近年来，该村以抓发展、促振兴为主线，加大土地流转力度，招引设施农业项目，成立合作社，拓展产业链，形成花木生产、蚕桑生产、水产养殖、全托管种植为一体的农业生产发展模式，彰显出“绿色宜居、生态志勇”的美丽乡村魅力。该村先后获得如皋市文明村、村级集体收入先进集体、平安社区以及南通市绿化生态示范村、江苏省卫生村、江苏省民主法治示范村等荣誉。该村还有以许映太烈士命名的太安桥、映太河。

太安(映太)桥

映太河

邦瑾村

据《如皋县地名录》记载，原柴湾公社曾设有邦瑾村，为十八大队，以叶邦瑾烈士命名，现属城北街道柴湾社区。

叶邦瑾，1925年7月8日出生于如皋县掘港（今属如东县）一个知识分子家庭。1938年秋小学毕业后，考入掘港中学。中学时代，叶邦瑾阅读了不少进步书籍，接受了革命启蒙教育。1940年10月，新四军到达掘港，叶邦瑾常跟新四军民运工作队的同志接触，思想进步很快。年底，15岁的叶邦瑾光荣加入中国共产党。1941年春，如皋县党政机关从掘港镇转移到农村，叶邦瑾辍学，化名叶达到丰利山市乡参加民运工作，后化名李翠英，转到丰西区担任区委委员。

叶邦瑾烈士

1943年4月，日伪军对我苏中四分区进行残酷的“清乡”，叶邦瑾同广大军民一道投入反“清乡”斗争，屡次破拆敌人封锁线上的竹篱笆，她所带领的破拆小组荣获模范中心组称号，她本人也获得模范组长的荣誉。1943年夏，她以区委委员的身份领导丰东区一个交通站，接着担任丰东区与双岔北区的中心交通站站长。1944年春，叶邦瑾调至城东区任交通站站长，化名胡明俊，代号“三姑娘”。

1944年夏，叶邦瑾调任如皋交通支站副站长，领导串场河两侧交通站的工作，经常来往于掘港、马塘等区的交通站，护送文件和来往人员，受到中共如皋县委的表扬。抗战胜利后，组织上决定调她到新华社华中一分社当战地记者。

1946年年初，叶邦瑾赴华中一地委党校学习，5月，华中一地委决定组织土改工作团，叶邦瑾任地委土改工作团如皋柴湾组组长，兼任柴湾区委委员。6月，国民党军队向解放区发动全面进攻，紫湾复兴乡三联村的反动势力极为猖狂，土改工作受阻。叶邦瑾与胡义昌、扬忠志组成3人“西挺组”到三联村坚持斗争，叶邦瑾任组长。8月9日傍晚，叶邦瑾和胡义昌在翻身组长杨玉琴家里开群众会，由于坏人告密，被敌自卫队包围。叶邦瑾在通知工作队员老赵转移时不幸被捕。敌人把叶邦瑾押到如皋城，国民党军头目见她是个年轻姑娘，便对她采取软化的办法，给她送来美味佳肴，被她摔了；对她劝降，被她打了一记耳光。敌人对她施以种种酷刑，鞭抽吊打、灌肚肺、坐老虎凳、用烧红的铁丝戳她的乳房，妄图逼叶邦瑾供出党的秘密。敌人以死威胁，叶邦瑾说：“剐杀由你，决不投降！”“我们共产党人多着呢，你们是抓不完、杀不尽的！”8月17日下午，叶邦瑾被押赴如皋城东门刑场。临刑前，她高呼：“共产党万岁!自卫战争一定要胜利!”灭绝人性的刽子手将她枪杀，并割乳剖心，残忍至极。叶邦瑾牺牲时，年仅21岁。

噩耗传出后，新华社延安总社、华中一分社，《新华日报》，《江海导报》及《工作者》等纷纷发出消息，表示悼念。为纪念叶邦瑾，人民公社时的柴湾工区改名为邦瑾工区，三联村改为邦瑾村，同时，将村内一条路定名为邦瑾路。1958年，如皋县民兵师文工团创作歌剧《叶邦瑾》，先后在南通、如皋等地上演数百场，观众达十万余人。

邦瑾路（位于城北街道柴湾社区）

万富社区

万富社区位于东陈镇,以杨万富烈士命名。

杨万富,1919年2月23日生,如东兵房乡双港人。于1941年10月初中毕业后参加革命,任如皋县警卫团管理排长,1942年1月加入中国共产党。11月由部队转入地方,任城东区第四联防队队长。

万富社区党群服务中心

1943年5月的一天,他带领联防队员夜宿砖桥口(现南凌乡北部),当地坐探卢玉昆得知后即向驻丁家所的伪军报告,丁家所伪军即与柴湾、西场据点联系,调集300多人分数路向他们包围。面对来势汹汹的敌人,杨万富沉着应战,击退敌人数次进攻,在撤退时不幸中弹牺牲。为纪念杨万富烈士,后将杨万富牺牲的乡命名为万富乡,并设万富小学(后撤并)。1957年与刘亮等乡合并为刘杨乡,1958年改为刘杨公社,1964年更名为南凌公社。2007年,万鱼村与万福村合并设万富社区。

万富社区位于东陈镇西北部,东邻东港河,西邻如场河,南邻南凌河，北邻海安市。原如李公路、301县道穿村而过，沈海高速、启扬高速在社区内交会。社区现有35个村民组，辖区总面积10400亩，总住户1748户，总人口6327人，耕地面积6879亩，水面（鱼塘）300亩。社区农产品资源丰富，农副产业特色鲜明，建有苏北地区最大的肉鸭养殖基地和千亩淡水养殖示范园。依托禽业、獭兔、稻米、果蔬、渔业五大专业合作组织，60%以上的农户融入合作社的生产经营之中，奠定了农户持续增收的坚实基础。社区工业经济增势强劲，2007年起规划建设的300亩民营工业小区，先后有近20家企业落户，形成电子元器件加工、现代纺织服饰、新型复合材料生产为主导的产业集群，使一大批百姓“足不出村”实现就业创业。

现代化水产养殖基地

万富小学纪念英烈场景

新民社区

新民社区位于如城街道东北隅,南起如泰运河,北邻方庄村、凌青村,东接东陈镇,西至如皋经济开发区。

1946年,我党在这里建立民主政府,为表达百姓与新四军的深厚情谊,设立新民乡。1958年公社化时,将当时的仙鹤、王港、普渡、万寿、宗港、大兴、新民、平民、解放乡及坝桥、普济、宏济镇的一部分合并为新民公社,公社驻地洪庄。撤乡并镇时,新民乡划归如城街道。2001年4月,原新民村与十里铺村、挺进村合并为新民社区,辖区内有24个村民小组。

新民社区党群服务中心

近年来,社区积极打造"一村一品",努力构建"合力微治"乡村治理工作机制,经济建设和社区管理取得显著成效,开发1200亩莲藕种植基地,居民安全感、幸福感、归属感持续增强。先后获得江苏省民主法治示范社区、江苏省卫生村、如皋市文明社区等20多项荣誉。

莲藕种植区鸟瞰

莲藕种植基地一隅

胜利社区

胜利社区位于江安镇。

1930年，中国工农红军第十四军在如皋西乡贲家巷建军，建立革命根据地，发动群众开展游击斗争，对敌斗争取得节节胜利。新中国成立后，将红十四军建军地命名为胜利乡。1958年公社化时，将胜利、西黄、燕桥3个乡及戈堡乡一部分合并为胜利公社。2001年，胜利乡合并到原高明镇，并将东燕、刘堡、苍燕、小燕4个自然村合并成胜利社区。

胜利工业园

胜利社区为原胜利乡老集镇所在地，占地面积6.4平方公里，下辖37个村民小组。2010年以来，社区借助高效设施农业发展优势，全力推进高效农业园区、农业综合旅游休闲中心区、桑蚕养殖区、胜利工业区、居民集中居住区、生活居住区、村庄服务区、集镇商业区建设，社区发展迈上新台阶。社区先后获得江苏省生态文明示范社区、江苏省三星级康居示范村、江苏省乡村振兴产业兴旺“十佳”社区等众多荣誉。

胜利社区党群服务中心

名贵苗木园

骏发乡

据中共如皋地方史记载，1944年9月，中共如皋县委决定，将施夹乡改为骏发乡，以纪念周骏发烈士。1959年，改为骏发公社。1965年，更名为丁北公社，1986年撤乡建丁北镇，2000年4月并入东陈镇。

周骏发，原名周景发。1923年生，如东苴镇人。家庭出身贫寒，父亲早逝，母亲带着他们兄妹三人艰难度日。哥哥是新四军老一团战士，1943年在如东耙齿凌战斗中牺牲。周骏发怀着为穷苦人求解放、为兄长报仇的决心，毅然参加革命，并成为一名光荣的共产党员。不久，调任如皋（东）县城东区游击连一排排长。周骏发到游击连后，在连长张贵喜的带领下，多次伏击从东陈下乡"扫荡"的日伪军。当时，游击连成立时间不长，武器装备很差，周骏发下决心要在战斗中多缴枪武装自己。

1944年9月6日傍晚，周骏发探知驻东陈伪军调防丁堰，决定在东陈南边的双车篷打伏击。当时，玉米刚收获不久，田边高地上都搭着玉米秆棚。周骏发指挥战士埋伏于玉米秆棚中待命，自己伏在长满扁豆藤的水沟中监视敌军的动向。次日上午9点多钟，敌军露头了，但情况有变，不是调防的伪军，而是1个中队的日军。一部分日军由骑大马的军官率领在河岸上行军，一部分日军乘汽艇在河中前行。当日军进入伏击圈时，周骏发举枪把骑马的日本军官打下马。战士们听到枪响，掀开玉米秆棚冲出，与日军展开肉搏。一班长薛如松追上一个扛机枪的日本兵，抓住机枪杆子与日本兵扭打起来。周骏发见此情形，一个箭步冲上去，用脚踩住日本兵的喉咙，薛如松乘机把机枪夺了过来。不料，另一边冲过来一个日本兵，刺中周骏发的腹部。这时，汽艇上的日军登岸反扑过来。形势危急，周骏发已不能行走，他让战士们给他留下几颗手榴弹，由他掩护大家撤退。战士们见周骏发捂着腹部的左手指缝鲜血直涌，便不顾他反对，把他从火线上抢救下来。周骏发因流血过多处于半昏迷状态，他要求看一看新缴获的机枪。机枪拿来了，周骏发双手抚摸着枪杆，微笑着永远闭上了眼睛，年仅21岁。

位于丁北卫生院前的骏发路

品端乡

据史料记载，中共如皋(东)县委为了纪念冒品端烈士，曾将冒品端烈士的出生地雪岸乡(现属东陈镇)命名为品端乡。

冒品端，1925年2月出生，1939年秋考进设在马塘许家楼的邱陞中学。1940年3月，加入该校由中共地下党支部领导的外围组织“青年抗日协会”，积极参加抗日进步活动。由于他进步快，表现突出，15岁就被吸收为中国共产党党员。

1942年夏，冒品端参加如皋县抗日民主政府组织的夏令营，接着参加县文工队，在根据地巡回演出，宣传抗日。年底，他被组织上派到丁东区工作，先后担任中共丁东区委秘书、宣传科科长、组织科科长、社会科科长、保卫科科长、区公所公安股长兼联防队指导员。

1943年秋的一个夜晚，冒品端组织了2000多名农民，在丁所据点附近进行火炬游行示威，并派武工队、联防队带领伪自卫团兵丁的家属，到据点外围喊话。丁所的敌人面对鼎沸的人声、冲天的火光，龟缩在据点里不敢出动。

1944年冬天，苏中四分区特务团1个营到丁东区，决定在雪岸镇北边打一次伏击。冒品端带武工队和联防队到丁所诱敌上钩，300多名敌人倾巢出动，冒品端率队边打边退，将敌人引入伏击圈。这一仗打死打伤敌人20多名，缴获步枪19支，我军无一伤亡。

1945年3月底，冒品端带领基干队捕捉了11名伪保长，审讯后准备召开公审大会。3月31日他们押着这些伪保长，从雪岸镇北边转移到陆家小桥范广和磨坊宿营。深夜，因奸人范用理告密，被丁所伪军包围。冒品端命令大家突围，当冲到河西的一片坟地时，队员都被冲散了，敌人向他围拢上来，他用手枪射击，连打几次都是瞎火，知道难以脱身，就把手枪零件拆下扔掉，徒手与敌人格斗，终因寡不敌众，不幸被俘。

冒品端被带到丁所据点，敌人逼他交代组织机密。他任凭敌人怎样折磨，始终咬紧牙关一言不发。冒品端在丁所被关押了6天，又被转到海安镇伪26师特务营，遭受灭绝人性的灌肚肺、坐老虎凳、火针刺手指、铁丝穿手心等种种酷刑。冒品端正气凛然，痛斥敌人的滔天罪行。敌人见酷刑不能使冒品端屈服，就改用金钱、美女引诱，冒品端更不屑一顾。4月24日早晨，敌人在海安镇东的凤山挖好一个坑，坑内灌水打成泥浆，把冒品端推至坑边，再次逼他投降。冒品端怒视敌人，一言不发，自己跳入泥浆中，牺牲时年仅20岁。

邓白乡

据史料记载，1948年3月28日，经苏北泰州行政专员公署批准，将江安区周庄乡改为邓白乡，以纪念邓白烈士。1959年改为邓白公社，1964年根据江苏省人民委员会的有关规定，更名为江安公社，现属江安镇。

邓白，原名邓修相，字树藩，阜宁县施庄乡田舍村人。1921年6月11日生，1926年入私塾，1934年秋进阜宁县城读小学、初中，1938年秋入盐城中学读高中。1939年因日军侵扰，学校解散，遂入兴化国民党江苏省战地实验中学学习。由于他品学兼优，追求救国救民的真理，深得师生推崇，不久被校内中共地下组织吸收入党，成为骨干力量。

邓白烈士

1940年秋，新四军与八路军在苏北会师，开辟了盐阜地区。邓白受党的指示，动员进步同学奔赴盐城抗大五分校学习。1941年秋毕业后，分配至苏中三分区税务管理局第二总局任宣家堡分局主任。

1943年春，邓白调任泰县财经局副局长，在区、乡游击队配合下，带领财税干部挺进边区征粮征税，开辟财源，保障军需民食。他还编写了宣传提纲，对鼓舞人民斗志、揭露敌人阴谋、宣传我党政策、起了很大作用。

1944年4月，邓白接任泰县财经局局长，他会同敌工部门动员商人来解放区做生意，鼓励解放区的商人出境经商，组织各种生产和消费合作社，亲自在雅周庄办起公私合营的惠民公司，帮助雅周区成立了区合作联社，促使解放区市场活跃，欣欣向荣。

1945年4月,邓白任靖江县财经局局长。1946年初夏,县委派他到靖东区领导土改。这时国民党反动派撕毁《停战协定》,发动全面内战,“还乡团”乘机到处肆虐。在严峻的形势下,邓白日夜奔忙,组织翻身农民拿起枪来保田保家,率领武工队深入柏木桥、新港等据点周围发动群众,打击反动分子,胜利完成土改任务,并培养了一批骨干力量,为后来的坚持斗争打下了深厚的基础。

1946年10月,邓白调任如皋县财经局局长。这时靖江、如皋、泰兴、泰县一带白色恐怖严重,斗争更为残酷。11月初,邓白在江安区召开县、区两级财经干部会议,动员部分人员北撤,以保存革命力量,同时选留部分干部同他一起坚持南线斗争。他对留下坚持斗争的同志提出:“要做一个金刚钻,经得起烈火的考验,切切不可做牛屎巴巴,火一烧一堆灰。”11月6日晚间,邓白与随行人员路过江安区周丁乡老埠村,在农民孙荣庆家休息时被民兵误伤,不幸牺牲,年仅26岁。

毕云乡

据史料记载，1948年3月28日，经苏北泰州行政专员公署批准，将卢港区横埭乡改为毕云乡，以纪念毕云烈士。1958年公社化时，毕云、袁庄、薄湾、土山、大洋5个乡合并建立毕云公社。1965年9月，更名为常青公社，1983年1月撤社建常青乡。2000年4月，高井、常青两乡合并，建立常青镇，后并入搬经镇。

毕云，1919年生，如东县沿南乡前康庄人。身材魁梧，和蔼可亲。1940年加入中国共产党，历任乡指导员、区队副、武工队指导员、如皋县团一营教导员兼三连指导员等职。1946秋，在一次伏击国民党军队的战斗中，他奋勇杀敌，获一分区司令部嘉奖。11月18日凌晨，国民党军队分四路奔袭石庄区杨家埭，为掩护我军领导机关转移，他率领三连战士与敌激战直至下午，完成了任务。突围时，他不幸身负重伤，又无弹药补给，心知必死，遂率领最后5位勇士，破坏枪支，与敌肉搏至最后一刻，全部壮烈牺牲。毕云牺牲时年仅27岁。

仁静乡

据史料记载，1948年3月28日，如皋县人民政府决定将陈卢乡改为仁静乡，以纪念朱仁静烈士。1958年公社化时，仁静、高田、郝李、大兴、陈园5乡以及沈朗、徐石、大洋3乡的一部分组成仁静公社。1964年，根据江苏省有关规定，更名为场南公社，1983年改为场南乡，2000年4月并入磨头镇。

朱仁静，1921年7月25日出生于场南乡谢家庄。1939年小学毕业。1941年参加乡农抗会工作。1942年加入共产党，任乡支部书记兼农抗会会长。同年下半年任度军井区农抗会会长，负责领导全区的减租减息斗争。

朱仁静烈士

1943年，朱仁静任区农抗会主任期间，全区开展“二五”减租斗争，区委妇女干部魏淑珍分在沈家庄工作。这个庄的贫下中农少，富农占二成，地主占三成，魏淑珍在那里发动群众斗地主难度较大，打不开局面。区委决定增派朱仁静和张庆余组成3人小组，由朱仁静任组长。朱仁静和几个同志分别到申家辋一带找沈步云家的佃户，把他们组织起来作为骨干，与沈家庄的贫下中农一起召开斗争大会，沈步云才服从民主政府的政策。自此，全乡的“二五”减租运动全面推开。

1945年9月，朱仁静带领民兵参加了解放如城的战斗。随后，参加县委组织的惩奸工作队和土改工作队，进驻大明乡王家巷工作。1946年7月，苏中战役打响，朱仁静亲自带领担架队参加支前。苏中战役胜利后，部分地方干部随军北辙，朱仁静留在原地坚持工作，调任度军井区区委副书记，9月任书记。这时，反动派到处大肆“清剿”，形势严峻。朱仁静和区队战士经常露宿在青纱帐里，有时一连几天吃不到饭、睡不成觉。朱仁静有一个同父异母的哥哥迫于敌人威势，出面劝说朱仁静自首，并保证他安全。朱仁静拔枪警告：“不准你谈自首！”吓得他哥哥连说：“以后不管你的事。”

10月中旬的一天夜里，朱仁静回家看望出生不久的女儿，他妻子担心形势太紧张，劝他在家暂避几天。朱仁静深情地俯下身子，亲了亲睡在床上的女儿，抬起身子，对妻子和家中人说：“你们不要怕，别看反动派、自卫队凶得很，其实蹦不了几天，不跟他们斗争，乡亲们更要遭殃，我们的部队马上会打回来的。”当夜，他换了衣服，又摸黑赶回了区队驻地。11月19日黎明，朱仁静和大明乡指导员陆有平在菖蒲庵被“还乡团”包围，激战中陆有平中弹牺牲。朱仁静举枪击倒数名敌人，打光了最后一颗子弹。40多个敌人蜂拥而上，企图抓活的。朱仁静一跃而起，抱住一个敌人拼命撕杀。敌人恼羞成怒，扭断了他的臂膀，在他的胸部、颈部连戳19刀，最后割下头颅悬挂在磨头大桥上。

如皋县人民政府曾在烈士的家乡命名了仁静乡、仁静村（后撤并），现有仁静河、仁静桥等，提醒后人永远铭记烈士。

仁静桥、仁静河（位于磨头镇老户村）

胡之乡

据史料记载，1948年3月28日，如皋县人民政府将度军井区大洋乡改名为胡之乡，以纪念胡之烈士，1958年公社化时，将胡之、大洋、大石、唐湾、石塘5个乡以及土山、陈园、章王乡的部分，组成胡之公社。1964年，根据江苏省有关规定，更名为场北公社，1983年改为场北乡，2001年9月并入磨头镇。

胡之烈士

胡之亦名胡芝，原名顾培华，南通县川港镇川北村人。1920年10月出生于一个农民家庭，先后在私塾、川港小学、海门中学读书。在老师的指导下，他阅读了不少进步书刊，懂得了许多革命道理。1939年年初，由中共党员控制的抗战支队第二政治工作队到达海门江家镇和海复镇一带，开展抗日宣传活动。胡之与政工队密切联系，并表达寻找共产党、寻求革命真理的愿望。在抗支第二政工队的鼓励和指引下，胡之和其他要求进步的同学积极投入抗日救亡活动，创办壁报，上街演讲，组织社会募捐，支援前线抗日。

1939年12月9日，胡之等7名同学被国民党地方当局以通共、赤化宣传的罪名逮捕。经过学生的坚决斗争，校方被迫将被捕的学生保释。

1940年3月，胡之离开学校，参加新四军挺进纵队，任文化教员，很快，又调挺进纵队政治部敌工科工作。1940年5月，胡之加入中国共产党。

1946年春，胡之调华中一地委任秘书。8月，华中野战军在苏中取得了著名的“七战七捷”,旋即实行战略转移。华中一地委决定让胡之留下来坚持原地斗争,他的新婚妻子随机关行动。9月的 天傍晚,地委机关撤离时,胡之对妻子说：“离别,对我们来说,也是个严峻的考验。共产党员要经得起生死斗争的锻炼,要随时作好牺牲的准备。”地委机关撤离后,胡之调如皋县任县委委员、联络部部长。当时形势严峻,许多联络关系和线索被破坏或中断。胡之冒着生命危险,克服重重困难,建立起新的联络点,确保上下联络畅通。不久,胡之兼任度军井区区委书记。该区地处磨头、吴窑、如城等几个大据点之间,又在如新、如黄两条公路封锁线内,在这狭小的三角地带活动,随时都有危险。胡之集中区委、区队的同志,研究对敌斗争的策略,鼓励他们树立信心,坚持原地斗争。局面初步打开后,胡之组织区乡干部和民兵武装,到如新、如黄公路割电线、破公路,动员群众进行反扒田、反倒租斗争,很快稳定了群众情绪。

1947年春节前后,区乡干部和民兵武装在敌人的“搜剿”下被迫撤出。胡之按照县委指示,重新组织精干的武装小组,于2月4日夜晚插到度军井区北部的陆窑乡扇眼庄。他们刚进庄,就被坏人告密,第二天拂晓被包围。胡之带领武装小组的同志面对十倍于己的敌人,从拂晓一直战斗到下午,胡之等人负伤,因子弹和手榴弹全部用光,小组的同志全部壮烈牺牲。

子厚乡

据1983年1月出版的《如皋县地名录》记载，解放初，城西区由戴庄、周庄、鹿门、子厚、庆余、邓园、何庄等23个乡合并而成。1956年，子厚乡由子厚、民实、蒲东等6个乡合并，以纪念王子厚烈士。1958年公社化时，定名为子厚公社。1964年，根据江苏省人民委员会第150号文件中"不用烈士名字作为地名"的规定，更名为袁桥公社。1990年1月袁桥撤乡建镇，2000年4月袁桥镇与何庄乡合并为袁桥镇，后撤并至城北街道。

王子厚，如皋西乡十里墩人，1920年11月20日生。王子厚从小聪明伶俐，16岁时便在本庄设馆，作私塾先生。新四军东进后，抗日民主政府号召改良私塾，他积极拥护，废四书改教国语，还办起了夜校，教识字，讲故事，传播革命思想。

王子厚烈士

1942年，王子厚被调到戴庄乡政府，负责起草、缮写文件。后调城西区任宣教股股长，并加入中国共产党。次年，改任区委组织科科长。

1944年下半年，伪独立十九旅旅长孔瑞五从古溪调防如皋后，疯狂地向城西区推进伪化，杀人放火，奸淫掳掠，致使民不聊生。王子厚奉命领导西片联防队痛击敌人，带领区游击队、乡联防队伏击，把反伪化的前沿阵地从离城5公里外的邵庄、阚庄、范庄、袁桥一带推进到城周围的邓园、鹿门、周庄一带，迫使敌人龟缩于据点，不敢轻易出动。

1945年春，王子厚任城西区委副书记，负责开辟邓园、鹿门两个新乡。为了打开局面，王子厚到西部几个乡组织千名群众前来支援，进行说理斗争，迫使刘世荣打开仓门，将粮食分给农民。

1945年9月，在解放如城战斗中，王子厚奉命负责后勤工作。他日夜布置运粮草，组织担架队，保证粮草源源不断地供应和伤员及时安全转移，出色地完成了后勤任务。

1946年7月，城西区党政军民紧密配合，参加了如南战斗和如黄线战斗的后勤工作。王子厚处处身先士卒，仅如黄路战斗，就组织了支前民工3000多人次，供应军粮30万斤，军草70万斤。他还亲自带领担架队，冒着密集的炮火奔赴前线抢救伤员。战斗刚刚结束，他又带领民兵、民工打扫战场，连夜掩埋尸体，下河打捞枪支弹药等。

1947年5月6日，王子厚带领区游击队50多人夜间到边区活动，住在林园乡朱家厦大桥南，因坏人告密，于次日清晨遭敌奔袭包围。王子厚当机立断，指挥大家突围，自己率领刘松旺等10多名战士断后掩护，奋战5小时，终因寡不敌众，全部壮烈牺牲。

倪健乡

据史料记载，1948年，如皋县人民政府将加力乡命名为倪健乡，以纪念倪健烈士。1958年公社化时，倪健、加马、梅甸、加北、石根五个乡合并建立倪健公社。1964年更名为加力公社，2000年4月并入搬经镇。

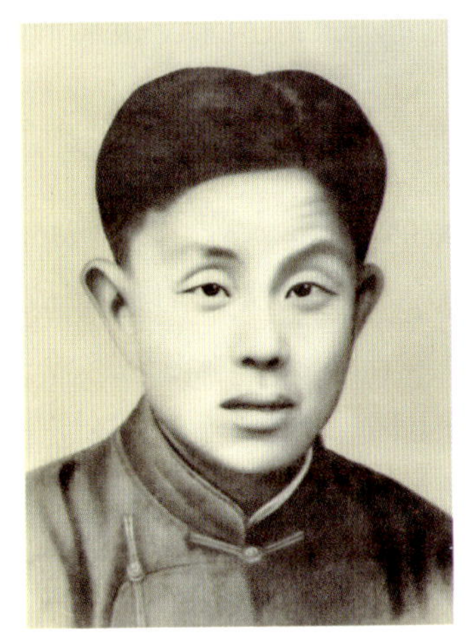

倪健烈士

倪健，原名倪修真，如皋加力乡人，生于1920年。7岁入私塾，13岁进入加力小学。1937年夏，高小毕业后到金庄村作塾师。1940年新四军东进至如西后，他投笔从戎参加新四军。12月，赴盐城抗大五分校学习，并于1941年春加入中国共产党。1942年抗大毕业后回如西县公安局任政治保安队队长，负责惩治汉奸、土匪和恶霸分子，保卫抗日民主政权。

1944年，倪健调任如西县独立团侦察参谋，他经常独自一人或带一两名侦察员化装深入敌据点。倪健机智勇敢、灵活应变，很快就把敌人的番号、人数、武器配备等情况摸得一清二楚，并及时向指挥部汇报。

1944年冬至1945年春，倪健调如西县总队部负责筹办军工厂。1945年7月，倪健调任县团作战参谋。由于有文化，倪健成为参谋长的得力助手。9月中旬，我军围攻如城时，倪健参与拟订作战方案，指挥挖交通壕，做土坦克。21日总攻开始，他亲自架着云梯登城，接近城头时就甩手榴弹，趁着硝烟弥漫之际攀上城头，指挥跟上来的战士猛冲猛打，将敌人一个中队打败，并追赶逃敌至公园，迫使敌人缴械投降。

1946年七八月间，倪健随部队参加了苏中"七战七捷"在如皋的三战，每次战斗他都出色完成任务。主力部队北撤后，倪健担任分区特务团作战参谋，留在苏中南线坚持斗争。1947年9月，调任分区特务团3营营长。12月3日，组织上决定调倪健到如皋县团任副参谋长。这时特务团决定攻打加力据点，倪健主动要求参加战斗，完成歼敌任务后再至如皋县团报到。经军分区司令员张强生同意，倪健带了一个连和一门"八二"炮、一挺重机枪，配合泰县县团和东台县团作战。7日下午，部队包围了加力敌据点。8日凌晨，为瓦解敌人，向敌人发起政治攻势，倪健对着敌人的东碉堡高声喊道："国军弟兄们，别顽抗啦！……你们已被包围了，快投降吧！……是你们选择道路的时候了……"突然，炮楼里扫来了一梭子弹，击中了倪健的胸部，倪健壮烈牺牲。

石根乡

据《如皋市志》行政区划部分记载，新中国成立初，卢港区设有石根乡，以石根烈士命名，后将土山乡并入石根乡，现属搬经镇土山村。

石根，原名李尧，安徽省肥东县人。1920年出生于一个贫苦农民家庭，读过初中。1939年参加革命，同年加入中国共产党。1940年，随新四军东进来到苏北。1942年1月，任启东县吕四区委书记。在尖锐复杂的斗争形势下，石根领导和指挥人民与敌人进行殊死搏斗。1944年秋天一个深夜里，他组织绥靖、吕东、一场乡的民兵，夜袭杨家灶敌据点，赶走日军。吕四区人民在石根领导下经过斗争，摧毁敌碉堡3处，歼灭伪军的水巡团，活捉了伪区长、伪乡长等军政头目，吕四地区斗争形势好转。

1944年12月，石根奉调到东台县李堡区（现属海安县）任区委书记。当时区委机关驻西场杨家桥一带，他一到任就积极开展对敌斗争，建立短枪队，主动出击，很快为区委扩大了活动阵地。为分化瓦解敌人，石根和同志们对敌伪人员开展“红黑点”攻势，立功的点红点，犯罪的点黑点，黑点满30个的就杀。慑于我方政治攻势，不少伪乡、保长被我方控制，敌人一有动静，就马上向我方通风报信。

石根善于带队伍。他非常重视政治学习和思想教育，自己以身作则，对待同志既严格又宽厚。在那战火纷飞的年代里，他不仅把区委建成一个坚强团结的战斗班子，对各个乡的思想建设和组织建设也抓得很紧。1946年秋季大参军运动中，石根带头报名参军，很多群众积极响应，掀起了参军高潮。石根参军后，任东台县警卫团政治处主任。其间，他经常率领县团在梁垛附近伏击下乡骚扰的敌军，打死打伤不少敌人，缴获了不少枪支弹药。他与战士们同甘共苦，丝毫不搞特殊化。他到连队检查指导工作，从来不肯在连队吃饭。到驻地扎营后，他每天早晨参加早操，打扫宿舍。在行军途中，他总是将自己骑的马给战士们驮背包，自己和战士一同步行。

1947年8月，石根任东台县警卫团参谋长。12月7日，奉命率领东台县团一营，配备两个炮兵排和两门“八二”炮，于当晚9时赶到如皋西乡，参加攻打加力敌据点的战斗。午夜12点总攻开始，炮弹打掉30多发，敌人的碉堡尚未摧毁。石根急忙到战壕里帮助调整炮位，不幸遭敌冷枪，牺牲时年仅27岁。

勇敢乡

据史料记载，新中国成立初设勇敢乡，以纪念革命烈士冯子平、冯子云。1958年公社化时，蒲东、勇敢、康庄、姜北4个乡合并为勇敢公社，后并入白蒲镇。

冯子平，又名冯陈四，1906年生，1928年参加革命，1929年加入中国共产党；冯子云，1908年生，1928年参加革命，同年加入中国共产党。兄弟二人住勇敢乡魏桥村(现为白蒲镇村)。1929年4月10日，二人组织成立白蒲红军赤卫队，在时任红军分队长于咸的指导下，他们在白蒲和刘桥之间开展革命活动，并根据上级指示，将队员发展到四五十人。他们白天秘密筹划，夜晚外出活动，打击恶霸地主，缴获枪械武装自己。两年间，打击“许五财神”等恶霸地主十余家，缴获许多枪支和银圆，救济了不少贫困农民，深受百姓拥护。1931年春，小分队在白蒲东乡新港桥打击反动地主郑扣宝武装，缴获短枪12支。事后，小分队根据地被反动派发现而遭到突袭，冯子云为掩护队员转移，被敌人包围，不幸被捕，在南通被关押时，遭受严刑拷打，但他坚决不供出我党的机密。后敌人将他押解到白蒲示众，冯子平坚贞不屈，沿途高呼：“中国共产党万岁！”“共产党员是杀不完的!”走到白蒲南文峰阁处，被反动派杀害，年仅27岁。小分队遭敌人袭击后，队伍被冲散，大部分枪支落入敌手，仅剩下冯子云、陈永乐、费国通等七八人。在严峻形势下，时任中共刘桥区委书记的冯子云把孩子交给别人抚养，谎称去掘港开店经商，实际上是和陈永乐等约好去苏州参加革命活动，等

冯子平烈士

待时机再回乡闹革命。

冯子云烈士

1932年春,冯子云在苏州接到费国通的来信,说上级来人筹划购买枪支弹药,在家乡继续组织赤卫队,要冯子云立即回乡。冯子云当即返回家乡,在刘桥北房家庵附近的“钱海脚子”家与费国通会面,当晚与费同宿钱家。半夜时分,有人叫门找费国通,冯子云一听口音,觉得不妙,忙从枕下取枪,这时费国通竟然将冯子云死死抱住,冯无法抵抗而被俘。这时,他才知费国通是叛徒,中了其诡计。当夜,冯子云被押到刘桥保安团。敌人对他威胁利诱,他坚强不屈,后被押解到南通监狱。敌人对他严刑审讯,而他坚贞不屈,在狱中组织难友开展绝食斗争。1932年12月10日上午,冯子云被敌人杀害,牺牲时仅24岁。

为纪念冯子平和冯子云,地方政府把冯氏兄弟的家乡南屏乡更名为勇敢乡,并把家乡的小学更名为勇敢小学。

红色战斗

首攻文武殿

1928年3月底，根据《江苏农民运动工作计划》和《江苏省各县暴动计划》，江苏省委农委书记王若飞指示如皋和泰兴联合起来，于5月1日举行武装暴动。因情况发生变化，泰兴县于4月28日提前举行暴动。负责西乡暴动的如皋县委暴动委员会军事部长徐芳德决定立即举行暴动，首攻文武殿，以策应泰兴农民暴动。

徐芳德召集了四五百名农协会员，进行了简短动员，兵分两路：一路由他和朱恒敬带领，沿小溪河向东，进行正面强攻；一路由朱恒秀带领，从东山寺北拐弯向东，迂回到文武殿背后夹攻。5月1日凌晨5时，到达文武殿的徐芳德当即率领孙丙余等10多人向大门摸去，哨兵喝问："干什么的?"徐芳德不慌不忙地答道："队长可在家？我们是来借枪的。"哨兵大惊，正欲举枪，身边的孙丙余一刀将其枪托砍断。哨兵大呼："共产党来了！"话音未落，一名农协会员挥起铡刀，将其砍死。徐芳德举起手枪向前一挥，高喊一声："冲啊！"带头冲进大门。门内一名公安警员突然一枪刺出，徐芳德躲闪不及，被刺刀刺中右额角，鲜血直流。徐芳德连忙抬手一枪，将其击毙。敌人再也不敢往外冲了，只是躲在大殿窗户内向外射击。暴动队员枪支很少，徐芳德见强攻难以奏效，目光往四周一扫，看到被风吹得向内摇动的窗扇，心中略一思忖："有了，火攻！"他叫过一名暴动队员，在上风头点起火来。这刮的正是东南风，风助火力，火借风势，通红的火舌立即卷向大殿。敌人慌忙从后门往外逃，守在后门的朱恒秀连忙组织暴动农民拦截追赶，又俘虏1人，缴枪1支，首战告捷。

三打申家埭

五一农民暴动威震大江南北，国民党反动派疯狂镇压，屠杀共产党人和革命群众。如皋县委委员、组织部部长苏德馨以及张兆山等共产党人惨遭杀害。中共如皋县委领导了党和群众组织的恢复工作，着手发展革命武装，建立了30多人的游击武装——中国工农红军江北总指挥部。

红军游击武装建立后，第一仗是攻打江安区申家埭，为苏德馨报仇。1928年8月22日，如皋县委书记吴亚苏和组织委员徐芳德从苏德馨的岳父家探明情况后，于第二天下午带着4名游击队员，身穿杭绸衣裤，以到周殿伦家买小麦为名，进入周家。周殿伦是如皋西乡有名的恶霸地主，极度仇视革命。苏德馨被捕后，江安、卢港两区土豪劣绅贿赂县长，要求尽快杀掉苏德馨，周殿伦的儿子周松平一人就行贿了800大洋。

周殿伦和弟弟周竹青把吴亚苏他们迎进客厅，端茶拿烟，热情招待。面对残害革命战友的恶霸地主，吴亚苏怒不可遏，拔出盒子枪大喝一声："不许动！"周殿伦、周竹青吓得浑身颤抖，口中喃喃说不出话来。狗腿子倪生儿闻声带人涌向客厅，吴亚苏一枪将其击毙。接着，吴亚苏向周殿伦和周竹青连发数枪，周竹青当场毙命，周殿伦未被击中要害装死逃过一劫。9月4日，吴亚苏、徐芳德接到密报：周殿伦的儿子周松平仍然反动如故，与邻居汤义方沆瀣一气，反共气焰十分嚣张。因此，吴亚苏和徐芳德决定再次袭击申家埭。当天下午6时许，游击小组来到汤义方家，可惜汤义方不在家，正查找汤义方去向时，地主走狗许耀山闯了进来，游击小组当即将其击毙。周殿伦听到枪声，慌忙带领全家出逃。愤怒的游击小组一把火烧了他家房屋。

红军游击小组在战斗中不断成长。1929年8月28日，如泰工农红军在江安宝庆寺成立，由如泰中心县委书记王玉文和如皋县委书记韩铁心统一指挥，下设两个分队，分别由第一分队队长于咸（如皋县委军事委员）和第二分队队长戴奎（泰兴县委军事委员）带领。原镇涛红军游击队改编为镇涛红军游击中队，吴汝连任中队长。如泰工农红军成立后，决定先拿恶霸地主周松平开刀，击破申家埭地主堡垒，拔除申家埭敌据点，形成连片的红军活动区域。

10月10日清晨，如泰工农红军包围了申家埭，冒着敌人的弹雨，从三个方向发起冲锋。周围的群众听到攻打申家埭的枪炮声、冲杀声，知道严惩恶霸地主周松平的时候到了，从四面八方赶来支援红军作战。敌人碉堡坚固，火力强大，红军几次冲锋都没能冲上去。一看这种情况，王玉文立即命令："用大炮轰他！"战士们推来一门土炮，瞄准炮楼就是一炮。可惜土炮威力不足，虽然命中却没能炸坍炮楼。这时，指挥东路进攻的韩铁心见进攻受阻，就命令战士点火烧着炮楼上风头的竹篱笆，一阵浓烟伴随着噼里啪啦的着火声向炮楼卷去，炮楼里的敌人被熏得睁不开眼睛，又怕火苗蹿上来把自己烧死，顿时大叫饶命。红军战士喝令："交枪不杀！"敌人赶紧将武器从炮楼上扔下来，却不敢下来开门。红军战士徐名章奋勇上前，用锛斫开炮楼门，红军战士一拥而上，冲进庄园，捉住了血债累累的反动地主周松平，缴获长短枪30余支。在群众的要求下，当天在申家埭召开公审大会，枪决了周殿伦、周松平父子及其党羽6人。同时，打开周松平家的仓库，把3万多斤粮食、30多头壮猪和衣物全部分给了当地和四周村庄的穷人。

夜袭马家坪

如泰工农红军西进作战后，队伍很快壮大到200多人。1929年10月中旬，中央派薛衡竞来如皋、泰兴，担任红军领导工作。11月初，薛衡竞将如泰工农红军扩编为大队，下设两个中队。如泰工农红军扩编后，东进到如皋镇涛地区活动。此时，通海地区的红军队伍也在发展壮大。为打通两地联系，薛衡竞决定攻打两地之间的马家坪敌据点。

马家坪处于磨头、石庄之间，是沟通东西乡的要道。这里的地主都姓马，筑有炮楼，并养有保卫团60多人。1929年10月25日，红军队伍开进石庄北边的王家坝。得到消息的马家坪保卫团不自量力，竟然妄图在那里伏击红军。红军立即向他们发起冲锋，一下子就把他们打蒙了，敌人纷纷溃逃。薛衡竞见保卫团不堪一击，当即以迅雷不及掩耳之势，尾随逃跑的敌人向马家坪突击。追到马家坪的时候已经是深夜，碉堡里的敌人慌忙把逃兵接回，然后躲在炮楼里面拼命向外射击。薛衡竞见敌人防守严密，指挥红军战士采取骚扰之策，打几枪，歇一歇，麻痹敌人，同时消耗他们的弹药。时间悄然过去，东方渐渐露出鱼肚白，敌人的警惕性越来越低。薛衡竞指挥红军突击队隐蔽地翻越围墙，打开后门，部队抵进到炮楼边上，集中火力猛烈攻击。炮楼上的敌人被红军的猛烈进攻吓傻了，纷纷放下武器，举手投降。红军攻破了马家坪，烧毁了敌人的炮楼，如泰红军与通海红军的游击区连成了一片，红军的威势更大了。

奔袭小马桥

夺取马家坪战斗胜利后,红军士气更盛,战士们纷纷求战。大队长薛衡竞决定进攻小马桥,端掉设在小马桥的国民党镇涛区公所和公安分局。

战斗发起之前,薛衡竞派侦察员潜入小马桥,摸清了敌人的兵力部署情况:小马桥庙里驻扎一个警察中队,有60多人、40多支枪,警惕性不算很高,没有构筑防御工事。据此,薛衡竞定下声东击西、调动敌人的战斗方案。1929年11月16日,薛衡竞把部队带到小马桥南面的营防港,然后故意在小马桥西头的陈家市暴露行迹,并安排一名内线人员连夜去镇涛区向敌人“送”情报。得到情报的敌人果然上当。第二天一早,警察分队队长蔡良成带着16名所谓的“精锐”从小马桥出发,一路直奔陈家市,想抓到红军立功请赏。敌人做梦都没有想到,就在他们的“精锐”兴冲冲地外出搜捕红军时,薛衡竞指挥的如泰工农红军大队已潜伏在小马桥敌区公所的眼皮子底下。等耀武扬威的蔡成良离开小马桥,薛衡竞就发出进攻的命令,红军战士分三路向敌区公所和公安分局冲去。敌人的“精兵强将”被调出了老巢,小马桥的防守力量大大减弱,红军一顿猛冲,敌人就溃不成军了,除4名顽抗的敌人被击毙外,其余的不是溃逃就是投降,很快全军覆没。红军战士摧毁敌人的据点,兴高采烈地扛着缴获的27支枪凯旋。而此时赶到陈家市的蔡成良却“如愿”地扑了个空,正气急败坏时,一名“黑狗”队员脸色惨白地跑来报告:“区公所被红军攻破了!”蔡成良大惊失色,吓得带着人马连忙逃往车马湖据点。

血战野吴庄

小马桥据点被摧毁后，红军公开在镇涛地区活动，各庄纷纷成立农民协会、赤卫队、少先队、妇女会，整个镇涛区成为红色区域。国民党反动派慌忙从白蒲、石庄、车马湖等处调集兵力，追剿红军。

1929年11月18日夜，红军由柴家圩出发，到野吴庄宿营。红军战士刚刚放下背包准备休息，国民党军就包围上来。红军大队长薛衡竟立即向一中队队长于咸和二中队队长戴奎下达了分头突围的命令：一中队向西，二中队向北，突围后到江安六甲集结。

戴奎立即带领二中队向北攻击前进。此时，从白蒲来的国民党军在东北部死死顶住红军。戴奎亲自带领一个班的战士，边冲边打，终于打开一个突破口。就在他指挥二中队通过突破口往外冲的时候，不幸腹部连中数弹，战士们突围出去了，而他们的中队长戴奎却壮烈牺牲在前进的道路上。

与此同时，向西突围的一中队也遭到敌人的阻击。于咸冒着敌人的弹雨，一边鼓舞战士，一边带头冲锋。猛然间，冲在最前面的于咸队长一个趔趄摔倒在地。战士们上前扶住他，却见他大腿鲜血直流。战士们想将他背起，却被他一把推开，大声命令："你们先撤，我掩护！"说罢，举枪向敌人瞄准，"啪啪"两枪，干掉两个敌人。旁边的敌人吓得一愣神，连忙向外逃窜。就在敌人防御间隙，战士们突然在路边发现一辆独轮车，连忙把于咸抱到小车上，不由分说推着就跑，终于冲出了敌人的包围圈。

突围部队赶到刘家渡时，老户庄张符秋的保卫团又出来拦截，红军与他们展开激战。刚刚简单包扎，止住伤口流血的于咸一个翻身跳下小车，指挥战士们向敌人猛冲，终于把老户庄保安团击退，红军顺利地撤到江安六甲。这次战斗，戴奎等九人光荣牺牲，野吴庄的群众把烈士遗体集中安葬，建"红军九人坟"。

智取卢家庄

1930年2月14日，何昆带着余乃诚、张爱萍、何扬、宋奇等来到如皋西乡东燕庄，奉中央命令组建中国工农红军第十四军，何昆任军长，董畏民任政委。如泰工农红军被编为红十四军第二支队，何昆亲自兼任支队长。红十四军整编结束后就出师攻克了长安市，给国民党反动派以沉重打击，周边的土豪劣绅惊慌失措，纷纷购买枪支弹药，构筑碉堡工事，企图负隅顽抗。

卢港的卢锡三是如皋西乡最大的恶霸地主，曾经当过江苏省议员。仗着盘剥百姓而来的无数家财、当警察局局长的儿子卢伯吟的权势以及老巢卢家庄里豢养的100多人的保卫团，卢锡三的反共气焰十分嚣张。1928年五一农民起义期间，暴动群众曾经攻打过卢家庄，烧毁大批田契、卖身契和借据，可惜让卢锡三跑了。1929年10月11日，如泰工农红军经卢港西进泰兴，卢家庄保卫团竟然联系驻古溪的国民党军队，妄想偷袭红军。红军将计就计，在沿河口设伏，反打了敌人一个措手不及，缴获了大批枪支弹药。

攻克长安市后，何昆指挥红军挟胜利之势，剑指卢家庄，准备一鼓作气摧毁卢家庄这个顽固的地主堡垒。

卢家庄虽说炮楼坚固，墙厚沟深，易守难攻，但红军大兵压境，卢锡三还是越想越紧张，他决定去找“外援”。夏堡的大地主季恺颇有实力，曾任国民党如皋县党部特别委员，面子也不小。于是就派人去给他送信，请他派兵支援。

千算万算，卢锡三就没算到季恺虽然同是大地主，却是开明人士，早在五一农民暴动时就与共产党有密切交往，卢锡三的求援信从季恺那里一过，就到了何昆军长的手上。

拿着这封求援信，何昆军长顿时哈哈大笑：“真是瞌睡送枕头啊!”正想着怎么减少伤亡攻堡垒呢,机会就来了。何昆军长立即安排特务队长,拿着季恺写的回信,带着人马打着季家兵的旗号,进入卢家庄。

1930年3月23日,何昆派侦察员潜入卢家庄,取回了特务队长画的布防图。第二天凌晨,红军的土炮一声巨吼,卢家庄的炮楼应声倒塌。接着,红军发起冲锋。混在季家兵和卢家庄保卫团里的红军战士乘机行动,裹胁着保卫团,引领红军大部队一下子冲进卢家庄。很快,红军歼灭敌人保卫团60多人,卢松庭等7名恶霸地主也被一举捕获,根据当地群众的强烈要求,何昆下令将他们就地正法。

一打老户庄

老户庄，又名老虎庄，位于离如皋城10多公里的磨头西南隅。20世纪二三十年代，这里是大地主张符秋的庄园。庄子由前老户庄、后老户庄、东老户庄、西老户庄组成，成亚字形排列，庄前是一片开阔的打谷场，三面环水，只有东西两侧留有进出口。张符秋为富不仁，对贫苦农民压迫剥削非常残酷，宁可花钱豢养打手，也不愿行善积德，减轻雇农佃户的负担，群众都愤恨地称老户庄为“老虎庄”。

老户庄楔在如泰工农红军游击区中间，加之张符秋十分反动和嚣张，给红军游击队的活动带来很大威胁。1930年1月18日，如泰工农红军攻打泰兴县顾高庄获胜后，转移到离老户庄不到5公里的横家埭休整。红军大队长薛衡竞和如皋县委书记韩铁心决定，拔掉老户庄这根扎在红军游击区里的“刺”。

老户庄东南有个高家庄，居住着以高伯鲁为首的高姓地主。高家庄也养着保卫团，与老户庄沆瀣一气，互为犄角。其庄垒虽不如老户庄坚固，兵力也不如老户庄雄厚，但和老户庄一样，反动气焰比较嚣张。

“先打高家庄，敲掉老户庄的这根犄角！”薛大队长定下战斗决心。

2月10日，如泰工农红军成战斗队形向高家庄杀去。此前，红军突击马家坪，攻克镇涛区公所，拿下蒋垛、顾高庄、焦家庄据点，连战连胜，红军势不可当的威名传遍江海大地。高家庄保卫团已成惊弓之鸟，见红军部队杀来，惊恐万分。团丁们在上司强令下稍作抵抗，即出庄逃窜，沿途丢下枪支弹药，红军顺利地占领了高家庄。

嚣张的张符秋仗着有县警队撑腰，指挥老户庄保卫团出庄支援高家庄。红军游击队因为组建时间不长，训练不足，连续作战的能力不强，双方激战一场，如皋县委书记韩铁心负伤，薛衡竞命令红军主动撤出战斗。

攻下高家庄后，红军士气高涨。薛衡竞毕竟是中央苏区来的红军老干部，他很清楚如泰工农红军的现状：战士虽然勇敢，但都是刚放下钉钯锄头拿起武器的农民；兵力虽有几百人，但枪支弹药奇缺，多数战士手里拿的是大刀长矛等冷兵器；部队的战斗经验不足，有经验的指挥员不多。他冷静地组织大家进行战斗总结，计划10天后再来攻打老户庄。同时，对老户庄的战场环境进行了勘察，针对老户庄三面环水，东大门（主出口）碉堡森严，防守严密的特点，制订了出其不意、主攻西侧门的作战计划。为增加胜算，如皋县委决定组织赤卫队参加战斗。消息一出，不仅各区乡赤卫队摩拳擦掌，积极请战，周边群众也纷纷要求参加攻打老户庄。

2月20日，如泰红军按计划发起攻打老户庄战斗，由红军战士和赤卫队队员组成的1000多人的队伍，如同汹涌澎湃的浪潮向老户庄涌去。主攻部队很快开进至老户庄西侧的土地庙，正准备发起冲锋时，敌保卫团和县警队的机关枪和小炮突然猛烈开火，打得红军抬不起头来。薛衡竞派人一侦察，方知狡猾的张符秋在红军攻打高家庄战斗后，就一直在关注着红军的动向，得知红军要攻打老户庄的消息后，立即去县城求援。国民党当局也十分重视老户庄的战略地位，从县城增调兵力并带来了机关枪（马克沁重机枪）和小炮。敌情发生重大变化，薛衡竞知道事不可为，为了避免损失，他指挥部队主动撤出了战斗。

一打老户庄，虽然没有取得最后的胜利，县委书记韩铁心也在高家庄战斗中负伤，并在送往上海治疗无效后于5月23日壮烈牺牲，但拿下了高家庄，敲掉了老户庄的一只犄角，震慑了敌人的嚣张气焰。

再攻老户庄

1930年4月中旬，红十四军军部和通海特委决定进攻如皋西南的重要据点老户（虎）庄。庄里驻有保卫团、县警察队和省保安队一个中队。战斗之前，部队和地方党组织进行了广泛的动员，发动赤卫队和群众配合部队行动。4月15日夜，何昆军长亲自率领三个大队，分成三路：一大队从东面进攻，配合二大队主攻；二大队担任主攻，从老户庄东南角渡河，直取保卫团团部；三大队由赤卫队配合，从北面佯攻，并负责打援。

战斗打响后，第二大队副大队长曹振楚带领第一梯队，迅速突至壕沟边，一条两三丈宽的河流白晃晃地横在红军战士面前。战士们把携带的稻草、高粱杆、门板丢下河，脚踏着门板奋勇冲向前去。困守碉堡的国民党军发现红军渡河，集中火力射击，压得红军抬不起头来。第二大队大队长张爱萍带领第二梯队多次集中火力射击，掩护第一梯队过河，但没有成功。张爱萍遂亲自带领战士踏着水上浮物向对岸冲去。可是，越走水越深，还没走到河中间，水就淹到胸口，眼看要被水淹没，他顺手抓住漂到身边的一块门板。这时，听到身边河水咕噜咕噜响，转身看到一个人上下浮动。张爱萍扑过去抓住那人的头发，发现是四中队指导员何扬。周围许多战士也都在拼命跟河水搏斗，还一个劲儿地叫着："冲啊，淹死也要漂过河去……"有的战士就这样被水吞没。张爱萍眼看硬拼不行，只得下令暂时撤回岸边。

这时，二支队政委黎昌圣赶到前沿阵地，告诉张爱萍一大队那边攻了三四次也没有攻上去，大队长朱松寿受了重伤。何昆军长决定把二、三大队调到一大队攻击方向，集中火力突破。张爱萍随即带领部队转移到一大队攻击位置。何昆军长将各大队负责同志召集到路旁一个小土地庙后面，部署了新的进攻方案,并亲自握着手提机枪,带头向前冲去。二大队在前,一大队、三大队在后,还有手拿长枪、刀矛的赤卫队,一齐向前涌去。碉堡上的国民党军队拼命抵抗,用重机枪扫射。红军前仆后继,勇往直前,迅速占领庄东的晒谷场。红军只要再冲过几十米的一段开阔地,就可以攻下老户庄。这时,何昆军长果敢地登上张爱萍的肩膀,倚着草堆,用手提机枪掩护红军冲锋,不幸左胸中弹,鲜血直流,还大声呼喊着:“冲啊!一定要攻下老户庄……”喊着,他一纵身贴上草堆子,露出半个身体,对准敌人的碉堡猛扫,一梭子把敌人的火力压下去了。只听他大声呼喊:“同志们,冲啊!”战士们纷纷冲了上去。

“出师未捷身先死,常使英雄泪满襟。”何昆军长英勇牺牲。“报仇!为军长报仇!”复仇的怒火在每个战士心中燃烧,指战员们端起枪奋不顾身向敌人的阵地冲去。由于如皋城的敌人赶来增援,红军被迫撤出战斗,转移到周家埭休整。

三打老户庄

两次攻打老户庄，虽然取得了一定的战果，但没能拿下庄子，何昆军长在二打老户庄战斗中牺牲。1930年4月24日，红十四军参谋长薛衡竟在泰兴古溪战斗中壮烈牺牲。红军官兵怒火难遏，纷纷要求再次攻打老户庄，为何昆军长和薛衡竟参谋长报仇！

二支队政委黎昌圣心中同样燃烧着复仇的火焰。但他知道，红军一无机枪，二无大炮，要想攻破壕宽河深、碉堡坚固的老户庄，难度不是一般的大。就在他苦思良策的时候，机会悄然降临了。

1930年5月3日凌晨，老户庄保卫团100余人竟然主动出庄，来偷袭红军驻地贲家巷。黎昌圣政委和二大队队长张爱萍等立即指挥部队布防，同时制定了追敌逃窜、尾随破庄的战术。二支队三个大队围住老户庄保卫团一顿猛打，保卫团支持不住，连忙突围，向东路逃窜。二支队乘胜紧追，与敌人纠缠混战。同时，附近村庄的群众、赤卫队、少年先锋队互相呼应，各执武器，结队前来，参加追赶。霎时间，大路上、田野中一片喊打声。保卫团逃进老户庄，立足未稳，红军战士和助战群众就尾随着冲进庄子，虽然留守的保卫团用机关枪疯狂扫射，甚至架起迫击炮轰击，但最终没能挡住勇敢的红军战士和无畏的人民群众！红军终于攻破了老户庄，出了一口心中的恶气。他们烧毁了地主住宅，直到下午3时，如皋县警第二中队前来会攻，才掩护群众退出了老户庄。

此战，二支队毙伤敌人40多人，缴获战马1匹、步枪5支。红军撤退时，沿途村庄群众以水桶装茶、饭箩盛薯，热情款待。

三打老户庄，最终以红军破庄获胜结束！其过程虽然曲折，牺牲虽然巨大，但它昭示着：封建腐朽势力虽然顽固，国民党反动派的统治看似强大，但在英勇无畏的工农红军和觉醒了的人民群众面前，仅是一只纸老虎，最终必然走向灭亡！

激战顾高庄

何昆军长牺牲后，由军参谋长薛衡竞主持红军军务。这时，通海特委的第三号通告传到军内。按照特委部署，南通、如皋、泰兴三县县委要“毫不怀疑地发动千百万群众同红军汇合起来，占据主要城市集镇”，“向长江发展，威逼南京、上海”。并要求如泰“占领黄桥、季家市、卢家庄、石庄”。红十四军第二支队在如皋西乡邹家埭休整，薛衡竞决定攻打如泰边境的顾高庄。顾高庄原被红军解放过，后又被国民党军队占领，正在构筑工事。薛衡竞决定乘国民党军队的碉堡还没有筑好，将其赶跑。

4 月 24 日，薛衡竞率红军从邹家埭出发，于深夜包围据点，激战两小时后，天已快亮，眼看顾高庄就要被攻克。突然，东、南方向响起枪声，驻蒋垛、黄桥的国民党军队出动增援。为避免损失，薛衡竞下令撤出战斗。

红军转移到横家埭河西，不料被国民党省保安团三团挡住去路。薛衡竞决定诱其深入，把敌人引诱到刘家桥河西。随即指挥埋伏在桥东的赤卫队把桥梁拆毁，断其归路。红军立即掉头发起猛攻，将过桥的国民党军全部歼于河西。不久，国民党军队又架好桥梁向红军追来。因已和国民党军血战了一整天，子弹消耗殆尽，为了保存力量，薛衡竞命令红军主力撤向古溪以南，自己率一个班战士阻击断后。他们埋伏在里官垛河北凹塘里，集中火力猛烈射击，掩护红军主力撤出了战场。就在这时，薛衡竞发觉自己胸部中弹，他艰难地站起来走了几步便摔倒了。但他以坚强的毅力爬向河边，翻身滚入小河，再向南岸泅渡，鲜血染红了他身体挪过的土地和清澈的河水。第二天，当人们发现他时，只见他一手揪着芦苇，一手握着盒子枪，昂首咬牙，似乎想努力爬出水面。红军指战员怀着沉痛的心情，把这位年仅27岁的年轻指挥员安葬在刘家桥河南。

参谋长薛衡竟的牺牲，是红十四军继军长何昆牺牲后的又一重大损失。但这次战斗对国民党的震动也很大。在顾高庄战斗结束后的第二天，国民党驻季家市的省保安队中队长杜俊生率部起义，带领全中队80人，携长短枪68支、小炮1门投奔红军。

大破敌“围剿”

驻黄桥的国民党“剿共”总指挥李长江和省保安大队大队长杨蔚等邀功心切，企图策划发动一次规模巨大的“围剿”，以驻黄桥的省保安大队1个营、寇于卿的“剿共”游击队1个中队为主力，纠合泰县警察大队驻横巷的1个中队，驻季家市的省保安队1个连，驻西来庵的省保安大队大队长杨蔚的亲随保安队1个连，如皋县警察大队驻石庄的1个中队和卢庄、卢港的保卫团，共2000余人，号称“八路围剿”，由杨蔚亲自指挥，于1930年6月14日向红十四军一师活动中心六甲、戈家堡、张庄、大小陈家堡一带发动“围剿”。

红十四军一师师长张世杰，带着二团四、五、六3个营600多名红军战士，驻张庄一带。他得到这个情报后，即决定在六甲桥、龙游河西伏击其先头部队，以打乱国民党的整个“围剿”计划。张世杰安排五营设伏于六甲桥河西南横沟内，四营设伏于六甲桥西南尤家行的一条东西小沟内，六营则设伏于六甲桥西北戈家堡和宝庆寺一带，正面迎敌，另有镇涛游击队30多人，设伏于戈家堡北边，防敌北逃，形成1.5公里长的袋形伏击圈。地方武装短枪队，分布在六甲河东的九甲及石桥头等地，负责监视石庄、老户庄、黄桥、横家巷等处国民党军队。

这天清晨，白茫茫的一片浓雾弥漫大地，国民党先头部队是驻西来庵的省保安队的1个连，进行150多人，耀武扬威地抢先到达六甲桥头，雾大迷路，不敢妄动，吹号联络。埋伏在戈家堡的六营营长杜俊生，是从季家市起义投入红十四军的，懂得国民党军队的联系号声，立即命令司号员吹号回答，要他们继续前进。敌连长听到答号，以为是自家人，除派出20多人留在六甲桥东向北搜索前进，对红军进行侦察性攻击外，亲自率领大队官兵通过六甲桥，扑向戈家堡。待他们进入红军伏击圈，张世杰一声令下，3个营一齐开火，在大雾弥漫中，打得国民党军昏头转向。激战3小时，打死打伤国民党军100多人，缴获和从水中打捞出枪支70多支、子弹千余发。

卢港、卢庄、黄桥、季家市等5路国民党军队抵达东燕庄时，听到先头部队被红军消灭的消息，摸不着红军的虚实，慌慌张张地撤回原防。老户庄、石庄的国民党军勉强顶到申家埭，乱打了一阵枪，也缩回巢穴。李长江、杨蔚大吹大擂的"八路围剿"就这样在红军的铁拳下瓦解了，红军再振军威。

这一仗创造了红十四军在平原地带、在全局处于劣势的条件下，讲究战术、变全局劣势为局部优势的克敌制胜范例。

田家埠战斗

1930年9月9日，李超时在田家埠召开赤卫军和群众大会，到会群众很多。正当李超时讲话时，西北方向突然传来枪声，哨兵报告：“李长江的狗队从薛家窑方向追来了。”这时，在场的刘瑞龙、俞乃诚、曹斌等商量后，决定派红军去姚家桥阻击敌军，大会继续进行。在姚家桥阻击的红军发觉敌军是李明扬、李长江的主力部队，而且有李吉庚的叛徒部队打先锋。李部知道红军的主要领导人都在田家埠，就拼命向田家埠打小钢炮。群众听到炮响，即四处逃散。红军压不住阵脚，也只得跟着乱跑。此仗由于敌众我寡，红军损失很大。

红军撤走后，国民党军队进驻小马桥，到处搜捕红军和地方干部，并召集地主办民团。红军只得退至长江边隐蔽活动。此间，去泰兴的三支游击队，因此前在赵渡庄、黄家溪、陈家堡、陈家庄、任家庄等地三天打了七仗，均先后失利，也准备回师镇涛与李超时率领的第四游击队会合，但由于整个如皋西乡和南乡都被敌军占领，被迫返回泰兴境内。李明扬9月26日给国民党江苏省政府的报告中称：“在泰兴的共党除李超时未发现踪迹外，曾克勤、李芳、杨保仁被逮，李吉根（庚）自首，王益之等被击败窜。”同时更训令：泰、泰、靖、如各县县长督促民众筑土圩建炮楼，添购枪支，组织保卫团，以资永久。并责驻军会同地方警备队、保卫团整理扫除。27日，李明扬率骑兵一连由黄桥开至如皋督阵，同时调“伯先”“钧和”两舰巡弋通如江面。国民党南京政府还抽调海岸巡防炮舰和鱼雷艇各一艘，抵通如江面交界处驻泊，把整个镇涛区严密封锁起来。

面对严峻的形势，中央军委和江苏总行委决定：红十四军暂时停止活动；通知在如泰地区的李超时、刘瑞龙、俞乃诚、曹斌等立即回上海参加反“立三路线”的斗争；红十四军中下级干部由江苏总行委组织船只至如泰江边送去上海，其余同志就地疏散；剩下的部分战士由于咸负责掩护。如皋境内的红军把枪支集中埋到田家埠的空处，人员分散过江，大部分撤往上海。泰兴境内的红军集中到姚王乡石桥庄附近，由刁春仁等负责安排。大家把枪支装进两口大棺材，准备埋到河沟里。正在埋枪时，中心县委的负责同志赶来对大家说：“中心县委和军部领导同志要我转告大家，情况已相当紧急，他们不能亲自来向大家作交代。但应该告诉大家，红十四军虽然暂时失败，革命的种子一定要留下来。今后的斗争形势一定是万分险恶的，大家要心怀革命，不要迷失方向，党是不会忘记你们的，到时候党会和你们联系。现在每人发10块银元，这是中心县委的最后一点经费，大家拿着它，能回家的回家，不能回家的就作路费。”大家把钱攥在手中，情不自禁地放声大哭，说：“我们干革命不是为钱来的，只要党不忘记我们。”有的把接到手的钱又退回来，说：“这个钱我们不能要，给中心县委，党有了钱就好办事。”还有的说：“发给中央苏区来的同志吧，他们比我们更困难。”至此，活动在如泰地区达7个月之久的红十四军第一师宣告解散。与此同时，活动在通海地区的红十四军第二师也在国民党军重兵“进剿”下遭受失败。红十四军的武装斗争虽然失利，但它在中国革命战争史上具有重要意义。《中国人民解放军战史》指出：“活动于苏中通海如泰地区的红十四军与全国其他红军武装一样，在敌人统治薄弱的农村，进行土地革命，开展游击战争，建立农村革命根据地，从而打破了敌人多次‘进剿’，壮大了自己，巩固和发展了苏区……虽然在当时党中央‘左’倾盲动主义的命令下，不顾敌强我弱的客观条件，实行‘积极进攻’的战略，以致迭遭失败，但是失败后保留下的骨干，仍顽强地坚持斗争，为后来再度兴起奠定了基础。”

三英战千狗

由于敌强我弱，红十四军部队被打散了，领导骨干撤回上海，革命斗争转入低潮。

1931年春，于咸接任中共如皋县委书记，在如皋西乡开展恢复工作，他处决了小燕庄的谢二、孙严墩的孙盆儿等叛徒以及葛克龙等反动富农，鼓舞了人民群众。在此基础上，于咸把分散隐蔽的红军战士组织起来，成立了几个地下战斗小组，与敌人展开游击战。

1931年8月27日，于咸与缪元珍、孙玉才从小西庄赶往大西庄，准备把泰兴的战斗小组集中到顾家堡，如皋的战斗小组集中到小西庄，集中力量袭击东燕庄敌据点。不料，他们的行踪被敌人发觉。28日早晨，国民党县警队和卢庄、芹湖、戈家堡、六甲等地保卫团400多人，把于咸等3人包围在缪永文家3间屋子里。于咸命令闭户坚守，沉着应战。他们在东屋打几枪，又到西屋打几枪，迷惑敌人。于咸的枪法很准，敌人一接近屋子就被撂倒。眼看自己人倒下一大片，国民党军吓得只敢趴在远处往屋里射击。战斗从上午10时一直打到夕阳西下，国民党军被击毙30多人，依然拿于咸他们没有办法。见活捉于咸的计划失败，敌人只好施起“绝户计”——放火烧房。那时候老百姓住的都是草屋，火一点就着。在屋里无法坚持了，于咸就带头向外冲去，一阵猛烈冲杀，又连续击毙数人。眼看着就要冲出敌人的包围圈，于咸的右脚却被路边的豇豆藤绊住，身子一晃，倒了下去。当他再次跃起时，一颗罪恶的子弹击中于咸。于咸倒下了，敌兵兴奋地争着上来缴枪，没想到于咸又一次跃起，“啪啪”两枪，冲在前面的两个敌人应声而倒，卧地而毙，敌人吓得四散而逃……

打死两名敌人后，于咸也缓缓地倒下，再也没能爬起来。敌兵好久都不敢接近他的身体。于咸牺牲了，缪元珍、孙玉才也牺牲了，但他们的血没有白流，人民群众永远记得他们的英雄事迹，并踏着他们的足迹不断前行。

于咸、缪元珍、孙玉才牺牲后，人民群众怀念忠烈，作歌纪念，其中有两句是“三英浴血战千狗，于虾儿(于咸的绰号)威名天下扬”。

高明庄战斗

日伪军在如西"扫荡"接连失败后，于1941年11月上旬，分3路发动规模更大的报复性"扫荡"。当时，新四军一旅二、三团战斗在江都、高邮地区，尚未回防，三分区主力只有一旅第一团和一些地方武装。14日，驻黄桥日军大队长加藤率日军50余人、伪军1000余人，配合其他两路日伪军"扫荡"如西县，企图将新四军一旅机关和主力部队合围于卢港、高明庄一带聚歼。一旅避敌锋芒，将主力转移到如皋城以南隐蔽，而以地方人民武装与日伪军周旋，使敌人疲惫。并假设目标吸引日伪军合围，使其连连扑空。当日伪军一无所获分别撤回据点时，新四军一旅旅长叶飞及时捕捉战机，看准撤回黄桥的日军加藤部，命令一团曾如清部坚决吃掉这股日伪军。叶飞亲临前线，拟订以三营从正面吸引日伪军出来，一、二营从两翼迂回而上围歼的作战方案。

下午2时许，叶飞接到侦察员报告，其他几路日伪军已离开高明庄约1小时，便果断命令三营出击。三营从薄家湾隐蔽运动，经过小朱庄到高明庄东首，派出前卫连猛扑日伪军，将其引出后，一、二营合围上去。顿时，日伪军乱了阵脚，慌忙向高明庄西北突围，被新四军合围部队截堵。激战至半夜，共毙日伪军300余人，俘日军2人。加藤本人负伤，率残部逃回黄桥。

此次战斗，给日伪军以沉重打击。战后，分区在江安区周庄头召开万人祝捷大会，并陈列缴获的日制武器装备，供群众参观。延安《解放日报》对此次战斗做了报道。

围攻伪据点

西河湾伪据点地处商贸发达的磨头镇镇西，是伪区公所、警察所、税所驻地，驻有伪三十四师1个营，另有1个纠察队。

1942年8月30日傍晚，西河湾伪纠察队队长徐志恭率伪纠察队20余人，到西河湾西南的徐家庄绑票，徐家庄的联庄会当即鸣锣救援，度军井区贾屋、陈户、徐石、大明等乡民众1万余人迅速集中，奋起包围西河湾伪据点。大家齐声高喊："还我绑的人，还我们的东西。"并用钉钯、锄头、铡刀等农具，捣毁竹篱笆，活捉哨兵1名。在群众的浩大声势下，伪军始终龟缩在据点内不敢出来。伪区长毕继宗被迫出面答复，承诺释放全部被绑票的群众，并保证今后不下乡抢掠和绑票。斗争取得胜利。

水洞口地处如西抗日根据地中心区江安、卢港、石庄交叉点。1942年7月，日伪在水洞口构筑据点，驻有日军1个班和伪军丁聚堂部1个营，共400多人，妄图割裂抗日根据地中心区。8月间，新四军一旅一团曾袭击该据点，但未能攻克。

9月5日早晨，伪营长黄龙勇派伪军20多人到大贲庄绑架群众13人，拉走耕牛3头。大贲庄群众鸣锣求援。伪军见势不妙，慌忙拖着被绑架的群众向水洞口据点逃奔。

周围各乡民兵和自卫队听到锣声，即刻奔向大贲庄。家住后吴庄的袁横乡农抗会主任宋廷贵和住在该庄的石庄区工作队队员周玉书听到锣声，立即集合民兵自卫队出发。与此同时，邹家埭、横家埭、申埭、鄂埭等11乡的联庄哨声、锣声四起，两万多人携械潮涌而来。途中发现正向据点逃窜的伪军，冲在前面的宋廷贵高呼："我们去包围水洞口，攻进据点，赶走伪军！"在他的鼓动下，基干民兵和数万群众紧追不放，一直冲到据点竹篱笆外面。大腰庄民兵王八宝，勇敢地拆毁竹篱笆，冲进据点与伪军肉搏(后被俘牺牲)。伪军龟缩在据点里向人群射击。冲在前面的民兵立即卧倒在地,向据点投掷手榴弹,炸死7名伪军,迫使伪军不再开枪。

僵持不下时,中共如西县委书记周特夫和江安区区长张继中、石庄区区长杜文白相继赶到现场。为了保护群众的积极性,同时又不使群众蒙受重大损失,他们组织了又一次强大攻势,迫使伪军出来承诺不再下乡绑人、抢东西后,才劝导大家有组织地撤离据点。

此次包围水洞口伪据点的斗争,历时4个多小时胜利结束。9月16日,《江潮报》以《再接再励的空前斗争热潮,二万农民包围水洞口》为题予以报道。

加力原为抗日根据地中心区,1942年3月,被日伪军占领并构筑据点。

9月26日早晨,加力伪据点出动伪军80余名,分两路至大丁家庄抢劫绑票。放哨的民兵发现正要进庄的伪军后,立刻鸣锣报警。邻村民兵和群众听到锣声后纷纷响应,手持铁叉、钉钯、铡刀、草钩等农具,如潮水般涌上,追赶兜捕。伪军见势不妙,掉头向据点方向逃奔。民兵和群众一直追到据点的竹篱笆边,用手榴弹炸死伪军哨兵1名,并在北篱笆边活捉1名伪军,当场将其打死。

这时,四周乡村闻讯赶来的群众越来越多,卢港乡、梅冯乡几乎家家出动,距离较远的薄湾乡和度军井区的石塘、大石乡及南马塘区、小溪河北的夏堡乡和城区谢东等乡的部分群众赶到现场,篱笆外的道路上、田间、河沟里都布满了群众,约有两万人。敲锣声、叫喊声响彻云霄,大家齐声高喊:“你们敢下乡,来一个,捉一个!”“我们的人比你们的子弹还多,不投降,我们就打!”一部分民兵和群众奔到公路上,拔掉电线杆100多根,收割电线250多公斤。卢港乡民兵沙有来一人收割电线5公斤,并活捉敌探1名。

围攻进入高潮,愤怒的群众拆除篱笆占领街屋,将伪军拖出来痛打。

如西县政府工作人员和武装部队赶到现场，见大家情绪激动，盲目轻敌，而且民兵和群众已有伤亡，便动员大家撤退。但大家求战心切，不愿撤退，并埋怨部队不攻打伪据点。部队领导耐心说服教育，群众才开始后撤。至次，这次围攻伪据点的斗争坚持了近5个小时。

东陶庄袭击战

1943年3月17日，如西独立团一连，在二连、车马湖区中队协同下，于东陶庄以隐蔽突然的动作，袭击从磨头镇出穴抢劫的日寇，仅1小时激战，全歼日寇伍长以下7人，其中活捉3人。缴获轻机枪1挺、步枪10余支。此战打击了敌人气焰，有力地配合了苏中四分区的反“清乡”斗争。

当时如皋县城驻有日伪军约1个旅，磨头镇驻日寇1个小队。磨头镇西南之西河湾，驻有伪军1个连。该敌除少部分兵力扼守据点外，大部分外出“清乡”。

东陶庄位于如皋县城南13公里，有居民百余户。庄外均系麦田，地形开阔，仅庄北30米处有一片竹林。该庄西南为阮家庄，东南为后花园头，北邻朝西口并有一大路通磨头镇，东陶庄一带系我军游击区。

为配合反“清乡”斗争，如西独立团首长率一连和车马湖区中队，在如西南地区开展游击活动，以扰乱敌之部署，吸引和钳制敌人。

上午8时，一、二连与区中队进至后花园头休息，忽然听到磨头镇方向响起枪声。团首长即令部队做好战斗准备，并亲率连干部至庄外观察，发现东陶庄一带的群众，纷纷向东和东南奔跑。有的边跑边喊：“鬼子下乡抢粮啦!”团首长判断，是驻扎磨头镇的日伪军出来抢东西，决心歼灭该敌。遂令一连从东陶庄西侧向敌实施主要攻击。二连、车马湖区中队迂回至东陶庄以东、以北地区，断敌退路，阻敌增援，以配合一连歼灭敌人。

一连根据团首长的命令，由连长率领从东陶庄西侧向敌攻击；二、三排从西南侧击，协同一排歼灭敌人。各排接受任务后，迅速出击，一排经阮家庄直插东陶庄。距庄百余米时，连长发现庄内有日军在抢东西,遂率一排勇猛冲击。一班冲至距一房屋30米时,遇日军小队长提着东西,走出门外。小队长发现我军,企图后缩。一班长眼明手快,端枪就打,将其击毙,此时一群日军向一排猛扑过来,一排迎面而上,与日军展开了近战、肉搏战。一名日军端着刺刀向一班长扑来,一班长避开敌枪,猛一个突刺,将其刺倒,刚要继续前进,又有两名日军向他扑来,一班长向墙角一闪猛起一刀,刺死一个,击毙一个。一排正在与日军激烈拼杀时,二、三排已从西南突入庄内。二连二、三排也从东侧突入庄内。一排占领了赵家庄,切断了敌人退路。区中队迂回至东陶庄北侧,形成了四面包围之势。日军见势不妙,被迫退缩到竹林,企图负隅顽抗。一连集中火力从西侧,二连二、三排从东侧,迅速楔入敌群,展开搏斗。激战至9时,日军悉数就歼。

在我一连与日军激战时,伪军见势不妙,慌忙向西、西北逃窜,被我二连一排及区中队截获大部分,仅少数残兵逃回磨头镇。

师长率部起义

抗战爆发后，中共地下组织成员施亚夫组织一支武装打入伪绥靖军，编为第七师，施亚夫任师长，中将军衔。新四军东进后，施亚夫即与中共苏中党组织取得联系，伪第七师归属苏中四地委领导。1942年，伪第七师编入伪三十四师，施亚夫任参谋长兼六十五旅旅长，率部移驻如皋城，其组织关系遂划归苏中三地委领导。苏中三地委和如西县委利用这一关系，陆续派李友白、李元儒、李岚、贾政、柳福海、严剑平、张坚民（储骏）、张楚光（江平）、沈正清等打入该部，严剑平任司令部副官，负责收集上层人物动态情报，李友白、李元儒在施亚夫领导的六十五旅（后改为一三五团）负责党的地下工作。1943年冬，如西解放区民兵捕捉到一只日本军用信鸽，经破译，信鸽携带的信件是日本军部向驻如皋城日军的询问信，内容是："如将施亚夫逮捕，能否控制其部队？"三地委书记叶飞立即将此情况向华中局汇报。经华中局批准，施亚夫率地下军决定于1944年1月11日起义。后因地下组织成员郑岩在如皋城转移家眷时失密，伪三十四师师长田铁夫准备于1月5日上午以召开营以上军官会议为名逮捕施亚夫，并将施亚夫部一网打尽。施亚夫获悉后，决定提前于1月5日晨率部起义，并派人向叶飞汇报。为了麻痹田铁夫，1月4日晚，施亚夫故意在田铁夫公馆打了一夜牌，拂晓前叫田公馆汽车司机（原施亚夫的司机）送他回家，然后再命令汽车司机送他出城至驻加力的一三五团团部，施亚夫部在城人员及家属也随同撤离。出如皋城时，岗哨见是田铁夫的专用车，立即放行。施亚夫出西门后，途经陆家庄、加力、搬经等一三五团驻地，向官兵宣布正式起义，并消灭叛逆，摧毁碉堡，于当天黄昏率一三五团1个营300余人顺利抵达如西周庄头三分区司令部驻地。1月7

日，三分区在周庄头召开欢迎施亚夫率部起义军民联欢大会，三地委书记、新四军一师副师长叶飞致欢迎词，专员朱克靖、分区司令员陈玉生分别在会上讲话，热烈欢迎地下军回到解放区。1月24日，延安《解放日报》头版头条以《苏中伪军一营向我投诚》为题，详细报道施部起义经过。《苏中报》《江潮报》也都以特大篇幅报道这一重大新闻，对日伪军产生巨大震动。

火烧竹篱笆

如西县东南边区,处于平潮至丁堰的封锁篱笆线上,许多农户的家宅和耕地被硬性分隔于篱笆两侧,农民到篱笆另一侧耕地干活,必须通过日伪设立的哨所。当时,正值麦收季节,若遇日伪戒严,只能眼睁睁地看着麦子烂在地里。群众中流传着一首民谣:“竹篱笆, 硬分家, 南边田, 北边家, 良田荒芜无法耕,种好的粮食也吃不到它。”人民群众的生命安全更是随时受到严重威胁。1943年5月3日,蒲西区五十里村附近,一个小孩正在竹篱笆边放羊,一只小羊穿过竹篱笆,小孩刚刚将腿伸进竹篱笆准备拉羊,便被巡逻的日军发现。日军用刺刀戳穿肚皮,小孩当即惨死在竹篱笆下。白蒲附近野鸭港的5个农民,想穿过篱笆就近赶路,日军发现后当场打死2人,其余3人被抓到据点惨遭毒打。

时属如皋(东)县丁东区的城东地区大部处于竹篱笆外围。日伪军构筑竹篱笆初期,恐吓沿线群众说竹篱笆通了电,碰了就要被电死。冯石乡民兵队长倪玉为了揭穿日伪军的谎言,就用一条黄狗穿过竹篱笆做试验给群众参观。一些群众仍有怀疑,说:“黄狗身上有毛,不触电。”倪玉就与几个民兵抓来一个伪军,故意让伪军钻竹篱笆逃跑。倪玉戳穿了日伪的谎言,消除了群众对竹篱笆的恐惧心理。日伪又采取在竹篱笆封锁线两侧强行建立“爱护村”“护篱队”的手段,保护竹篱笆封锁线不被破坏,扬言:谁家附近的竹篱笆被破坏,就烧谁家的房子!谁看护的地段竹篱笆被破坏,就抓谁、罚谁、杀谁!抗日军民并没有被日伪军吓倒。

从5月开始,如西县军民和时属如皋(东)县丁东区军民为配合“清乡”区内的反“清乡”斗争,开展了大规模的火烧竹篱笆斗争。

5月4日，如西县蒲西区游击队和民兵300余人，配合主力部队将白蒲至林梓一线的封锁竹篱笆全部拆毁焚烧，并拆割电话线1650公斤。5月16日夜，如西县蒲西、南马塘两区游击队会同如西县独立团率800余民兵，将通如线丁堰至林梓沿河6公里的封锁篱笆全部破拆焚毁，并将公路沿线的电线杆全部拔光。5月20日，破拆竹篱笆战斗全线展开，外围2万余群众自动参加，以100人拆0.5公里分工，将平潮至白蒲、丁堰，再从丁堰折向东至掘港近100多公里的竹篱笆，于1小时内全部拆毁焚烧，烈焰冲天，破竹之声沿线数里可闻。

日伪军急忙又从江南调运大批毛竹，调配兵力，强征民工，重新构筑竹篱笆封锁线。

如西军民和如皋(东)县丁东区军民继续展开火烧竹篱笆斗争。6月4日、16日，连续拆毁白蒲至丁堰的竹篱笆。

7月1日，为庆祝和纪念中国共产党诞辰和七七卢沟桥事变，三、四分区统一行动，调配分区主力部队和县独立团掩护，几十路大军在东自南坝，西到岔河，北起丁堰，南至天生港近150公里长的封锁线上发起总破拆斗争。锯倒电杆，割断电线，挖毁公路，整个封锁线上人声鼎沸。夜11时，随着“放火烧篱笆！”的一声令下，霎时间，火趁风势，风助火威，浓烟滚滚，火光冲天，宛如一条弯弯曲曲望不到头的火龙。日伪军龟缩在碉堡里眼睁睁地看着漫天火光浓烟，不敢妄动。如西县负责丁堰至平潮段，发动1万多人，破拆毛竹80多万支。

时属如皋(东)县的城东区民兵群众，在区委领导下踊跃加入破拆大军，仅冯石乡就有350多人参战。这次破拆竹篱笆斗争，是苏中反“清乡”斗争中规模最大的一次行动，使日伪军苦心经营3个月的封锁篱笆，一夜之间化为灰烬。

由于竹篱笆封锁线连续被破拆，日伪来不及从江南调运毛竹，只能就地到处强征竹子，连群众竹园里的嫩竹也被砍。

为了粉碎日伪阴谋，打破日伪封锁，如西县委、县政府动员全县群众砍光竹子,断绝竹源。6月上旬,蒲西区各农户首先纷纷自动砍光竹园。接着,抗日根据地中心区的江安、卢港等区也掀起砍竹子高潮。

日伪军无法补充竹子,构筑封锁竹篱笆也就成了泡影。10月,日伪军无奈地宣布延期“清乡”3个月。

解放永安沙

1938年9月，中共江苏省委派陈公伯、刘宗仁至如皋永安沙开辟工作时，王宝树跟随同至。王宝树，天津人，幼孤。1937年流浪到上海当警察，此间与中共地下党员陈公伯、刘宗仁过从甚密。当时，永安沙是如皋南境江中一小沙洲。王宝树初到永安沙时当码头工人，后受陈公伯派遣打入何克谦保安四旅当兵。抗战爆发后，永安沙财主为了保护自己的利益，招兵买马组织保安队，陈公伯乘机打入保安队，先后任班长、中队副。1941年2月，陈公伯在上海被暗杀，保安队发生内讧，大队长马成文、任德田先后被暗杀。1942年年初，王宝树接任大队长。后保安队被编为伪如皋县保安大队第四中队，王宝树任中队长。与此同时，中共苏中三地委为了争取这支部队，派如西县东南边区乙种组织区委书记林忠棠到永安沙，以种租田为掩护，对该部开展秘密工作。由于王宝树在前一时期受到中共党员陈公伯的教育帮助，对共产党有一定的认识，很快被发展为中共秘密党员。1944年7月，新四军发动攻势，将西起西来镇、东至平潮镇沿江一线的伪据点一扫而光，永安沙成为江边的孤立据点。伪如皋县保安团团长孟宪平三申五令，要王宝树率部撤往如皋城。王宝树以"受编不受调"为由，按兵不动。7月28日，孟宪平突然率40多名日军和4个连的伪军进驻永安沙。王宝树知道来者不善，请示苏中三地委同意后，于7月30日借孟宪平通知开军官会之机，毅然率领全队150多人驾船起义，奔向如西解放区。孟宪平获悉后，大惊失色，欲追不及，连夜率部逃回如皋城，永安沙即宣告解放。8月2日，三分区司令部召开欢迎王宝树率部起义大会，并宣布成立江防大队，隶属于如西县独立团，由王宝树任大队长。同时，成立如西县江防行署，王宝树兼任主任。

徐湾战斗[①]

1944年9月6日下午，太阳还高高的，日军的船就停靠在东陈据点，准备过夜。敌人知道我如皋一区边界的通扬运河沿线，民兵运动频繁，不安全，连夜将船进行调整，对押运船只的日军、伪军重作部署。敌人害怕我军袭击，到7日上午8点钟才将船开出。每只船的货物高处站有3~4名日军，向大河两岸张望着。河东的陆路上，前头护送船只的是40名伪军；后面两截田远处跟的是17名日军，携着2挺机枪，还有掷弹筒，再后的0.5公里，又是80多名日军，其中一名骑马的指挥官，夸着指挥刀，拿着望远镜，表面耀武扬威、装腔作势，实际上胆战心惊，在日军队伍中勒马慢吞吞地走着。我城东区委6日晚接到东陈据点送来的情报，区委书记林凯、副书记兼区队长钱平当即决定区队迅速行动，派一、二两个连去伏击敌人，区委指定一连连长张贵喜统一指挥，并决定二连连长张汉贤迅速带侦察组化装进东陈据点查明敌人行动情况，规定：如超过50名日军就不正面打，而在敌人经过的线路上袭击，边打边跑；如果敌人超过100人，侦察组就打2枚手榴弹为号；敌人少，我部队就出其不意的狠狠打击。

张贵喜连夜部署，召开连支委会、支部会进行动员，发动大家分析形势，研究打击敌人的具体办法，决定吓走伪军、打击日军，重点消灭日军的尖兵，并挑选了两名神枪手，目标是日军的指挥官。如遇大股敌人，则打两枚手榴弹，放他们过去。要听连指挥所命令，打敌人大队的“屁股”，使敌人首尾难顾。经过周密部署后，大家觉得采用这个战术可以使日军、伪军互相矛盾，敌尖兵防而不备，从而打他个措手不及。并定于7日凌晨2点吃早饭，4点半到达目的地隐蔽好，同时要求长胜乡治安员王学有

①根据袁广文的回忆文章整理。

带路。

7日凌晨，部队按计划到达离东陈据点四里的徐家湾西通扬运河边，连的指挥单位驻傅万如家，130多名战斗员均进入伏击地点的玉米秆棚里。当时，天气闷热，蹲在棚里快4个小时了，还不见敌人，同志们都很焦急。9时许，大河上出现货船，船上有敌人。一会儿，伪军走过了，货船陆续进入我军伏击地段，日军的尖兵也逐渐进入我伏击圈。忽然，日军大队人马后手榴弹炸响了，张连长未及命令隐蔽，战士已跟敌人拼上刺刀。敌尖兵全被包围，满田野都是新四军，真象是“天神”下降，敌人吓慌了，机枪、长枪均不听使唤了。两名日军用刺刀向范裕奇、张增祥刺来时，杨太和已将他们的捷克式机枪夺走。敌人慌了手脚，有的把枪往河里抛，有的往大河里跳。有4名日军为保九六式机枪，抱住不放连滚带爬地往大河边逃，我军甩了10多个手榴弹，炸倒了3个敌人。一排长周骏发赶上去夺九六式机枪时，被装死的敌人刺了一刀，负了重伤。三班长薛加有见此情景，怒火冲天，决心刺杀装死的敌人，夺回九六式机枪，为排长报仇。他跑到离敌人不远的地方时，不幸中弹牺牲。这时，战场上气氛万分紧张。伪军虽然被吓得南逃，但北边还有大股敌人，80多名日军，听到后边榴弹爆炸声，开始还以为是民兵打的。敌人指挥官站到马上瞭望时，“叭”的一声，我军神枪手的子弹从他耳边擦过，吓得他跳下马就往大河边逃。这次战斗，我军共缴获新捷克式机枪1挺、掷弹筒1个（晚间从河里打捞到的）、三八式步枪数支。几天以后，四分区受到陶勇司令通令嘉奖。

东陈猛击鬼子兵①

1944年9月初，苏中第四军分区陶勇司令员向全分区的武装部队提出了杀敌缴枪比赛的号召。不久便到处捷报频传，人心大快。分区七连到处寻找战机，但敌人吃了亏，学乖了，不敢轻易露面。

一天，歼敌的机会终于来到了。侦察班向我报告：最近几天从东陈到丁堰的公路上，每天都有一个排的伪军来回走。他们早8点出城，晚4点回城，估计是交通线上的巡逻队。这条公路大家熟悉，一条笔直的公路从如皋而来，在离东陈500多远的地方转了个胳膊肘弯，穿过丁堰一直向南而去。大伙儿选择了公路拐弯地段作为打伏击的阵地。这是一个打埋伏的好地形，公路的右侧是运盐河，左侧是一片高地，只要把部队埋伏在这狭窄的地段，居高临下，敌人就很难跑掉。这里虽然就在敌人的眼皮底下，但只要隐蔽得严密，也能打敌人个出其不意、措手不及。

这天半夜里，部队就悄悄地来到了徐家湾附近公路的两侧。连长把3个班隐蔽在3间民房里，3个班埋伏在公路西面的玉米秆堆里；通东陈方向布置了2个班，准备阻击可能出来的援敌；配合的第三游击队担任丁堰方向的打援。全连唯一的一挺轻机枪，设在房后的芦苇丛里，战斗一打响，可以飞快地抢占高地。太阳刚露头，我军就神不知鬼不觉地布好了一个口袋阵，只等敌人钻进来。

9月的如皋，天气仍十分炎热。到了六七点钟，蹲在玉米秆堆里的战士们已经闷得全身湿透。但是，为了歼灭敌人，战士们个个严守铁的纪律，没有一个喘大气，更没有一个探出头来透透气的。

①根据张贵喜的回忆文章整理。

8点钟光景，侦察员跑来报告：从如皋来了150多名日伪军，已进东陈，要到丁堰去，大概9点钟到达咱们的伏击区。这消息可乐坏了战士们，马上就要痛痛快快地打敌人，这真叫人解渴哩！虽然敌我兵力悬殊，但在敌人精神上毫无准备的情况下，我们依仗有利地形，猛杀一阵，照样能打个漂亮仗。于是，连长叫部队隐蔽好，规定枪一响，就展开战斗。停了一会儿，连长想到芦苇丛去亲自掌握机枪组。刚出后门，扭头一看，好家伙，远处公路上已黑压压来了一大串，运盐河里又有5只大木船，不知装着什么东西。连长急忙走向芦苇丛，抬头一看，没料到日军今天是兵分三路！在离屋后约300米远的田埂小路上也过来了五六个；左边玉米地，又斜刺里穿过来十几个。今天可有出热闹戏演了！连长弯腰钻进芦苇丛里，暗示机枪组先不忙动，等敌人过去，再从后面把敌人压到公路上。这工夫，敌人已从前面走过。连长从芦苇丛的缝隙中望出去，日本兵已接近民房。正在这时，司务长范玉琦从门里探出头来看情况。敌人一看房内有人，"嗖"的一声，按上刺刀，把战斗帽往前一奋拉，端起枪就往屋里冲。此时，三班长从房内冲出，当头一枪把前面的敌人打倒了。枪已经响了，连长立刻跳出芦苇丛，用快慢机一个连发打死了1个敌人。其余敌人见事不妙就往河边路上跑。机枪射手陆银祥一个箭步上去抓住了一个日本兵的后衣领，对准脑袋猛击一拳，日本兵一个踉跄昏倒在地，连长又上去补了一枪。这时，房子里的3个班听到枪响，全部冲出屋，散开在高地上，对准路上的敌人猛烈扫射。陆银祥的机枪组也飞快抢占了高地，雨点般的子弹向敌人扫去。从玉米地过来的敌人，听见枪响愣住了。就在此时，战士们一下子推倒玉米秆，突然出现在敌人的眼前。有几个敌人还没弄清是怎么回事，子弹已经穿透胸膛，其余的急忙跳上公路逃跑。

日伪军没料到离东陈这样近会遭到伏击，也没有想到游击队竟敢和150多人的大队硬碰，因此一点准备也没有，有的人枪里都没装子弹，大部分弹药还在船上。在这狭窄的转弯三角地段上，到处响着枪声和手榴弹的爆炸声，敌人无处可藏，顿时被炸死、炸伤一大片。就在敌人像无头的苍蝇乱冲乱撞的时候，连长站起来一声大喊："同志们，冲啊！"接着，司号员也一股劲地吹起冲锋号，高坡上的战士个个像下山的猛虎，冲向敌阵。敌人更乱了，看看前后被堵，无路可逃，就连滚带爬往河里跳，企图乘船逃跑。这下，可真是打落水狗的好时候了。连长叫陆银祥把机枪架在公路上，向河里猛扫，日军被打得像鸭子似的直往水里钻，只要一露出水面，随着枪响，脑袋就立即开花。

日伪军很大一部分沉下河底，也有不少攀上了大木船取弹药，堆置掩体，看来还要顽抗一阵呢！连长决定不给敌人还手之机，立即叫四班、五班用手榴弹攻击木船。这两个班里有好些大力士，榴弹投得又远又准。不一会儿，有两只木船被炸起火，烧了起来。

突然，哒哒哒……一连串子弹从连长头上飞过。连长向右边一看，在五六十米远的地方，一处不引人注目的茅草丛里，敌人隐蔽的一挺机枪正吐着火舌。连长急忙叫身边的七班从右后方迂回上去干掉他们！在火力掩护下，七班长带了两个战士，从一片洼地里绕道冲向敌人。战士们先甩去几颗手榴弹，炸倒一个敌人后，就冲上去和剩下的敌人扭成一团，争夺机枪。七班长力猛，把一个日本兵打翻在地，随手抄起一块石头，把他的脑袋瓜砸碎了；另一个战士把机枪夺在手里，又被日本兵用嘴咬住手，他手一松，机枪又落入日本兵手中。这个日本兵立即把机枪断成两截，一翻身就想往河里跳，被七班长赶上前去一把抓住右手，日本兵一转身，用左手拿的机枪柄向他脸上打去，七班长闪身躲过，就势飞起一脚，正好踢在他的小肚子上。这家伙发出"嗷"的一声惨叫，死猪似地倒在河边。七班长接着朝着他的胸部猛踩了几脚，结束了其性命。这场战斗只撕杀了20多分钟就结束了。这一仗，我分区七连打死打伤20余名日军和伪军，缴获1挺捷克式机枪。剩下的日伪军乘着4只木船，仓皇逃离东陈。

虎口拔牙

抗日战争时期，如皋县城东区冯石乡是我苏中四分区抗日斗争的边缘地区，与它近邻的宗城乡就是敌占区。宗城乡伪乡长邵国桢，是个恶贯满盈的恶棍，他和伪保安中队长朱开聪拜了把兄弟，积极推行伪化，编保甲，组织壮丁自卫团，妄想长久地实现清乡的美梦。对待老百姓则敲诈勒索，苛捐杂税多如牛毛，压得宗城乡的人民喘不过气来，纷纷要求我冯石乡的民主政权去惩办这个坏家伙。

冯石乡党支部，经过研究，决定去干掉邵国桢，以打击敌人的嚣张气焰。可是谁去呢？大家一致提议让孙同和去。孙同和是个非常机智勇敢的民兵，他多次完成党交给他的任务。于是，指导员、大队长就一起去找孙同和布置任务。

孙同和见大队长、指导员来了，猜到有任务，就主动问："有什么任务交给我吗？"

大队长微笑着说："任务是有的，就怕你不敢接受。"孙同和赶紧说："大队长，你哪次交给我的任务，我没完成呢？抓敌人、扒电线、破篱笆都完成了。再难的任务我也能完成，你就快说吧！"

指导员郑重地说："这次任务不比以往，以前都有群众的支持和掩护，发生危急还可以向中心地带转移，这次任务可是危险性很大啊！"

孙同和坚决地说："只要让我去杀敌人，危险再大我也去。"

指导员用手一拍孙同和肩膀说："好！这次是要派你到宗城乡去，把伪乡长邵国桢除掉，行动要快，动作要利索，使敌人措手不及。这就好比虎口拔牙！"

孙同和高兴极了，他恨透了这些汉奸，毫不犹豫道："保证完成任务！"

接着他们三人研究了行动方案。伪宗城乡是“清乡模范乡”，人生地不熟，而且还要通过封锁线，但是这次行动要搞得既快又好。所以，他们都认为白天比晚上行动好，于是把时间定在1944年中秋节的前一天，还要找个熟悉宗城乡情况的民兵一起去，最后决定崔桂南同去。崔桂南本是宗城乡人，是个出身贫苦的佃农。14日上午，孙同和找到崔桂南，约他一同去执行任务，崔桂南一听很高兴，并出主意说：“要去下午就从双榉树东边过河，河南、河北人家少，距离丁堰、石家甸敌伪据点都有五六里，那里好。”午后两人出发了，孙同和带着手榴弹和短刀，崔桂南带着杀猪刀，两人跑到接近竹篱笆的一块田里，观察四周，未发现敌情，然后以最快的速度，破竹篱笆、穿公路、游大河过了封锁线，到了河南的宗城乡。

上岸后，崔桂南提出：“邵国桢这家伙狡猾得很，一般群众恐怕难知道他的行踪，找伪保长了解，可能知道。”孙同和赞许道：“好，就这么办！”说着他们就把刀、榴弹束在腰间，快步从小道跑到伪保长宗序功家，没有遇到伪保长，也没发现到邵国桢的行踪，又到伪保长宗炳秋处，也没有找到人。最后到伪乡公所，遇到一个织布匠，说乡长、保长今天到贾义太油坊吃酒赌钱去了。得到线索后，他们立即向贾义太家走去，与贾义太家隔着一条小河是严海庭家，他们涉水去向严老爹打听消息。严老爹说：“贾义太家今天请客，乡长、保长都在赌钱呢！我的儿子还在那里帮做菜。”

情况得到证实后，孙同和和崔桂南迅速潜到贾宅门前的一块棉田里，观察屋内的动静。只听屋内高唱牌儿经，吵吵嚷嚷好不热闹。孙同和、崔桂南做好出击前的准备，揭开手榴弹盖子，拉出弹弦，以轻快的步子，快速跑到贾宅门口，崔桂南探头往里一看，示意邵国桢坐在门西边，面向北。孙同和点头会意，一个箭步冲进去大声喝道：“把牌放下。”伪乡长这时赌兴正浓，听到喊声，不耐烦地说：“开什么玩笑？大惊小怪！”随后歪脑袋一望，见两个陌生的黑粗汉，一个手拿手榴弹，一个手持着杀猪刀，顿时吓得魂飞魄散，嘴唇直抖。

屋内的其他赌徒，也吓得放下牌来，但他们一望站在门口的崔桂南，又像抓住了救命稻草。有人说："老四，你回来了，家里人不要误会嘛！" 有人忙着倒茶说："快请坐，快喝茶。"

就在这空隙，邵国祯也不顾桌上的钞票，捞起长衫就往外跑。他的勤务兵俞天飞见来的只有两个人，就大声呼喊"捉匪"。

孙同和急中生智大声下令："游击连快上来包围，捉活的。"

邵国桢更吓得慌了，拼命往前跑，还想伸手摸枪。

孙同和眼捷手快，不等他把枪摸到手，就把手榴弹扔了出去。只听得"轰"的一声，邵国桢一个踉跄跌倒在棉花田里，孙同和、崔桂南紧跟着冲上前去，崔桂南一脚踩住邵国桢，邵国桢挣扎着哀求："饶了我吧，饶了我吧。"

孙同和气愤地说："饶！没那么容易，今天就用这把杀猪刀结束你的命。"说完从崔桂南手里接过杀猪刀，一刀戳进了伪乡长的胸膛，随之踢了一脚，死尸不动了。

孙同和、崔桂南相视一笑，他们胜利完成了任务。在夕阳的余晖下，二人安全返回冯石乡。

围攻如皋城

1945年9月2日，日本政府正式签字投降。但驻守如皋城的伪独立十九旅旅长孔瑞五及伪保安大队大队长孟宪平，率3000多名伪军负隅顽抗。

新四军苏中部队执行毛泽东主席和朱德总司令的命令，在相继解放泰兴、兴化和逼退海安、曲塘日伪军之后，主力迅速向南挺进，解放苏中三分区境内日伪最后一个据点——如皋城。

为配合主力作战，如西县政府成立攻城总队部，号召全县武装和人民紧急动员，先行围困如皋城。时属如皋(东)县的丁东区和时属泰县的如城区、海南区、雅周区也相应组织武装民兵和群众参加围困如皋城。

深受日伪军蹂躏的如皋西乡人民，听到围攻如皋城的消息后，立即掀起参战热潮。如城区人民编了四句顺口溜："打下如皋城，活捉陈宝仁，还有黄国仁，中央军等不成(陈宝仁、黄国仁都是残害如城区群众最凶的汉奸)。"自主报名参战的民兵有500多人，全区群众还组装担架500副。攻城指挥部下达给江安区捆扎100个"泥牛"(用高粱秆、稻草和泥土扎成，作土坦克、土碉堡和填架浮桥之用)的任务，不到半天就全部扎成。

9月15日午夜，3个县地方武装和民兵1万多人，浩浩荡荡直抵如皋城脚下。在城周围6公里范围内，一切道路全部被封锁，如皋城像一座孤岛被围得水泄不通。

16日，新四军主力部队一部赶到攻城前线。18日下午4时，苏中部队在司令员管文蔚、政委吉洛(姬鹏飞)率领下，浩浩荡荡开抵攻城前线，由二旅旅长刘飞率四、五团进攻西门，特二团团长彭寿生率部攻打东门，人民抗日自卫军通如纵队司令施亚夫率特务四团和如西县独立团攻打南门，并向城内伪军发出最后通牒。此时，孔瑞五、孟宪平仍拒绝投降。

17日晨，在丁东区军民的攻击下，驻守在东门外的伪军仓皇撤逃进城。民兵随即占领了东门外街道、电灯厂和美国教会洋房。同日，如西军民在南门扫清了南门外大觉庵、地藏庵等处伪军构筑的工事、据点，直抵南门城河吊桥；在西门攻占西门城外常安、大圣庙等处的坚固工事，并肃清了街道上的残敌。北门外驻毛猪加工厂的伪军，在泰县军民的攻击下，也一触即溃，撤逃进城。面对抗日武装的强大攻势，孔瑞五、孟宪平还在垂死挣扎。

18日，新四军对守城伪军展开炮击，并在万余民兵协助下，挖掘战壕，用"泥牛"堆工事、填城河、架浮桥。江安区民兵队队长高岭春带领民兵从城外的居民屋内挖地道，直达城河边，从地道里把架浮桥的工具运到城河边，泅水抢搭浮桥。丁东区民兵苦干一夜，在离城河40米的地方，用"泥牛"堆起一个与城墙一样高的大碉堡。天亮后，伪军发现城外的情况大吃一惊，说新四军简直是神兵天降。围攻北门的卢港区民兵，将水桶套上衣服，夜里推入城河，守城的伪军发现后，误认为是新四军偷渡城河，一整夜对着目标拼命扫射，待天亮才知上当。

9月20日，正逢中秋佳节。守城伪军眼看求援无望，加之被困6天，城里已无菜可买，更是人心惶惶。新四军阵地上却是一片欢腾，如西县人民群众将中秋过节的物品和支前工具源源不断地送到阵地上，仅南马塘区就送来攻城需要的棉花絮1200条。度军井区湾子头有婆媳两个寡妇(其爷儿俩都是被伪军打死的)，听说攻城部队需要牛车，她俩便从大老远将牛车推到城边，支援部队攻城。

21日1时，总攻开始。顿时，全城四周枪鸣炮吼，冲锋号声响彻夜空。突然，天空下起倾盆大雨。战士们在军号声中，冒着大雨向着城河冲去。为了保证主力部队通过城河，民兵们给方桌装上轮子，桌上叠着湿棉被向前推进，掩护搭桥。可河坎陡滑，轮子直往河底滚。度军井区民兵钱正富等人跳进水里，用肩膀顶住浮桥，一个连的战士就从这座由人支撑的浮桥上冲了过去，向城头攀登。

眼看新四军就要攻上城头，孔瑞五急得暴跳如雷，命令所有伪军全部集中到城头，用机枪拼命扫射，用刀乱砍乱杀。

施亚夫指挥通如纵队在白衣庵屋脊架起机枪，压制伪军的火力。二连副连长王先纪率领18名勇士组成的攻城突击队，迅速冲过开阔地带，渡过城河，接近城墙，架起云梯向城头攀登。伪军集中4挺机枪向突击队疯狂扫射，周朝贵中弹倒下，四班班长孙正明敏捷地爬上城头，将手榴弹塞进东边的敌碉堡。爆炸声中，后边的战士紧紧跟上，王先纪、蒋怀宪、顾金民、万红和先后登上城头。后续部队迅速跟上，城头缺口迅速打开、扩大，我军迅速杀散伪军，冲进城内，搬开沙袋，打开城门，新四军主力攻入城内。部队突破南门后，即分东、西两路，消灭守城伪军。战斗进行至21日下午1时，新四军全部进城，围攻如皋城战斗告捷。

延安《解放日报》在报道如皋城解放的新闻导语中写道："如皋战役最大的特点，为万余民兵协助正规军进行了密不透风的围攻。"

皋南战斗

从1946年7月中旬到8月下旬，在极为艰难的条件下，粟裕等指挥华中野战军，在苏中地区接连进行7次作战（苏中战役），七战七捷，首战宣泰。

宣泰战斗结束后，李默庵判断华中野战军主力已西进，如皋城空虚，急令四十九师全速推进，乘虚攻打如皋城。同时，因原定合击如皋的国民党军已被华野歼灭，改调六十五师和六十九师九十九旅分别由扬中、江阴渡江增援。

粟裕司令员考虑到南通之敌见华野主力远距如皋百余里，必然麻痹大意，若将主力迅速东移，兵出神奇，必可陷敌于被动混乱之境而歼之。于是，先以汽艇赶运七纵五十五团增援扼守如皋城的一分区武装，并以少量部队在丁堰、东陈至如皋城一线阻击。同时，令一师八团和七纵六十一团阻击泰州东犯之敌，六师四十七、四十八团继续围歼泰兴之敌，以造成华野主力仍在泰兴的假象。其余主力(10个团)挥师东进。

7月16日10时，国民党军四十九师除留一〇五旅驻防南通等地外，兵分两路，倾巢北犯：右路由师长王铁汉亲率师直属部队和二十六旅胡昆部七十六团、七十八团，自白蒲出动；左路由七十九旅文礼部二三五团、二三七团，自平潮出动。国民党如皋县党部、如皋县政府、如皋县“难民还乡团”等也随军行动。

王铁汉率右路部队刚出白蒲，即遭到分区武装和如皋地方武装的阻击、袭扰，大部队只能像蜗牛一样行进，16日占据林梓，17日占据丁堰，17日晚抵达离如皋城5公里的宋家桥和张八里一线。王铁汉率师部进至鬼头街、田肚里地区，师部驻田肚里，二十六旅旅部驻蒋家庄，七十八团随师部驻田肚里，七十六团团部驻鬼头街，并派1个营驻丁堰镇。左路部队七十九旅经由新坝、孙家窑坝、南马塘进至宋家桥、杨花桥地区。王铁汉站在田肚里的高处，用望远镜瞭望如皋城头，狂言："三天拿下如皋城。

根据国民党军的进攻态势，分区司令部重新部署兵力，总的作战意图是将国民党军阻击在如皋城外。

7月17日上午11时起，国民党飞机在如皋城上空盘旋、俯冲、轰炸、扫射，如皋城内火光冲天，许多无辜的群众被炸得血肉横飞。

同日午时，华野东移部队已抵达分界、加力地区。12时30分，华野司令部进至加力北边的郭家庄。同日晚，地委和分区召开敌情分析会议，连夜紧急动员，加固工事，补充弹药。

18日上午10时，王铁汉指挥左右两路部队会攻如皋城，先是对城外阵地猛烈炮击，然后在飞机的掩护下轮番进攻。由于分区部队勇敢顽强的反击，王铁汉部不仅没能前进一步，反而被迫在丁堰西南一带转为防御。午后，王铁汉发现华野主力正向其两翼迂回，预感到若如皋城久攻不克，便有全军覆没于如皋城南郊之虞。因此，命令部队组织强攻。

守卫如皋城的战斗异常艰苦，许多防御工事被炮火摧毁，部队伤亡急增。下午3时左右，粟裕司令员电话指示：不惜一切代价守住如皋城至黄昏，保证主力歼敌于城外。这时，第七纵队的五十七、五十九团主力率先赶到，守城将士士气大振，很快将国民党军的攻势压制住。当晚，华野主力发起总攻，分区地方武装5000多人转而投入对四十九师的围歼战。

18日凌晨，华野先头部队赶到预定地点。9时许，一师二团插至白蒲北三里楼，切断了国民党军四十九师的退路，并迅速控制陈家埭、李家庄、陈家庄一线。同时，一团占领林梓。下午，各团投入战斗。一师一团由林梓向北攻打丁堰，将丁堰残敌七十八团一、二两连压缩在镇西南纱厂之内。三团、九团则分别由鞠家庄、南马塘进攻鬼头街。午后1时许，歼敌七十六团大部，占领鬼头街，割断田肚里与丁堰间的联系。晚9时，九团攻蒋家庄，与敌成对峙状态；七团由南马塘向田肚里搜索前进，至冒家长庄与敌接火，歼灭该庄守敌一营后，逼进田肚里。

田肚里是鬼头街的一个小村庄，王铁汉满以为这里是几万人马的战斗指挥核心，四周有重兵固守，应当算安全地带。但当鬼头街、蒋家庄、冒家长庄相继失守后，王铁汉警觉起来，立即组织反击，妄图夺回失掉的阵地。

这时，华野七纵五十五、五十九、五十七团分别向老韩庄、斜三官殿、老坝头方向压进。深夜，被困于蒋家庄、田肚里一带的国民党军越发惊恐不安，他们害怕夜战，便放火烧民房，大火熏红了半边天。华野指战员乘此光亮跃动前进，逐渐缩紧包围圈。至19日拂晓，七团攻占小韩庄。下午2时，七团三营首先攻入王铁汉师部，又猛插山炮营阵地。至下午4时，蒋家庄、田肚里地区残敌悉数就歼，师长王铁汉化装成伙夫，率百余人逃往宋家桥。如皋流亡县长王运典等，被如皋地方武装俘获。

20日凌晨3时，困守在丁堰纱厂的国民党军七十八团一、二连以及如皋保安中队共300多人，在华野一师的强大政治军事攻势下，缴械投降。

18日上午，华野六师兵分两路，对国民党军七十九旅文礼部实行战略包围。北路五十二、五十三团插至宋家桥北十里墩；南路五十四、四十六团直指杨花桥。在守城部队（不足两个团）的配合下，五十四团率先发起进攻，因兵力投入过少，攻击没有成功。19日晚，增调五十二、五十三团参战，仍未奏效。

20日下午，华野一师一团由丁堰奔袭宋家桥，配合十八旅再度发起强攻。国民党军凭借河道屏障顽强抵抗，双方伤亡惨重，一团几乎损失一半兵力，敌七十九旅残余的一个团也死尸枕藉，弹尽粮绝。21日中午，国民党派遣美制巨型运输机轮番飞临杨花桥阵地上空，空投弹药和粮食。但因国民党军阵地狭小，风势偏大，空投的物资大部分被我军截获。

21日晚，华野六师集结4个团兵力发起猛攻，但战斗再度受阻。

华野司令部本拟于22日集中一、六两师兵力全力总攻，但到了22日，军情急变：国民党增援部队六十五师已进至贺家坝，〇五旅已全部赶到，交警第七、第十一两个总队的一部分兵力也赶到林梓附近的姐儿桥。华野司令部当机立断，放弃对七十九旅残部的围歼，于23日拂晓主动北撤。皋南战斗结束。

皋南战斗是苏中战役的第二次大的战斗，虽然杨花桥和宋家桥未能攻克，但整个战斗战果辉煌，计歼敌1万余人，其中击毙四十九师师参谋长朱启宇以下4000余人，俘虏四十九师副师长王克俊、二十六旅旅长胡昆以下6000余人，缴获各种口径炮200余门、轻重机枪500余挺、长短枪4000余支、子弹30万余发、电台16部、骡马315匹。

战后，毛泽东以中央军委主席的名义，向粟裕和谭震林发来贺电："祝贺你们打了个大胜仗。"延安《解放日报》分别于7月21日、7月23日头版头条以《泰兴如皋自卫告捷，蒋军一万二千放下武器》《如皋之役蒋军万余放下武器》为题进行报道。

丁林战斗

1946年7月23日拂晓，皋南战斗结束，华野主力部队主动北撤。下午3时，一地委、一专署和一分区司令部及如皋县党政军机关也主动撤出如皋城。李默庵以两个整编旅的代价换得一座空城，下令交警七、十一两个总队驻守丁堰、林梓，四十九师一部驻守如皋城，并组织5个主力旅北犯海安。

7月30日至8月3日，华野第七纵队在海安多次进攻，毙伤国民党军3000余人。8月10—11日，华野第一师在第六师、第七纵队支援下，奇袭李堡，歼国民党军5000余人。这是华野在苏中战役中取得的第三、第四次战斗胜利。苏中战役的连续胜利，再一次打乱了李默庵进攻苏中解放区的计划，极大地鼓舞了华野部队指战员的士气。李堡战斗时，华中野战军政委谭震林已来到前线，华中军区又增调生力军第五旅和军区特务团，敌我态势出现有利于华野的明显变化。粟裕和谭震林根据敌我态势的变化，向中央军委和新四军军部请示，拟南下丁堰、林梓，钻到国民党军肚子里去打，寻求歼敌良机。毛泽东主席于8月20日以中央军委名义亲拟电文指示："同意你们南下作战，但不必强攻城市。""在攻占通如线后，敌人也有固守原地、不敢南下的可能。在敌人不敢增援的情况下，可以西进如(皋)黄(桥)公路，相机强占黄桥，来调动如皋、海安之敌回援而歼灭之。"

粟裕和谭震林接到中央军委电报后，当晚，留七纵佯攻海安以迷惑敌人，率其余16个团向南挺进，直插丁堰、林梓。3万多人夜间行军，鸡犬不惊，国民党军更无从知晓。21日晚7时，华中野战军开始向攻击点运动，以一师七、八两团主攻丁堰，六师五十一、五十四团主攻林梓。丁堰战斗于21日夜11时半打响，华中野战军避开西、南方向的通扬运河障碍，直接从镇东突击。七团担任主攻，一营攻打丁堰东街，二营攻打三元宫、奶奶庙，其余为第二梯队。在当地民兵的带领下，一营战士趁着夜色从镇东北角秘密接近敌防御工事。当交警部队发觉时，一营已突破前沿阵地，进入镇内，并迅速歼灭防守东街的1个中队，继续向纵深推进。二营七、八连进攻奶奶庙时，突然遭到交警架在大树和屋顶上的重机枪火力封锁，因伤亡太大，不得不暂缓进攻。一师师部速调九二步兵炮连，用火箭筒和六〇炮摧毁了该制高火力点。随后，部队发起第二次进攻，突入大街。0时，三营攻占了三元宫及奶奶庙，并与一营合力扫荡东街残敌，至22日3时，东街被全部占领。八团一、二营也同时歼灭了观音山、祖师庙以及镇西街守敌。4时许，七团二营利用民兵架好的浮桥向纱厂守敌发起冲锋，一营三连、三营九连则从北面涉河进攻。纱厂驻有交警七总队队部，是敌军防守核心，火力相当猛烈，九连打得只剩下三排副排长和30多名战士。但英勇的七团指战员们前仆后继，顽强作战，终于拂晓时分攻克纱厂。驻丁堰的交警除1个大队（约300人）逃往东陈外，其余3个大队悉数就歼。

8月21日夜9时半，林梓战斗打响。华中野战军根据林梓只驻有交警十一总队第一大队和二十六旅残部1个营的兵力情报，决定以五十四团主攻，五十二团一部攻击龚家码头。战斗打响后，交警凭着日军遗留下来的5个八到十米高的大碉堡和临时修筑的发射点，阻止华中野战军的推进。战斗一夜，华中野战军以伤亡1个连的代价，仅占领了镇北林梓小学和一个大碉堡。经审问俘虏才知道，林梓镇守敌已增加了一个大队的兵力。华中野战军遂于下午2时集中五十二、五十三、五十四、四十七4个团的兵力，猛攻交警守备的最强点——粮行和东南方向的几个地主大院，摧毁3个大碉堡群，攻入粮行、沈景忠大院、沈树勋大院、关帝庙和观音堂。随后，又集中兵力围攻三元宫和石板桥之敌。战斗仅2个小时，全歼敌交警2个大队和二十六旅残部1个营。

丁堰、林梓战斗的胜利，为华中野战军打开了突入敌后的大门。此战共歼交警第七总队总队部和5个大队以及二十六旅残部1个营计3000余人。其中，击毙交警第七总队长熊剑东以下

1000余人，俘虏总队副以下2000余人。缴获各种口径火炮14门、轻重机枪132挺、长短枪1328支、炮弹500发、子弹20万余发、电台2部、电话机51部以及大量美制刑具。华中野战军伤亡900余人。

如黄路战斗

丁堰林梓战斗后，李默庵断定华中野战军主力下一步将攻打如皋。于是，一面下令增强如皋城防务，一面下令驻扬州的第二十五师兵分三路向苏中解放区江都县的邵伯镇进攻，以保护其已占领的如皋、海安阵地。在此期间，李默庵三次亲临如皋，与前线指挥所主任罗觉元和四十九师师长王铁汉谈话，指点防务。

针对李默庵的部署，粟裕和谭震林决心“攻黄（桥）救邵（伯）”，急令华野第十纵队（3个团）和二分区武装（2个团）全力坚守邵伯；第七纵队在姜堰、海安之间发动钳制性进攻；一师、六师、五旅、特务团于8月23日夜间越过通榆公路，向国民党封锁圈的中心挺进。李默庵认为如皋城已成三面被围的态势，急令驻黄桥的九十九旅（缺1个营）东进，增援如皋城防务。九十九旅旅长朱志席深恐途中遭华中野战军袭击，要求如皋方面派兵接应。李默庵命令驻如皋城的四十九师师长王铁汉统一指挥由海安派出的六十五师一八七旅、七十九旅各1个团和九十九旅留驻如皋城的1个营，兵分三路接应黄桥援军。

8月24日，华中野战军司令部获悉李默庵调兵的行动意图后，做好在如黄路与敌作战的准备。25日清晨，华野司令部到达荡里，一师到达加力、古溪一带，特务团到达古溪附近，六师到达分界附近，五旅到达磨头西北。上午，敌九十九旅到分界后，即被六师四十六团咬住，四十七、四十八团迅速插入敌后，断其退路。如皋城方面出城接应的敌军在谢家甸被一师七团咬住，五旅插到葛家庄、十里墩、阮家庄、邱庄一线，截断其归途。同时，华野司令部急令泰兴县总队配合特务团行动，一分区部队和如皋县总队围困如皋城之敌，九分区武装在皋南阻击国民党“荣誉二师”的北援。

8月25日午后，华中野战军分别对分界和谢家甸两地之敌发动进攻，因国民党军出动的兵力比原先估计的要多得多，相比之下，主攻力量显得过于薄弱。在分界，六师四十七、四十八团由横巷向北占领小二房庄，将阻援任务交特务团后，继续向东攻击；五十三、五十四团由大、小杨庄向北攻击；四十六团和五十二团则以分界为主攻方向，自芹湖、大界沟向西、南实施多路攻击。当晚，六师占领大小界沟、沈家巷、杨家埭和大、小杨庄以北地区，将国民党军压缩在荡里和东分界这一狭窄地区内，激战整夜，未能解决战斗。在谢家甸方面，一师以七团主攻，八、九团于侧翼配合，也因兵力悬殊，激战一夜后被迫撤退下来。

华中野战军司令部分析形势后，清楚地认识到，邵伯、如黄路敌我双方谁先解决战斗，谁就能掌握苏中战役的主动权。于是，华中野战军司令部当机立断，先集中优势兵力打掉分界的九十九旅。8月26日上午，将一师一旅（3个团）西调，配合六师以10个团绝对优势的兵力围歼九十九旅。至下午1时，分界战斗结束。

九十九旅全军覆没，在苏中的国民党军全线震惊，进攻邵伯的国民党军于当日黄昏龟缩仙女庙、宜陵一线迅速被歼，战斗胜利结束。这是苏中战役的第六次战斗。此战支持了华中野战军在如黄路的作战。在分界的7个团挥戈东指，会同一师三旅（3个团）和第五旅（3个团）围歼谢家甸的国民党军。

27日，李默庵为了挽救失败命运，派出“野马式”战斗机掩护被围困于谢家甸的国民党军突围。华中野战军六师五十四团三连一排副排长徐文秀用机枪击落敌机1架。绝望的国民党军官兵开始以营为单位向如皋城方向突围，但他们一旦离开工事便四处挨打，至下午5时，大部被歼。此时，五旅已插至如皋城西南，截断了残敌逃路。因五旅的制服颜色与国民党军相似，残敌误以为援军赶到，于是欢呼雀跃，可还没清醒过来就被缴械。五旅乘胜西进，攻占黄桥，守敌5个连投诚。苏中战役最后一战胜利结束。

如黄路战斗为苏中战役中歼敌最多、缴获最多的一次战斗。共歼国民党军九十九旅、一八七旅和七十九旅一个团、一〇五旅半个团计1.7万余人，其中俘九十九旅旅长朱志席、一八七旅旅长梁采林以下1.2万人。缴获各种口径火炮72门、轻重机枪511挺、长短枪3500支、子弹31万余发，击落飞机1架。华中野战军伤亡3500余人。

如黄路战斗结束后，毛泽东亲拟电文以中央军委名义通报全军，并将这次战斗写入《集中优势兵力，各个击破敌人》一文，后被收入《毛泽东选集》第四卷。

苏中战役“七战七捷”，总计歼灭国民党军5.6万余人，其中在如皋境内的三战歼敌达3.3万余人。

机枪歼敌机

1946年8月23日至27日的如黄路战斗是苏中战役“七战七捷”中的第七仗。

8月26日上午，被我华中野战军各路大军包围在谢家甸、加力一带的国民党军九十九旅、一八七旅及七十九旅、一六〇旅、六十三旅的一部分，以营为单位突围，蒋空军派飞机2架，予以掩护。这时，我六师十八旅五十四团二排副排长徐文秀，正带着战士埋伏在如黄线北边朱家庄的隐蔽处，看见敌机往返盘旋俯冲扫射，一次又一次从头顶上掠过，心想：敌机飞得那么低，简直要把树头刮断，机枪的火力是够得到的。于是就将他手中的轻机枪的两只脚架在大个子机枪手的肩上，等待最佳时机予以惩罚。当天下午4点多钟，蒋军飞机又俯冲下来，巧得很，正从徐文秀同志头顶上掠过，他立刻扣动扳机，“哒哒哒哒哒哒”6颗子弹击中敌机尾部，霎时这架敌机拖着一股浓烟，向东南方向急剧坠落。另一架敌机慌乱中穿入云层，向泰州方向逃去。

那架被击中的银灰色“F-51”敌机，拖着黑尾巴，坠毁在阵地东南超过15公里的如皋县度军井区高曹乡缸庙头（现属磨头乡）荒场里，机头钻进土里，机身烧着熊熊烈火，浓烈的汽油味散向四野，枪炮弹乒乒乓乓、轰轰隆隆，像玉米蚕豆一锅炒，像百子鞭天地炮一齐放。

敌机尾部受伤后，该机飞行员跳伞在空中飘荡时，缸庙头村村长田大儒同志立即派人通知民兵，自己隐蔽在朱昌寿家的草垛上。

蒋军飞行员从空中落地解下降落伞后，慌慌张张地窜到缸庙头东头空处贫农练桂芳家。

“老板娘，这里离如皋城多远？”蒋军焦急地问。显然他是在打听路程，企图溜之大吉。

“20里！”练大嫂虽然说了实话，但她已猜透了蒋军的心思。

“请你老板送我到如皋城去。”蒋军说出了心里话，明确地提出了要求。

“他有病睡在床上不能带你到如皋城去。”练大嫂帮丈夫辩说。这时，练大嫂的丈夫练永福在床上呻吟得更厉害了。

“老板娘，请你送我到如皋去。”蒋军又哀求练大嫂。

“好！我带路送你到如皋城去。”练大嫂爽快地答应了，并立即领着蒋军转弯抹角背道而驰走向庄里去。

“老板娘，你不要怕，我们是来打共产党的，这里有没有共产党？”蒋军试探地问道。

“这里没有共产党。”练大嫂哄骗蒋军。

练大嫂和蒋军边走边谈，走到缸庙头小桥东边时，田大儒同志从小沟北岸向西，稍后几步，严密注视着蒋军。走过拐嘴，他一拐弯悄悄地跟在了蒋军后面。这时，民兵分队长张万隆同志带着民兵蒋佐源从尼姑庵赶来了。当练大嫂带着蒋军刚过小桥时，田大儒同志奋勇向前抱住蒋军。张万隆手疾眼快，一个箭步上前缴下蒋军的手枪。

“你们是共产党吗？”蒋军向地下一蹲，仰着面无可奈何地问。

“我们是共产党，缴枪不杀！”田大儒等异口同声地回答，蒋军乖乖地站了起来听从发落。

在田大儒等同志押解蒋军飞行员去度军井区署的路上，群众看到那个肤色雪白身着飞行装的大个子蒋军飞行员，有的拍手称快，有的严词厉色地斥责。解送行至中途时，分区来了部队将人枪带往分区司令部。

徐文秀副排长用轻机枪击毁敌机后，阵地上群情激奋，“打得好！打得好！”的欢呼声震耳欲聋。如黄路战斗结束后，我军领导机关授予徐文秀副排长甲级英雄称号。

智胜敌奸计[①]

1946年8月下旬的一个上午，国民党万寿乡乡长王家志、柴湾镇镇长朱宝华和柴湾镇上的头号恶霸地主、人称“水牛”的纪江，领着50余人的“还乡团”和自卫队携轻机枪1挺，从如皋出发，气势汹汹地来到柴湾乡。接着，又马不停蹄地直扑镇北1公里外的周家庄，一举将我方柴湾乡乡长卢华的住宅团团围住，抓住了他的爱人邵长凤和嗷嗷待哺的女婴，并当场打死我方乳名叫九儿的翻身组长。

当时，卢华等同志带着刚刚组建的仅有20余人的游击队，驻扎在1.5公里之外的尼姑庵。虽然听到一阵步枪和机枪的射击声，但因情况不明，不敢轻举妄动。

不久，西南方向浓烟冲天，敌人下毒手了。从方位来看，这浓烟来自卢华的家。

怎么办？难道就眼睁睁地望着卢华同志的3间草屋、1间猪圈和草垛，在大火中化为灰烬？要是打的话，我们的兵力和武器有限，何况又是大白天，敌情也不明……

卢华见到家里房子被烧，妻子和幼女又生死不明，加之支部书记没有任何行动，他把手中的步枪往面前一放，嚎啕大哭。

卢华是个穷人，过去在香店里当伙计，后来开了一间香店，他是在近一年多时间内搞惩奸、闹土改培养发展的一名党员。上级党组织要求当地的党员担任本乡的乡长，卢华便当选了。

看着卢华痛哭不止，大家感到十分棘手，敌人的企图很明显，为了削弱我们乡村干部和民兵的斗志，先拿卢华这个一乡之长开刀，如果我们不冷静，盲目和敌人硬拼，弄不好要造成巨大损失，敌人的这一手非常毒辣。

---

①根据陆进的回忆文章整理。

同志们一面做他的思想工作，一面派人去了解情况。

当天上午，在放火烧卢华房子的同时，匪徒们先把他家所有的东西洗劫一空，连孩子的尿布都卷走了。卢华的爱人邵长凤仅19岁，"还乡团"突然袭击时，她紧紧抱住才几个月大的孩子，匪徒用枪捣她，把哇哇哭的孩子扔在地上，而后把邵长凤五花大绑，押到如皋北门外一家酱油店。

下午5点，召开了全体人员会议，研究了对策，决定对柴湾乡逃亡在外参加了"还乡团"的地主、兵痞、流氓和恶棍的家属采取行动，每户抓2个亲属来，当即排了王家志、朱宝华等10户。连夜兵分三路，直奔柴湾方向，一口气抓了决定抓的20个"还乡团"亲属，并把他们一起押到尼姑庵。

凌晨，对抓来的20个人训话，阐明共产党的政策，并说："你们20个人，留10个放10个。放者立即去如皋，通知纪江、朱宝华、王家志，限他们在24小时内把卢乡长女人邵长凤放回来，过了24小时，叫他们抬10口棺材来装尸体。"

匪"还乡团"家属们磕头如捣蒜："我们保证把卢乡长的女人带回来！"

被释放的10个人一松绑，就撒脚如飞，直奔如皋城。

柴湾镇上有一个小地主出身的浪荡公子哥儿，名叫许秀民，人称"二黄牛"。他练过武，能匹敌十个八个人。此时尚未投敌，但也不能争取过来为我所用。当纪江等人押着邵长凤到如城时，他也尾随着，他和柴湾镇一霸的纪江素来不和，这一对"牛"，过去经常角逐，互不相让。

许秀民见水牛纪江抓来了邵长凤，估计我们决不会就此罢休，必有行动，他大骂纪江："是好角色，和新四军枪对枪、刀对刀地干，为什么抓人家的家属?!"

话音刚落，一群匪属汗水淋淋、哭丧着脸赶来，陈述了他们被抓的经过，并再三说若不把卢乡长的女人放回去，被抓去的10个人就得杀头。纪江、王家志、朱宝华一听傻了眼，只好放人。

许秀民和李德本等人领着邵长凤刚刚出了北门毛猪厂的哨卡栅栏子门，纪江又带人从后面追来，把邵长凤抢回张合兴香店，拒不放人。

许秀民牛性发作，抢过自卫队班长徐世安手中的枪，“啪”的一声，把子弹推上了膛，对准纪江：“你放不放人？不放，老子和你拼了！”纪江无奈，在众人的劝说下，只好放人。

许秀民和其他人把邵长凤送出卡子，被放出的10个匪属，唯恐误了24小时的期限，用独轮小车推的推、背的背，把她送了回来。邵长凤一到，我方也将10个人质全部释放。

牌楼痛歼土顽[①]

牌楼乡是李堡区最南面的一个乡，是敌我必争的要地。1946年7月，皋南战斗后，我主力部队战略性转移。敌人为了拦阻我如东县区武装向西挺进，纠集了本地的一些恶霸、兵痞、流氓和在逃地、富份子，摇头晃脑地"还乡"了。

敌人取得政权后，为了加强统治，编保甲，核实户口和田苗，颁布"十杀禁令"：通匪者杀，窝匪者杀，资匪者杀，等等。还要10户联保，1人违背，10户同罪。

与此同时，敌人散布谣言，恶毒诬蔑新四军有暗杀队，说什么逢人便杀，还说什么新四军放猴子从窗户进家杀人，搞得人心惶惶，严重地破坏了我方的党群关系。他们利用人人自危的心理，强迫人民站岗放哨，在要道路口设岗，每一岗哨由一甲或连甲出10~20人，要站岗的人带上铁叉、铁铲、扁担、铜锣，值岗时发现可疑的人必须立即鸣锣报警，谁不服，就以通匪论处。于是，全乡布下数十处岗哨，组织了200多人放哨，搞得草木皆兵、鸡犬不宁。

对于当时在外坚持的5名党员，他们采取软化硬攻的手法，先放出风声说：曹炳、李进、朱兰、苏民、符仁海如果回来，不要他们自首，带枪和粮草回来者全部作价付款；如拖延不归，先捉家属，一旦捉到本人立刻枪毙，家人同罪，房屋全部充公。能捉住他们的人，论功提升奖赏。

敌人的叫嚣在有气节的同志中起不到丝毫作用。同志们先是坚决不理睬，后来的回答是：你们胆敢逞凶，我们将以牙还牙，以血还血，还要五倍十倍地清算。

匪徒们不但在本乡苛扰人民，敲诈勒索，还把魔爪伸向我先

①根据季进的回忆文章整理。

民乡指导员吴永生等几户人家，抢去猪、牛、粮食、衣服和家具，并捕去我先民乡妇女代表吴芳同志。1947年春，长胜乡（现丁北乡）钱文奎父子外出买牛，行经牌楼口东边路上被匪徒截查，他们认为能买牛的人必然钱多，就诬栽他们父子是我方探子，结果一查，身边无钱，立即将其杀害在李家庄西首。

敌人妄图通过血腥镇压手段树立声威，其间，全乡被杀害的无辜农民有袁三瞎子、刘细保儿等10多人。至于被吊打、罚款的群众则无法统计。

处在水深火热中的人民群众对敌人切齿仇恨，他们坚信共产党必胜，他们说："新四军过去人少枪少，尚且能打败日本帝国主义，现在人多枪多，反动派必然要遭到恶报。"

1947年5月16日（农历三月二十六），我如东县团曾参谋长率领一个连部队到达城东区，与区委研究行动部署，一致认为匪牌楼乡（即现雪岸六、七、九、十大队，海安县季庄大队）匪徒残害人民，作恶多端，人民恨之入骨。这个地区成为我城东区向西挺进中的严重障碍，只有彻底消灭这批土顽，才能解决问题，因此决定当夜行动。

5月17日深夜1时许，团部一连、区队一连以及护税队、武工队约200人，中速行军，行至周北村南边大坟墓处，忽听西北方向犬吠声不止，团首长判断可能是敌人夜袭行军，急令改道前进，做好遭遇战准备。当我部疾进到刘家荒场三岔口时，发现敌人路标，肯定敌人已过。我们到达目的地时，敌人窜进我中心区扑了空。于是，我们选好了伏击地，这时，鸡叫头遍。我们估计土顽一定要下乡抓人、催捐，决定在牌楼口一带歼灭他们。

天亮时，下了一场蒙蒙细雨。土顽果真在9点左右来了。敌人先用火力侦察，我们不声不响，他们未见动静，就大摇大摆地闯进来了。但敌人内心是空虚的，在季家馒头店南边发现背着牛轭头的储有才误认为是背着枪的新四军，慌乱地打起枪来，结果把储有才打伤了。曾参谋长立即下令捕捉敌哨兵，断其后路，不使一个敌人漏网。

在解决敌人哨兵后，后续部队由曾参谋长、刘健政委、储骏副区长等带领，分佯攻、主攻两路向敌驻地疾进。匪乡队副陈百森发现我军猛攻，惶惶然命令匪自卫队集中齐射，没料我预伏部队已从季子丰家东山头发起了冲杀，吓得众匪一个个放下武器。这一伏击仅用不足30分钟，就缴获长枪11支半(其中1支没有机闩)、掷弹筒1门、炮弹4发、子弹200余发、榴弹50多枚，俘获21人，解救被捕群众3人。从此，匪牌楼乡的全部武装被彻底消灭，为我打开边区局面奠定了基础。

巧袭钱家庄[1]

1947年秋冬之际，我城东区各乡先后沦于敌手，敌人在这里建立了一套完整的乡保甲制度。10月下旬的一天，活动在如东县境内的区武装部队，在副区长兼区队长储骏同志指挥下，兵分两路，向敌据点出击。一路由连长朱仁和、吴永生、金传山率领，插入北线的西场、丁所敌据点；另一路由连长周映文和连指导员率领，直插西线的柴湾据点。

两个连和西挺大队此行的目的，是在敌区进行一次示威性的军事活动，告诉城东区西部广大人民群众，城东区政府还在，人民的武装还在进行战斗。这样的行动，既能鼓舞人民的斗志，又能对敌产生威慑作用，同时还可以镇压一些凶恶的敌暗探和顽匪人员。

出发前，对部队进行了动员，做好了战斗准备，又挑选了10名骨干队员，各配卡宾枪、汤姆逊自动枪一支，作为全队的尖兵和突击力量。由于指导员生长在这块土地上，加上长期在该区工作，不但熟悉道路，而且认识各村的群众，所以由他带尖兵前行。

天一黑，队伍便由如东县境内的吴腰庄向西进发，经胡杨乡，过凌云乡，进入了万富乡的北境。

是夜，繁星满天，寒风袭人，麦种刚刚入土，田野仍是一片光秃秃的。我军经过薄刀池、郭家庄、石家庄，蛇形的队伍穿过钱家庄东北方跳板搭的桥，即踏上钱家庄后一条向西的田间小路。此时，一道眉月倚在树头，约是凌晨2时，虽然已经行军25公里，但仍然精神抖擞，因为这里的每一个村庄、每一条道路、每一条河流，都是那样熟悉，那样亲切，大家都明白，这是自己的家乡啊！

---

①根据陆进的回忆文章整理。

当尖兵班走到离钱庄约200米时，突然从田中两座坟墩背后传出一声喝问：“什么人？ 口令？”

指导员答道：“自己人！”当时，并不知道敌人的口令，只好这样应付。敌人见我方回答不出口令，又发现我方加快了步伐、做出端枪的动作，随即“砰、砰”打来两枪。这是敌人放的一个暗哨。我方人员端枪就打，一个被打死，一个掉头向西逃走。

用不着讨论和研究，按照敌人所设的这一暗哨的位置，当即判断：钱家庄里一定驻着敌人。为了不让敌人有半点组织抵抗的时间，尖兵班舍弃逃走的敌人哨兵，径直向庄里扑去！

按照战前的要求，我后续部队在听到枪声后立即像折扇似的展开，直冲钱家庄。顷刻间，杀声齐吼，枪声大作，一口气直逼敌人据守的大门口和窗户下，大喊：“交枪！”

敌人从睡梦中惊醒，有的对外打枪，妄图抵抗。我方人员把手榴弹从窗户中塞进去，手榴弹轰地一炸，敌人赶忙喊饶命，把枪从门、窗户扔了出来。

此战不到半个小时就结束了，计击毙敌人2名，俘敌17名，缴机枪1挺、步枪15支、子弹2500余发。

攻打观音堂

解放战争期间，观音堂庄后（吴窑西二三里）小石桥以北有片方圆十几亩的圩子，一度为反动派构筑的据点，四面环河，加设了4道防御工事：外层是鹿砦（树头）障碍，二层为竹篱笆，三层是道道壕沟，再里面是若干暗堡环护在4座（分在四角上）3层炮楼的周围，最中央是6间营房，设指挥部、密室，还有2间做炊事房。圩子里驻敌吴窑乡公所和县保安大队共百余人，备有轻机枪4挺，各种弹药较充足。

凭借军事上暂时的优越条件，这里的土顽积极推行反动统治，不时下乡烧杀抢劫，收捐倒算，严重威胁我军民安全。

1947年12月1日，我南线支队奉命拔除这个据点，以狠狠惩罚敌人，为民除害。我方战前的部署是：一营放警戒，以防江边的敌人来增援；二营担任主攻，一排于东南角担任佯攻，二排、三排负责平毁圩子东半面工事；三营负责平毁西半面工事，并以一连为主攻。夜里10点左右，我方已将鹿砦清出一个缺口，正要去拆竹篱笆，敌人似乎有所觉察，支队便埋伏不动。半小时后，营部命令继续破拆，当把篱笆铁丝网用铡刀和大洋剪砍掉，挖工事直通到壕沟时，已是12点。佯攻的部队在东南角开始用猛烈的火力射击，敌人起初非常惊慌，集中力量应付东南，支队在西边还是埋伏不动。不久佯攻部队抬高了火力点，把敌人的枪眼阻塞起来后，营部冲锋号吹响了，战士们从东、西、北三面发起总攻，杀声震天，各攻各的目标，立即把4座大碉堡分头包围。

在战士们攻击西南碉堡时，里边朝外猛打机枪，进攻受阻，怎么办呢？在这关键时刻，八班副班长朱从星带了1把洋锹、4个手榴弹，一个健步就钻到暗堡下边。他用肩膀拱住了敌人的机枪管头，又以大洋锹捣住机枪管上的凹槽，叫他拖又拖不进去。机枪被控制住了,朱班长呼唤起来:"敌人的机枪没问题啦,同志们快冲呀!"随即全排人冲了上去,都贴在暗堡的下边,然后用棍子绑好手榴弹,把导火线一拉,看见冒烟就连棍子往里头送,到里边连棍子一起炸。敌人乱了,没有炸死的喊投降。朝东的堡门开了,进去1个班的人,缴获轻机枪1挺、步枪4支。暗堡解决后,接着在壕沟里大造声势,口头喊冲,从精神上震慑敌人,并消耗他们的弹药。再以三四人为一组,搭肩扒上来,进攻大炮楼。

听哨声联系,东南堡上的敌人已先被缴械,北边我二营已破掉三边工事,正在利用俘虏喊话。但主攻方向的西南堡敌人,仍然在拼死坚守,碉堡的枪眼高,机步枪不好打,只有靠炮击。于是跟圩子外团部联系,用3门八二炮一齐轰,刹那间碉堡被卸掉一截,部队冲上去,一喊话,敌人便吓得开了门,交出了2挺机枪和几支步枪,战士们通过壕沟把俘虏押送出去。

拂晓前,战士们利用残缺的碉堡,架起机枪向敌人指挥中心营房集中扫射,打了一阵,没有动静,就搜索着前进,直达房子附近。这时天快亮了,时间紧迫,将房子四面包围起来,派少数人把门打开,冲了进去。一看,没有人,不对,判断里面肯定有人,只怕暗地里有鬼。排查发现东房间有个钢板暗锁着的门,用榔头才砸开后。先向里面喊话,没人理睬,再扔手榴弹进去,这时从床底下跳出一个手持短枪的女人。三排长郭圣林抢上去一刺刀戳向她的小腿,她鬼叫着扑过来要开枪,立即被打死,身上还抄到金镯和戒指,跟着又出来两个小队长,交出了盒子枪和囤在床后边的各种弹药。据供称,下边有暗道可通往外边大碉堡,被打死的是匪区长的老婆,区长早一天去石庄领枪未回。天亮了,战士们打扫战场,发现打死打伤敌军40多人,共俘土顽54人,缴轻机枪4挺、短枪3支、长枪50多条,还有囤在密室里的大量子弹和大米,仅上缴营部的子弹就有上万发。

加力解放战

1947年12月7日，泰州警卫团团长周开峰率一个连和卢港夏堡两区队一部击溃了从如皋去增援加力的敌人400名。当夜我东台县团又调来两个连和泰县团对加力据点发起进攻。这时，军号吹响，杀声震天，枪炮猛烈地射击着，我军火力终于敲掉敌人东碉堡上的砖块，打出一个缸大的窟窿，我军迅速占领了第二道战壕，再打时，敌人已无力回击，原来守敌已从暗道里逃走了。敌人窜至南碉堡企图作最后的顽抗。由于我方仅一门八二炮，使用的土炮弹失灵，打上去一滚，却不炸，匪自卫队长夫妇竟疯狂地拍手嘲笑我们，喊道："欢迎再来一个！"还有一挺重机枪，火力也发挥得不好。

这时倪健同志火了。倪健同志当时担任分区作战参谋，组织上已决定调他到如皋县团任参谋长。因他是南加力人，对加力地形熟悉，经军分区张祥生司令员同意，带着一门八二炮和一挺重机枪，帮泰县团完成打加力任务后再到如皋团报到。他见炮和重机枪都发挥得不好，焦急地亲自去炮位和机枪阵地检查，一面扬着胳膊对匪自卫队喊话："别顽抗啦！快投降吧！是你们最后选择道路的时候了，投降受保障，顽抗死路一条！"不料被那个自卫队长就势扫来的一梭子弹击中胸部。团长周开峰迅速将倪健同志抱放在手弯里，可是陈飞扬在一旁拉着倪健同志的手一按，脉膊已停止了跳动。同时东台团参谋长石根同志也殉难于炮位的附近。

已是下半夜2时左右，担任主攻指挥的周开峰同志果断下令：立即由特务队队长陈飞扬同志（原名肖克围）组织突击队，确保在天亮之前解决全部残敌。

当时陈飞扬的特务队，下辖三个排：一个通讯排，辖保卫和司号两个班；一个短枪排；一个长枪排，又称野二排，穿军装，经常在野外执行小阻击、袭击、护送等零星任务，有三四十人。陈飞扬接受任务后，就在战壕内召开战斗动员会，在下达动员令后，王清第一个报名，他说："我是共产党员，首先响应号召，为解放加力志愿敢死上阵，要求批准！"说完将身上没用完的四两黄烟费和私章、学习本本都朝碗袋里一装，交给组织，说："如执行任务回来，请原物归还，若牺牲了就作为党费交纳。"全体同志深受感动，一个个争相报名，最后是张仲同志（泰兴人）发言，他说："我是光荣的战士，但还不是共产党员，愿接受考验，火线入党；如果牺牲了，也请追认我为共产党员！"经过挑选，连陈飞扬在内共7人组成突击队，陈飞扬随即作了战前部署，个个轻装上阵。

南堡为5层，处于东西长壕沟的北边，与河边上的4层北堡相距约200米。打蛇先打七寸，南堡上有最反动的叛徒，"还乡团"头头镇守，解决了南堡核心工事，北堡的保安队便会吓垮。

4点整，我方的机、步枪从东、西、南三面一齐发射，火力把敌人枪眼全封锁住了，敌人还未来得及还击，我突击队员就已冲上去，一瞬间都贴到了敌人碉堡的枪眼之间，堡门朝东，门北边墙是东西向的，拐弯后又有一堵南北墙挡住火力，飞扬同志贴在门墙里边，王清同志贴在南边，碉堡里的敌人虽然也知觉，但双方都不好打枪，我们就向枪眼里边丢手榴弹，这手榴弹是特制的：用洋灰与白胡椒一和，再用手帕大小的布一包，弹片即使炸不到敌人，也可以迷目呛肺，削弱敌方战斗力，这是"军事民主"想出来的。但要扔进去却不容易，因为机枪眼外大里小，必须一手抓榴弹，一手拉导火线，向里送。手榴弹送到里边小口时，敌人便可用枪柄顶出来，同时敌人也向外送手榴弹。没有东西顶，王清头一个抓住敌人的手榴弹往几十米外一扔。敌人再送，老王同志就把敌弹朝外一拉，将导火线牵开，顺势又朝里一丢，敌人想不到我们动作这样快，一炸，里边乱了，再送手榴弹进去，他们便叫起来。飞扬同志敲门，有一分钟没人开，再喊话"优待俘虏！"敌人这才一个个出来，嘴里直喊饶命。飞扬同志手端快慢机,命令他们7人到外边排队听候处置。我突击队员都进了碉堡,王清追到梯上,匪自卫队队长许秀中端着机枪一梭子打来,王清敏捷地躲过,飞扬以二膛盒枪还击,子弹在许秀中腿部穿了一个洞。缴下了他的机枪后,又直追上五层,生俘许秀中、汪学凤以下全部土顽40余人。解决南碉堡后,东方渐泛鱼肚白,我方又喊话,限北堡的敌人在5分钟内投降。不一会儿,敌连长就用白手套穿在刺刀上向我们摇晃,表示投降。我方便命令他率队空手离开碉堡。这时,东方已霞光万丈,加力宣告解放。此战计俘敌中队长韩复如以下115人,毙伤30余人,缴机枪2挺、步枪100余支、六〇炮1门、掷弹筒1只、子弹1500余发。

伏击通如路[1]

华中野战军取得皋南战斗歼敌1万余人的胜利后，立即转至海安东北地区作战略休整。

国民党军为了挽救败局，昼夜不停地从南通向如皋运载军队和弹药，为北犯海安、两淮做准备。

苏中一分区司令员段焕竞、政委钟民、参谋长谢中光召开公路沿线各县团（总队）负责同志会议，决定在通如公路上打一次伏击战，截击敌人运输车辆，缴获敌人武器弹药和军需品，支援海安保卫战。

伏击战的具体作战部署是:整个战斗由分区参谋长谢中光同志统一指挥，伏击地点定于林梓、丁堰之间的钱家坝至斜三里段。彭桂卿团长带领分区部队截击敌车队的退路，并阻击林梓来援之敌；如皋县总队由作战参谋钱宏福指挥，拦击敌车队的前锋，把车队消灭在公路上；其他部队负责公路以东至丁堰的警戒，防止敌人东逃。

1946年7月31日夜，战士们披星戴月向伏击点前进，大家虽身穿单军衣，但都是汗流浃背。

钱家坝至斜三里段，南距林梓约3公里，北倚丁堰镇，路西的村庄距公路200多米，东侧50米处有10多户分散的民房。

各部队到达伏击地点后，按照整体战斗部署进入阵地，分别埋伏在公路东侧和河帮、稻田边上，以分区首长的4声枪响为进攻号令。

黎明前的黑暗笼罩着大地，四周一片寂静。

3个小时后，7辆军车组成的运输队，从林梓方向沿着公路开来，隆隆的轰鸣声由远及近。最前面的车辆一边行驶，一边机

①此后9篇根据汤平的回忆文章整理。

枪横扫进行火力侦察，那些笨重的装载车紧随其后。

敌车队全部进入伏击圈后，分区首长鸣枪发出攻击命令。顿时，公路两侧枪炮齐吼，子弹如雨点般飞向敌车。

卢连长率一排从公路边低凹处猛冲到公路上的第一辆汽车旁，挥手连发一梭子弹，打得敌机枪手的脑袋开了花。紧接着，二排排长陈井昌率队猛扑上去，往车内连扔几个手榴弹，把汽车炸开了花，横斜在公路上，堵住了后面的车辆。

这时，最后面的一辆汽车被我伏击部队炸毁，夹在中间的几辆汽车前后受阻，瘫痪在公路上。

敌人鬼哭狼嚎，纷纷跳车逃窜。但也有少数亡命之徒钻到汽车底部，组织火力抵抗。

班长周桂元看到一个敌人伏在车轮胎旁，端着刺刀就冲上前去，当距敌三五步时，旁边有个敌人举枪对准了他。在这千钧一发之时，排长汤坚眼明手快，抬手一枪将敌人的枪击落在地。

在一片军号声和喊杀声中，伏击部队从四面八方压向敌军。敌人吓得魂飞魄散，有的抱头鼠窜，有的战战兢兢地举起双手缴枪投降。

前后不足半小时，战斗胜利结束。

部队和白蒲区委书记姜祝三带领的乡村干部和民兵一道收缴战利品。大家从汽车上扛下一箱箱子弹和大米，号子喊得震天响，三步并作两步向中心区飞奔。

据统计，此战俘虏100多人，共缴获子弹400余箱20万余发、大米5000余斤及部分其他军用物资。

此后，粟裕司令员在苏中“七战七捷”总结会上表扬丁堰、林梓之间的伏击战“对支援海安保卫战起了重大作用”，8月11日的延安《解放日报》也详细报道了这次战斗的经过。

攻克周庄头

1947年2月2日，驻如皋中心区周庄头据点的顽自卫队在恶霸地主王启明、周兴堂指使下，偷袭唐家楼庄，打死打伤群众100余人，并抓走干群100多人。各县领导对此非常激愤。分区南线领导根据敌第四十九师急调驻如皋的两个营北上驰援，和一〇二旅转向靖泰地区的有利战机，决定组织攻打周庄头，狠狠打击敌人的嚣张气焰，营救被捕的干部群众，打乱敌人的二期“清剿”计划，打开南线敌后斗争的局面。

2月18日，夜色刚刚降临。分区南线首长率领分区特务一营（亦称“南线特务营”）和如皋、泰兴县各2个连，从黄家湾出发。一连担任前卫。部队穿过据点林立的封锁线，分三路横渡如黄线上的芹湖大河，于凌晨2时到达目的地——珊瑚区张家庄。

朝阳初升，张家庄前后大河的冰面上反射出耀眼的白光。军分区领导召集会议，研究部署攻打周庄头的方案。如皋县委组织部部长季一先和江安区委书记宋邦平、区长刘展如等详细汇报了周庄头的敌情和地理情况：周庄头据点四周筑有一丈多高的土围子，围子外有一道深沟，沟外设置了多处鹿砦；庄内有大小碉堡13座，驻有国民党1个保安中队和江安区乡公所及其下辖的6个乡自卫队、还乡团等，共250余人，配有机枪4挺、长短枪200余支。自卫队队员多系兵痞出身，枪法极准。所以，无论在地形方面，还是在军事力量方面，周庄头都确实是块难啃的骨头。会议决定，由分区特务一营和如皋警卫团一连担任主攻。

随后，如皋县委、团县党委周泽、季一先、张继中、柯德全等领导召开一连排以上干部会议，传达军分区会议精神，并宣布挑选12名军事素质好、有作战经验的老战士组成突击队，捣毁敌人的碉堡，为大部队进攻扫清障碍。

回到连队后，曹宗汉指导员和卢锦珠连长又对突击队员分工及相互配合进行了详细交代，要求大家动作迅猛、一鼓作气地干掉敌碉堡。

夜里10时，部队由驻地迅速向周庄头进发，绕到庄前，悄悄地向碉堡移动。

突然，几声枪响打破了夜空的宁静。随着敌军游动哨的枪响，紧接着庄北响起了激烈的枪炮声和敌堡的爆炸声。这说明分区主攻部队已打开了缺口。

卢连长见敌军已发现我军的行动，命令突击队赶快投入攻击。12名突击队员每人带着8颗手榴弹，步枪装上刺刀，个个像猛虎一样冲上前去，砍开鹿砦，越过壕墙，迅速向敌碉堡运动。杨海如、顾金泉、郭松茂飞步跨到碉堡前，迅速丢进手榴弹。随着一阵阵巨响，敌碉堡里浓烟翻滚，火光闪闪。但此时，杨海如、叶光明也在敌人的弹雨中倒下了，英雄的鲜血洒在了周庄头土地上。

敌人拼死反扑，战斗十分激烈。关键时刻，分区首长亲临前沿阵地，组织重机枪给予火力支援。

随着重机枪弹的红绿光流射向敌堡，突击队乘势冲上去，接连攻下3个敌堡。

此时，从庄北攻击的四连，在封俊连长和周满指导员率领下，突进庄内，攻下了2座敌堡。

东方发白时分，周庄头攻坚战胜利结束，守敌200余人除极少数漏网逃往石庄据点，其余皆被歼灭。获救的干部群众紧紧握着指战员们的手，热泪盈眶，激动得说不出话来。

周庄头战斗是华中野战军北撤后第一次大规模的对敌进攻，也是在反“清剿”期间取得的第一次重大胜利，令敌人胆战心惊，附近10多个据点的敌军吓得夹起尾巴逃往石庄和西来镇等点线据点，使我河西地区连成一片，显著改善了坚持斗争的局面，坚定了胜利的信心，对扭转如皋局势起了重大作用。

一日三战斗

1947年4月7日，华中第一地方委员会书记兼华中第一军分区司令部政委钟民率分区特务连和靖江县团的两个连及如皋（柯德全主任率四连）、泰县各一个连，南下泰县地区，如皋警卫团参谋长何正率领团直属队和一连，日夜兼程，连续冲过两道封锁线，返回如皋地区坚持斗争。

4月10日晨，县团首长接到情报，石塘即袁庄乡，有国民党自卫队约50人，窜到江安和卢港两区交界的申家网，企图伏击我度军井区委、区政府。团首长碰头研究后立即做出决定，由一连出击歼灭敌人。具体战斗部署是：一排担任前卫，二排、三排分别从东、西两侧包抄。

申家网是个中等村庄，有100余户群众，庄前有平宽大路，庄后是平原，庄内树木密集。

副连长率领一排向前推进，派二班长徐锦山在前面探路。距敌30米时，敌哨兵发问口令，徐班长嘴上应答着，脚下快步如飞，带领10多个战士猛扑上去，转眼间甩出七八颗手榴弹，炸得敌人乱窜乱叫。

卢营长立即命令二、三排从两侧合击，手中的快慢机同时开火。

自卫队真是一群草包，不堪一击，刚刚交火就缩头溃逃，一口气逃出七八里。

中午时分，磨头区芦锡山的保安中队妄图报复，七拼八凑纠集了约200人，带着2挺重机枪、6挺轻机枪，分三路合围我县团驻地井儿头。

面对敌人的三面包围，卢锦珠营长命令大家沉着应战，等敌人靠近了再打他个措手不及，争取歼灭更多的敌人。当距离仅剩30米时，轻机枪吐出火舌，手榴弹在敌群中炸开了花，顷刻间地面上倒下了10多具尸体。

指导员曹宗汉率领一排敏捷地跨过敌尸，避开弹雨杀向敌群。何参谋长、卢营长分别率领二、三排从左右两侧冲了上去。10多名神枪手百发百中，打得敌人争相逃窜。此役毙敌30余人，生俘11人，缴获机枪1挺、步枪25支。

傍晚，周泽政委和何正参谋长决定乘胜主动出击，长途奔袭敌石塘乡公所，争取活捉陈福康，挫挫敌军的锐气。

陈福康原是个地痞，性如豺狼，抗日战争中充当汉奸，干了许多坏事。抗战胜利后惩奸时，他企图逃跑，被民兵发觉后在腿上刺了一刀，变成了瘸子。事后，他诅咒发誓，以后不再干坏事，才得以活命。国民党军占领如皋地区后，陈福康贼性不改，依仗其担任敌乡长的叔叔，挂了乡队副的头衔，横行乡里，无恶不作，杀害翻身群众，焚烧贫农房屋，群众对他恨之入骨。当天白天他又带领自卫队，两次偷袭我部。

指战员们听说要活捉陈福康，个个精神振奋，斗志昂扬。大家穿上软底布鞋，浑身束扎得干净利落。这时，周泽政委走进院子，低声嘱咐："几个方面的情报都证实，敌石塘乡公所里驻着20多个自卫队队员，存放着抢来的物资，陈福康也在那里。今晚你们的任务是把陈福康连人带窝全部端掉。"

晚9时，一连全体指战员在度军井区队配合下，悄悄离开驻地，消失在黑暗中。绕过敌人的岗哨，避过铁叉队，像一把锋利的匕首直插敌人的心脏。大家分成两路飞速接近庄子。突击队的郭松茂带领两个战士悄悄摸到敌哨兵身旁，那个家伙正抱着枪打瞌睡。只见郭松茂轻轻地飞身一跃，一道寒光闪过，敌哨兵没来得及出声就一命呜呼了。突击队冲到敌乡公所的墙边，只见院内灯火通明，麻将牌哗哗地响。一个值班的自卫队队员揉着眼睛向院外走来，一抬头，吓得三魂丢了二魂，关上大门，转身就向屋里跑，跌跌撞撞跑到陈福康报告。众敌听说新四军到了院外，顿时像一群没头苍蝇一样四处乱撞……

院外的突击队队员迅速搭好人梯跳上屋顶，看见陈福康正在指手画脚组织顽抗，就抬手两枪就将他击毙，然后从屋檐上飞身跳下，拉开大门。突击队迅速冲进院内，喊杀声震天动地。

西南角有几个敌人欲持枪反抗，被郭松茂手中的“加拿大”击毙。其余敌人见状，吓得举起双手缴枪投降。

庄里火光冲天，枪声震天。周围据点的敌人摸不清我方虚实，又遭到度军井区队的袭击，只能扫着机枪壮胆，不敢贸然出动增援。

这次奇袭战，毙俘敌20多人，缴获步枪7支、短枪1支、子弹900余发，彻底摧毁了敌石塘乡公所。

一日三战皆捷，粉碎了敌人南线“四月会剿”的阴谋。军分区司令部、政治部给予一连通报表扬和记二等功一次的奖励。战后，何正参谋长被提升为副团长。

速战范湖洲

自1947年6月以来，敌人加紧了对河东三角地区的封锁，在如新线范湖洲西唯一的交通渡口增筑据点，企图割断河东地区与河西地区的联系。

为了拔掉这颗插在交通要道口的钉子，如皋县团政治处副主任兼河东工委书记王遐松亲自带领武工队队长郝昌富和陈邦全、薛文模等8位同志，深夜到据点边走访群众、侦察敌情。

据群众反映，该据点约驻有30个敌人，每天在附近抓民夫筑碉堡。几天来，碉堡、营房已筑好大半，还在据点周围设置了一道鹿砦。在据点边大老远就能听见敌人冲着民夫叫喊："快干活，游击队太厉害。"

经多方仔细侦察，敌人近几天搞的是"空城计"，每天上午8点钟来筑据点，天黑前就都龟缩到郭园据点里去。

根据这一情况，县团副团长何正率一、四两个连(四连由南线支队回如皋县团归建)向龙游河东地区进发。计划由四连的一个排深夜埋伏到敌人尚未进驻的范湖洲据点里，一连与其余部队隐藏于据点外的高粱地里，第二天出其不意地歼灭敌人。周泽政委要求大家利用这一有利战机乘胜推进，开辟龙游河东三角地区，把那里的人民群众再次从敌人的控制下解放出来。

8月27日深夜，星星泛着微光，柔和的月光笼罩着大地，玉米、高粱的清香随风飘散。县团一、四连指战员从如新线西侧的薛家园驻地向范湖洲进发，不到1个小时就赶到了目的地。

根据作战方案，四连的一排在据点内埋伏，二、三排随同一连隐蔽在大路两侧的高粱田里，便衣侦察员四下散开侦察敌情、封锁消息，团首长的指挥位置设于范湖洲庄前的一个庙内。

天亮后，敌朱兴隆中队的一个排像往常一样，大摇大摆地向据点走来。

待敌军走到据点地壕边，埋伏在据点里的四连一排猛地打出一个排子枪。敌人进不了据点，即向郭园方向撤逃。一连从高粱田里跃出，枪声四起，喊杀声大作。

经过一阵猛烈交火，除敌排长只身逃脱，其余敌人被全歼。

此战不足半个小时便结束战斗，俘敌32人，缴获步枪27支、子弹2000余发，我方无一伤亡。敌军苦心经营半月的据点被平毁。

河东工委随即召开了群众大会，胜利的消息迅速在河东地区的群众中传开。

智勇歼洋顽

深秋季节，在东南风的吹拂下，遍地的荞麦开出雪白的花儿，宛如一片白色的海洋。

1947年10月16日夜，如皋县团何正副团长率三连的一个排进入河东与一连会合，部署河东地区的对敌斗争，驻扎在下驾原北的秦家庄。18日清晨，准备伏击下乡抢粮的敌军，但上午半天过去了，仍未见敌军出动。

下午3时左右，接到磨头保安队一个中队到磨头东南汤头(庄名)抢劫的情报。何正副团长令一连迅速集合，轻装前往。

胆小的敌人发现我部后，放了两枪，拔腿就逃。

全连指战员以最快速度追击，在距敌窠磨头据点约500米处歼敌10余人，缴获步枪12支、子弹500余发，夺回部分被抢物资。

沿途群众为我们刚刚取得的胜利而欢呼。一个70多岁的老爹用颤抖的双手握紧着卢锦珠营长的手说："今天如果不是碰到你们，还不知有多少乡亲要遭殃呢！"

在继续追击的途中，突然，从南方传来一阵剧烈的枪声。

卢营长分析，是何正副团长指挥所仅有的三连的一个排和车薛区队及部分民工与从下驾原中心据点出动的国民党军遭遇。

情况危急万分，容不得半点迟疑。卢营长决定放弃追敌，立即率领一连指战员手榴弹出弦、枪弹上膛，呈一路横队，朝着枪声飞奔。不一会儿，到达红庙头庄。只见敌人头戴钢盔、弯着腰，密密麻麻，而何正副团长他们的子弹已所剩无几，正在用手榴弹还击。

卢营长一声令下，机枪子弹如疾风暴雨，手榴弹遍地开花。指战员带领全连势如破竹扑向敌群，喊杀声震天动地。

敌军的先头连顿时乱了阵脚，100多人死的死，伤的伤，顷刻瓦解。

另两个连的敌军从慌乱中惊醒过来，几挺机枪架在土窑顶上，狂射猛扫。

面对强敌，硬拼，会造成重大伤亡；不打，处于开阔地上又难以转移。卢营长当机立断，命令二排长郭松茂率一个班，敲掉土窑顶上的敌军机枪阵地。

郭松茂利用低凹地形，带领战士扑到土窑脚下。见敌人使用的罗盘式机枪，既想缴获完整的机枪，又想避免战友遭受重大伤亡。于是，趁敌人换弹夹的片刻工夫，猛蹿上去抓住滚烫的枪管，使出全身力气，一个猛虎翻身，连枪带人拖下了窑顶。其余的敌人吓得放下机枪掉头溃逃。

打掉敌人的机枪阵地后，卢营长立即命令司号员吹响冲锋号。全连指战员迅猛向溃敌发起冲击。

敌军一指挥官带着溃敌向东南方向奔逃，并不时命令部下举枪还击。

这时，卢营长率领通讯班的战士冲上来，大声喊道："谁敢动就打死谁！"敌营长惊慌中偷窥四周，见我们只有八九人，立即镇定下来，向卫兵使眼色，随后向战士们扑了过来。

说时迟，那时快，一个战士枪举弹出。敌营长中弹倒地，挣扎了几下就不再动弹了。卫兵们见状，一个个哆哆嗦嗦地举起双手交枪投降。

敌军拼命向南溃逃。全连指战员穷追猛打，追了3里多路，共毙、俘110多人，缴获机枪3挺、步枪70余支、其他枪械6支、子弹54箱10000余发及其他战利品若干。此役，全连仅负伤3人。

后俘虏供认，该辎重营400余人，全部新式装备，弹药充足，士官都经过10多年的训练，刚从苏南调到苏中战场。该部曾在抗日战争中赴缅甸作战，自吹是国民党军的王牌主力，从未丢过一枪一弹。可这次碰上我猛虎连，他们就不堪一击了。

红庙头战斗是解放战争中在苏中南线少有的硬仗之一，打出了我们一连的威风，显示了一连指战员智勇双全、不怕死的硬骨头精神。战后，上级领导机关决定给予一连指战员各记一等功一次的奖励。

此战，是县团在河东地区站稳脚跟的关键一仗，使河东地区的斗争形势大为好转。国民党军在“清剿”时再也不敢像以前那样耀武扬威了，地方部队更是吓破了胆，平时不敢出据点一步。

反击如新线

1947年是如皋军民坚持敌后斗争最困难的一年，也是获得重大胜利的一年。

苏中一分区党委根据斗争形势的发展变化，将“积极斗争、依靠群众、就地游击、独立自主、长期打算”的方针转变为“发动群众，扩大力量，挤升阵地”“大胆向敌进攻，恢复阵地”“局部反击，局部恢复阵地”的主动积极进攻方针。如皋县团拔除范湖洲据点后，一连乘胜开辟河东三角地区，连续攻克敌据点18座，将敌人分割、压缩在交通沿线据点内。

国民党军害怕通如线被切断，赶紧从两淮及山东抽调第二十五师的三一四团、三一五团增援如皋，反复“扫荡”“清剿”，进而“驻剿”，妄想再次迫使我们撤离河东地区。同时，为了巩固通如线、控制如新线，敌军又在如新公路两侧连续增筑了10余处据点。一时间，如新线上战云密布。

为了巩固阵地，打击敌人的嚣张气焰，保卫人民的生命财产，如皋军民配合一分区部队，在如新线上展开强大攻势。

1947年12月1日，一分区司令员张强生和政委钟民亲自带队，强攻观音堂据点，围攻司马港、吴家窑等据点。经两天的激烈战斗，攻下观音堂，迫降了吴家窑和沈甸的敌人，打跑了朱家庄的敌人。

至此，如新线附近的据点差不多都被打掉了，只剩下如新线上的中心碉堡——司马港。

司马港守敌是国民党省保安第四大队队部和第一中队，大队长独眼龙张元是个杀人不眨眼的阎王。他依仗司马港南有石庄重镇，北靠磨头和如皋城的地理优势，吹嘘如新线由他驻防，就是攻不破的防线。

其实，自12月1日深夜观音堂战斗打响后，分区特务团（原南线支队)三营和如皋县团一连就包围了司马港。张元无法出援观音堂,在里面急得团团转。2日得悉驻观音堂的三中队全部被歼、驻沈甸的四中队投降后,心中更慌,心知自己难逃厄运,几次试图突围北逃,都因受到拦截而未得逞。

此时苏北平原的气温较低,雪白的晨霜冻得人手脚麻木。但我们的阵地上却是热气腾腾,指战员们加固工事挖战壕,个个汗流满面。经过一阵突击,战壕挖到了敌据点的鹿砦边。于是,成捆成箱的手榴弹运到了前沿,每个突击队员也都做好了随时冲杀的准备。

攻击发起前,我军向张元发出最后通牒。张元仍负隅顽抗,碉堡内的机枪不间断地向我前沿阵地扫来。

何正副团长和卢锦珠营长亲自来到一连阵地,命令部队在半小时之内,用稻草泥包堆筑起3米多高的机枪掩体,将罗盘机枪对准敌堡的枪眼,突击队迅速将数条战壕挖向敌堡和壕墙。

张元组织了20多个亡命之徒从据点冲出来,用机枪扫、掷弹筒轰,但都被我强大火力压得寸步难行,只好又退回碉堡。

在机枪火力掩护下,连长卢义仁率领突击队员,扑到鹿砦和壕墙边上。

为了避免战斗伤亡,我军限张元五分钟之内放下武器,否则就坚决歼灭。

张元已死到临头,却还妄想突围逃命。

何正副团长下达了冲锋命令,并亲自用罗盘机枪瞄准敌碉堡的枪眼射击。

一颗颗子弹准确地钻进敌堡的枪眼里,敌人的火力哑了;一颗颗手榴弹落在鹿砦内、壕墙上,炸开了几个缺口;一个个如猛虎下山的突击队员,手上端着闪闪发亮的刺刀迅猛冲杀,敌人吓得浑身发抖。

看到碉堡外铁桶样的包围圈,敌军终于扛不住了,从碉堡的枪眼里伸出白布,拼命地摇晃。

我军停止了攻击,命令敌军全部放下武器,到指定地点集中。

顽固不化的杀人凶魔张元,用失神的双眼向外扫视了一下,恐惧得全身发抖。他自感末日已到,叹了口气,举枪自杀了。这座他自认坚不可摧的堡垒成了他的坟墓。

如新线反击战战果辉煌,全歼敌保安第四大队的一、三、四中队,毙敌首张元和中队长范海谷以下90余人,俘敌中队长黄欣以下330余人,缴获机枪13挺、步枪250支、短枪10余支、掷弹筒1支、子弹1万余发和其他战利品若干。

在我军的强大攻势下,敌人望风而逃。我军先后攻克据点35座,收复乡镇50多个,解放人口30万余人。

血洒癞宝庄

郭园战斗结束的当晚，敌军重新占领了石庄镇。之后的几天里，敌人更加疯狂地下乡“清剿”，到处抓民夫、抢粮食，群众受害极深。

1947年12月10日，国民党军四三八团一个连和保安队两个中队窜犯石庄北之癞宝庄。县团政委周泽、副团长何正得到情报后，立即命令一营前往迎击。一营营长卢锦珠亲率一连沿着一条干沟冲过200多米的开阔地，与进犯癞宝庄之敌接火，后续部队迂回包抄。战斗非常激烈，硝烟弥漫、尘土飞扬。五班战士大都使用汤母式自动武器，敌军被他们勇猛的冲杀吓呆了，纷纷从房顶上滚下来，有20多个敌人躲进屋内，从门缝、窗眼里疯狂还击。经过一阵激烈的交战，整个房子除了烈火就是浓烟，从外面看不见屋内敌人的行动。卢锦珠营长立即组织战士把整束的手榴弹甩进屋内，将敌人全部歼灭。

激烈的战斗持续了半个小时，取得了毙敌100余人，俘敌60余人，缴获机枪7挺(一连缴获5挺)、步枪70余支、掷弹筒4支、子弹5000余发的重大战果。此战，县团一营仅一连负伤数人。不幸的是，何正副团长率团指挥所向前沿阵地行进时，头部中弹，伤势过重，不幸牺牲。全团指战员和周围的群众得知何正副团长不幸牺牲的消息后，无不悲痛万分。战后，分区首长派政治部主任陈直斋送来了关于何正副团长牺牲的唁电和司令部、政治部对如皋警卫团的嘉奖令。一连因在战斗中英勇顽强，且缴获最多，获得记二等功一次的奖励。

仁口猛袭战

1948年4月，正是春暖花开的时节，田野里麦浪随风翻滚。人们怀着美好的心情，期盼着丰收的到来。

为了保卫丰收成果，同时减轻群众的负担，解决部队的供给问题，团首长和县委组织部部长季一先等研究决定，深入敌占区，在通如公路上袭击敌人的运输车辆。

根据白蒲区委提供的情报，每天上午9时左右，国民党军都用汽车从南通运送弹药和物资到如皋和海安，团首长决定把袭击地点选在白蒲南边的任口(又称四十里)。

4月6日，夜色茫茫，麦垅里吹来阵阵凉风。县团首长率一营沿着野草丛生、高低不平的小路，经过4个多小时的急行军，到达伏击地点任口。

通如公路是苏北的一条交通要道，公路沿线三里一碉、五里一堡。任口段距南通的平潮约有15公里，东侧宽阔的通扬河紧靠着公路，西侧距公路30至50米有三五家小店和10多户人家，是袭击敌人汽车的好地点。

曹宗汉副教导员随一连借驻在公路边的一户独立房屋里。进屋时，一家老小五口人用怀疑的眼光看着他们，一言不发。坐在床上的小孩忽闪着双眼，吓得直发抖，两只小手紧紧抓着大人的衣角，生怕他家大人被捉走。

看到充满警惕的神情，有丰富群众工作经验和政治工作经验的曹副教导员用温和的语言告诉他们，我们是共产党领导的军队，是人民自己的军队，和你们是一家人，今天是专门来打国民党反动派的。

老大爷听完，连忙站起来拉住曹宗汉的手，随后给大家让座、倒茶。接着，大爷诉说了敌占区群众的苦难。

曹副教导员安慰他们说："共产党领导的军队，在全国各地打了许多大胜仗，好多地方已经解放了。这里不久就会解放，到时候你们就不会受人欺压了。”

曹副教导员的一番话像一阵春风，吹散了那家人心上的乌云。他们脸上露出了笑容，坐在床上的小孩也开始神气起来。

太阳慢慢地从地平线上升起，天空渐渐放亮，公路上来往的行人多了起来。9时许，从南通平潮方向传来了汽车的马达声。指战员们不约而同地做好了出击准备。可是，等汽车开近了才发现，两辆客车上坐满了商人和学生。曹副教导员鼓励大家沉住气，不要心急。话音刚落，在1公里外的公路上，一辆中型汽车急速驶来。曹副教导员和战士们肩并肩靠在门窗边，双眼紧盯着那辆汽车车。汽车渐渐驶近，看到车上的人头戴着大盖帽，指战员们心里既高兴又紧张。此时，柯副团长的卡宾枪连发三响，向一连发出率先出击的信号。战士们像一支支利箭冲向公路，一个猛扑就到了汽车旁边。邹金泉排长冲在最前面，只见他一跃而起，抓住车门把手砸碎车窗，扔进3颗手榴弹。

随着一声巨响，车厢内硝烟弥漫。汽车停了下来，车内的敌人也鬼哭狼嚎地爬出来，高举双手当了俘虏。

忽然，一个敌人从东边车窗窜出逃跑。周金泉眼明手快，挥手一枪。这个不识相的家伙被击中了背梁骨，滚下通扬河里喂鱼虾去了。

战斗持续仅半个小时，活捉国民党政府教育部专员李宏汉、中校军需课长敖学成等18人，毙国民党第二十一师军务处长顾勉伯以下12人，缴获部分武器弹药和法币4.3亿元。后审讯得知，这12麻袋法币是运往如皋的军饷，用来鼓励国民党军继续残害人民。

这次战斗缴获的大量法币，解决了部队的供给，减轻了人民群众的负担。更为重要的是，战斗在敌占区打响并取得胜利，既沉重地打击了敌人，又极大地鼓舞了广大军民的斗志。

战后，军分区司令部、政治部决定，对如皋警卫团予以嘉奖，并给一连全体指战员记二等功一次。

王林庄战斗

1948年4月20日深夜，如皋警卫团一营的4个连及二营四连、马塘区游击队在柯德全副团长的亲自率领下，由杨花桥渡河，插到如皋城南郊的王家巷一线。

21日晨，县团部队回至南面苏家庄休息。中午刚过，侦察员报告，磨头据点的保安队200多人正由王林庄方向前来抢粮。

县团首长召集营、连干部在苏家庄的一座四合院里召开紧急会议，研究部署对磨头出犯之敌的围歼之策。

柯德全副团长部署了行动计划：第一连和第二连从西南方向发起攻击，第七连（该连组建后即随一营，不久归属一营为第四连）从左侧、第二营的第四连从右侧包抄夹击，第三连随团指挥所为预备队，力争歼敌一部或大部。周泽政委要求各连一定要做好战前动员，党员要在战斗中发挥骨干模范作用，保证取胜。

陈连长发出立即轻装前进的命令。当部队接近王林庄，与敌正面交火激战时，才发现这股敌人不是保安队，而是国民党正规部队。

七连长闫崇祥一马当先，从左侧带着一个班冲在最前面，一下子就冲到敌人的团部位置。敌军被搅乱了阵脚。

李政教率领的七连的后续部队被占据王林庄之敌的炮火阻拦，难以前进，与闫连长隔断。

趁敌军混乱之际，闫连长指挥战士奋勇冲杀。见前面有个骑着马的军官，胸挂望远镜、腰插日式手枪，左右有20多个斜背加拿大冲锋的卫兵护卫着，就轻声对六班长何红玉说："冲上去，活捉那个骑马的指挥官。"

说时迟，那时快，闫连长和六班战士猛扑到敌军官的马前。随着"下马投降！"的猛喝，那个军官吓得即刻下马。

此军官是一四五旅四三四团的团长李宜。在闫连长的枪口和严令下，他浑身筛糠，连声喊着："我下令投降，我下令投降。"300多敌人一个个惊恐万分地放下了武器。

虽然敌军的另两个步兵营占据王林庄，还不知道团长已被我军俘虏，但他们很快就会发觉，肯定会疯狂地组织反扑。

一场激烈、艰巨的战斗就要开始了。

趁敌军还没有清醒，一连这支野外战中的猛虎队迅速与二连从正面冲了上去。顿时，机、步枪弹像刮风一样扫向敌群，打得敌人七倒八斜。

敌军欺侮我方无火炮，就以强大机炮火力掩护，组织整排整连的士兵向一连冲击。

关键时刻，高营长、曹副教导员鼓励指战员们沉住气，等敌人靠近后射击。

一连指战员的一双双愤怒的眼睛盯着步步逼近的敌人，一个个仇恨的枪口对准了敌人的脑袋。

100米，60米……

随着陈连长的枪响，全连的9挺机枪和100余支步枪同时吐出愤怒的火舌。

敌人的第一次攻击被打退了，又以机炮火力掩护，再次向我发起攻击。

突然，听见空中炮弹划过，一名战士赶忙拉住曹副教导员避开。刚走两步，炮弹落地爆炸，弹片炸伤了战士的左腿。曹副教导员见他负伤，要他撤离火线。他赶紧用毛巾把伤口扎好，继续战斗。

曹副教导员动情地喊道："同志们，有我们的勇敢，就没有敌人的疯狂！刺刀见红最英雄，杀敌立功最光荣！"

炮弹掀起的烟雾还未散尽，约2个连的敌军在5门八二炮和3挺重机枪的掩护下，再次冲了上来。敌人端着上刺刀的步枪渐渐地走近，狰狞的嘴脸都能看得一清二楚。

周副连长是一连有名的甩手榴弹高手，他率先甩出2颗后，无数颗手榴弹紧随其后砸进敌群，弹片飞溅，敌人躺下了一大片。此时，连长陈生福不幸身负重伤。

趁敌人慌乱之际，曹副教导员和周副连长指挥全连指战员们如猛虎般冲向敌群。

一班的3名机枪射手平端着机枪边打边冲。突然，1名机枪手中弹倒下。一名战士迅速将短枪插在腰间，从牺牲的战友手里接过机枪，架在坟堆上对准敌人猛扫，接连打了4夹子弹，敌人倒下一片。

这时，占据庄头的两个营敌人用几门八二炮向我射击，同时也打着了他们团长所率的先头部队。

顷刻间，炮弹像飞蝗一样吼叫着在我们身旁爆炸。

敌人的第二次冲锋被打退了，也解除了七连闫连长及所率的六班的险情。

在七连的阵地上，被俘的敌团长见新四军不足20人，又听到战场上八二炮、重机枪响个不停，心里打起了伺机逃跑的主意。正当他鬼鬼祟祟地想脱逃时，连长闫崇祥闪电般地挥枪射击，敌团长的脑袋开了花。敌副团长等吓得魂不附体，眼睁睁地看着闫连长等顺利撤出。

激烈的战斗一直持续到傍晚。

此役毙敌团长李宜以下300余人，活捉7人，缴获八二炮1门、重机枪1挺、轻机枪4挺和加拿大冲锋枪、日式手枪、信号枪各1支。战斗给国民党军以沉重打击，如皋城的敌人吓得不敢轻举妄动。

红色歌谣

暴动歌(孟姜女调)

正月里来是新春,豪绅地主杀穷人,
别人杀人用刀杀,地主杀人只要说一声。
二月里来暖洋洋,豪绅地主黑心肠,
家中无事算陈账,利上加利分文不肯让。
三月里来桃花开,种租田的穷人苦伤怀,
家中无粮又无草,钻山打孔去捞债。
四月里来麦秀黄,种租田斩穷人闹饥荒,
一家大小没饭吃,还要去帮那地主忙。
五月里来过端阳,大小元麦收上场,
地主走狗租薄带,加一斗儿听他量。
六月里来热难当,豪绅地主坐高堂,
丫鬟使女茶汤送,点事不到打巴掌。
七月里来秋收忙,劳苦农民下田庄,
起早带晚收秋熟,租谷一交精打光。
八月里来桂花黄,老板要租狠如狼,
东捞西借没法想,卖儿卖女缴租粮。
九月里来是重阳,地主勾结国民党,
屠杀工农心肠黑,要把穷人杀个光。
十月里来天气凉,工农联合势力强,
只要大家齐心干,哪怕敌人炮和枪。
十一月里来雪花飘,工农举起斧头和镰刀,
革命到处起高潮,打得土豪劣绅没处逃。
十二月里来交新春,苏维埃政府建立成,
领导工农向前进,穷人从此翻了身。

打倒土劣除军阀

打倒土劣,除军阀。
工农革命成功,齐欢唱。
打倒国民党,除蒋介石。
工农革命成功,齐欢唱。

注:此歌谣依照当时流行的《国民革命进行曲》的调子填词。

建立苏维埃

农民功劳真正高,
种田种地养吾曹,
衣食住都由他造,
劳苦,功高,
没农民性命难保。

地主豪绅真黑心,
大斗大秤来量进,
一斗租加上几升,
黑心,黑心,
加几升还不称心。

土豪劣绅真可恨,
重利盘剥我农民,
一块钱四分五分,
可恨,可恨,加一利不让毫分。

倘若租子欠半升，
地主逼租不容情，
贼丘八马上到门，
抓住农民，
吃官司洋钱要紧。

一年辛苦熬到头，
等来算去没分文，
被地主剥削干净，
可怜，可怜，
忙一年分文不剩。

世界实在不平等，
农民饥寒过光阴，
破衣穿、薄粥来吞，
伤心，伤心，
思想起痛苦万分。

倘若世界是公平，
农民应当受尊敬，
因为他养活世人，
自由，平等，
为什么不给农民？

亲爱农民团结紧，
大家共产党来进，
武装起分田翻身，
齐心，齐心，
把豪绅消灭干净。
贪官污吏害人精，

敲诈勒索我农民，
暴动时铁面无情，
斗争，斗争，
一个个按罪判刑。

分田翻身向前奔，
集体耕作真先进，
苏维埃建立专政，
工人，农民，
造成了世界平等。

注：这是当时通海如泰各地农村中，一首流行很广的用泗州调唱的民歌。

农民头上三把刀

农民头上三把刀，
租子重，利钱高，
苛捐杂税多如毛。

数数稻穗千千万，
丢了镰刀就讨饭。

庄稼人，真难过，
地净场光衣裳破。

注：在农村里，地主豪绅和反动政府勾结一起血腥统治，使农民生活十分痛苦，正像这首民歌所唱的那样。

如泰五一暴动

棒子棍子换步枪，单声炮仗当洋枪，
洋油桶里灌长鞭，放起来呀当机枪。

工农革命歌

共产主义，救工农，联合工农，欢迎他！
豪绅地主，资本家，剥削工农，枪毙他！
敌蒋介石，反动派，杀工农，打倒他！

讽刺卖官鬻爵歌

而今世道甚败坏，卖官鬻爵竟公开！
三千银圆买县长，三百银圆区长卖。

讽刺贪赃枉法歌

官府衙门大敞开，不讲公理只讲财。
讼棍唆事饱囊囊，污吏纳贿喜心怀。
看谁后堂送得足，包你官司赢过来。
豺狼当道逞凶恶，穷苦良民受冤灾。

穷人要共产

天上没有云,落雨落不成;
地上没有土,五谷不生根;
穷人不共产,永世不翻身。

注:此歌谣为马剑华编。

穷人翻身心花开

一把大火烧起来,烧熔头上大冰山,
千年冰山解了冻,穷人抬头把身翻。
一把大火烧起来,烧掉借据不还债,
烧掉田契分土地,穷人翻身心花开。

叹四季

春季里叹一声,春荒日子苦煞人,
一天两顿糁儿粥,稀薄汤儿照见人。
青黄不接真难挨,带青麦子勒下来,
只顾一时肚子饱,有了灾粮没草烧。

夏季里叹二声,田里活计忙煞人,
浑身晒得乌焦黑,太阳一出到黄昏。
新黄麦子收上场,地主带信把租粮,

一升半合少不掉，筛子筛来风箱扬。

秋季里叹三声，粮食进了地主门，
种田穷人没的吃，地主家里堆满囤。
新米煮饭喷喷香，种田穷人没的尝，
秋风一起凉飕飕，我们穷人没得好收成。

冬季里叹四声，大雪飘飘冻死人，
富贵人家做衣服，穷苦人家破遮身，
帽子无顶裤无裆，袜子无底鞋无帮，
今年思想明年好，明年还是一个样。

兄弟干革命

老大人头挂前街，
老二分尸野鸭滩，
家中只剩我老三。
点火烧了破草棚，
扛起铡刀去共产，
先杀西庄臭猪头，
再杀东庄龙灯眼。
剥皮抽筋都不怕，
天大不了上阴间。
我到阴间心不死，
阎王殿上去造反。

注：这是当时通海如泰地区流传的歌谣，反映广大农民的精神面貌。

革命必胜

左手盖罗印,右手搞武装。
打倒保卫团,苏北见太阳。

讽刺贿选歌

人心希望兴贤才,如今偏偏兴钱财。
无贝之才不成用,有贝之才登上台。

注:这是讽刺当时贿选之风、揭穿虚伪“民主”的诗歌。

讽刺反动派卑鄙行径

“忠实同志”,只要洋钱;军政时期,军阀得意;
训政时期,官僚运气;宪政时期,遥遥无期。

政策法令要弄清(十劝郎调)

农民兄弟请细听啊,土地改革最要紧;
开会必须去参加啊,政策法令要弄清;
同胞们,不懂政策瞎焦心。

揭发反动派罪恶

杀民主义,狗党所宗;出卖中国,屠杀工农;
苛捐杂税,层出不穷;豪绅恶霸,横行逞凶;
剥削压迫,毫不放松;工农团结,狗党送终。

红军一到送情报

日落西山昏又黄,恶霸狗队赛虎狼;
今晚在家团聚乐,枪棍临头谁知详。
民团被逼放岗哨,红军一到送情报,
恶霸随弹见阎王,人人心头齐欢笑。

醒农歌

种田的兄弟们,好痛苦呀!
无衣无食无住,白白辛苦。
终年地拼命做,只为他人造财富。
所为的哪一般? 你们想想看!
种田的兄弟们,快快起来!
封建压迫剥削,实在难挨!
死命的空白据,不问死活逼租债,
大家要救命,团结起来干。

注:本歌谣为沈毅烈士创作。

起义农民勇猛机智

棒头棍子换步枪，
洋油桶里放炮仗。
单声爆竹当步枪，
连串爆竹当机枪，
打得敌人都缴枪。

工农联合

青的山，绿的水，灿烂的山河。
美的食，鲜的衣，玲珑的楼阁。
谁的功，谁的力，劳动的结果。
全世界，工农们，联合起来啊！

注：这是地方党组织编写的启发群众阶级觉悟的一首歌谣。

红娘子来女娥皇
（如西民歌小调）

红娘子来女娥皇，你郎不如我的郎，
你郎在家吃死饭，我郎领兵打东洋。
红娘子来女娥皇，你妻不如我妻强，
我妻参加妇救会，你妻害羞怕出场。

妹送哥哥当红军(倒花篮调)

月上中天悬明镜,照见村头一对人,
哥哥要去当红军,妹妹悄悄来送行,
柳树林边叙别情,千言万语难启唇,
两行热泪腮边滚,哥哥不解妹子意呀,
轻言细语慰妹心,莫用悲泪送亲人。
妹妹一听笑出声,休将妹子来看轻,
我满心欢喜化热泪,点点滴滴皆深情,
问声哥哥可知情。
风吹柳丝牵衣襟,话语滔滔流不停,
哥哥前方杀白匪,妹妹后方勤耕耘,
天涯海角心相印。

三英战千狗

于虾儿家住复兴庄,
反动教员不当,
加入共产党,
打土豪(来)斗地主,
带领穷人闹革命(来)求解救,
不怕牺牲,
打仗勇敢,
三英浴血战千狗,
于咸神枪惊敌胆。

注:于咸、缪元珍、孙玉才等三位英烈英勇战斗、壮烈牺牲的事迹,为当地百姓所传颂。群众怀念忠烈,作歌纪念。

春雷声声

农民泪汪汪，地主狠如狼。
青壮绑劫去，非关即坐牢。

血泪遍地洒，妇幼耕田庄。
谷物未进仓，狗队来抢光。

春雷声又叫，红军夜来到。
农协暗组好，恶霸吃白条（单刀）。

阴云终会散，红日东方照。
星火燎原起，刀斧红旗飘。

注：此歌谣反映了农民又积极地行动起来，并依然充满胜利的信心。

月儿渐渐高

月儿渐渐高，挂在柳树梢，
小佳人在房中，心中好苦恼。
想起我的郎，死得真冤枉，
日本鬼子丢炸弹，丢在我郎身上。
心想要报仇，脚小不能走，
三岁的小孩儿，丢给哪一个？
家有姐和妹，组织妇抗会，
做鞋做袜子，慰劳我军队。

送夫参军

打起锣鼓闹盈盈，我送我的丈夫去当兵；
当兵要当新四军，丈夫你到前方去；
一心一意打日本，家中的事情你放心；
丈夫当兵到前线，打仗冲锋走在前；
跟着共产党求解放，不消灭鬼子你不下火线。

送军粮（薛窑连枷号子）

麦粒儿大呀，麦粒儿黄哟，
五谷丰登哟，粮满仓哟。
二五减租好，日子越过越兴旺，
出劲打，出劲扬，选好麦咯。

如新路上大反攻

如新路上开始个大反攻，敌人无处藏，
打下个据点六七双啊，老百姓得解放。
鸡子花生一车又一车，一担又一担，
老百姓个个慰劳忙，到处闹腾腾。

于虾儿威名天下扬

于咸住在复兴庄，
他读古来又学洋。
为了穷人得翻身，
教员不当参加共产党，
花床不睡他睡草荡，
大米不吃他吃高粱，
斗土豪，斗劣绅，
红了如皋西南乡。

于咸住在复兴庄，
满肚子文化好文章。
为了建设新中国，
丢下笔杆去拿枪。
带兵袭击宪兵队，
只身擒拿野豺狼。
威振敌群猛如虎，
三英浴血战千狗，
于虾儿威名天下扬。

注：于咸，绰号于虾儿。

二杯酒敬我郎，上阵打仗心莫慌，
一定要把英雄当。当了英雄莫忘妻，
写封书信回家乡，为妻脸上也有光。

攻打如皋城（五更鼓儿咚调）

一声战鼓敲，新四军打如皋，
四城门围困到，敌人工事做得牢。
战斗一打响，日伪军还顽抗，
新四军还喊话，他们认死不投降。
炮连一来到，对着城门轰大炮，
城头碉堡被炸倒，乌龟王八哇哇叫。
大炮轰得凶，城门打个洞，
新四军真英勇，齐心合力往前冲。
战斗解决快，如皋城打下来，
日伪军完了蛋，胜利消息传得快。
如皋城打下来，老百姓个个乐得眉也开，眼也开，
眉开眼开心开意开，心头花儿开！
如皋城打下来，老百姓个个乐开怀。

打走鬼子保家乡

月儿弯弯照东庄，东庄如今非往常，
房子被烧田地荒，鸡鸭牛羊被抢光。

月儿弯弯照西庄，西庄百姓忙又忙，

磨好大刀练长枪,防止鬼子来扫荡。

月儿弯弯照我庄,父老兄弟细商量,
打走鬼子保家乡,放下锄头动刀枪。

国民党丢城逃跑

大麦青,元麦青,二月十八到日军;
国民党,老爷兵,一枪不打丢了城。

范湖洲出奇兵(河东三角区传唱)

范湖洲大出奇兵,
敌排长狼狈逃命。
打得敌人没处奔,
活的当了俘虏兵。

范湖一拔,一烧十八。
敌兵吓煞,我们笑煞。
一天一夜,顽敌哭煞。

注:如皋河东地区,北面以如皋城为顶点,向南沿通如公路直到平潮,向西南沿着如新公路直抵新生港,南边横着长江,构成北小南大的三角地形,因此称河东三角地区。此区域包括马塘、白蒲、车马湖、平西、薛窑、江防6个区,因为紧靠如皋,南接长江,东西是交通要道通如路和如新路,位置很重要。

乡下人上街

咯吱咯吱咯吱咯吱又一担，
大担儿挑，小车儿推，
金黄的肥料搬出城外。
乡下人把个细篮儿扤，
个个都说好买卖呀好买卖，
不是“四老爹”来，
乡下人哪里敢上街？乡下人哪里敢上街？
注：四老爹指新四军。

军民团结打东洋

蒋介石真混账，
专制独裁是霸王。
明里捐来暗里抢，
打败仗，失地方。
老百姓，没希望，
哎呀呀嘚儿喂，
齐心抗战，
为了得解放。
同胞们凝聚力量，
解除失败老中央。
准备成立新政府，
坚决拥护共产党。
军民团结打东洋，

哎呀呀嘚儿喂，
打走日本鬼子，
才能有福享。

注：根据108岁红十四军老战士吴九成的唱段整理而成。

后勤组织整理好

后勤组织整理好，伴工办法订周到，
认真来把工账记，公平合理呱呱叫。

大破竹篱笆

枪少轮流背，移动前后卫；
打起游击战，枪声响连天。

侯营长受惩办，倪玉和得提拔；
商店里生意好，老百姓走路少阻拦。

你搜索，我破路，弄得汉奸没处躲，
怕冷的先生被抓住，逃得快的下大河。

运来的竹子真不丑，
细柄正好装锄头，毛竹劈开等天水，
种田有工具，口渴有茶喝。
队伍扩大了，步枪增加了，
子弹可以动手抓了，边区群众胆子更大了。

插篱笆，硬分家，
南边田，北边家，
有粮有菜吃不到它，
大家一条心，齐心拖篱笆。

篱笆插中央，百姓活遭殃，
大家一动手，破了个精光。

日寇“清乡”篱笆百里长，
汉奸的牛皮吹得响……
共产党，骨头硬，
管叫鬼子“二黄”见阎王！

翻身枪

翻身枪，亮又亮，长长刺刀闪白光，
八年抗日真勇敢，打得鬼子投了降。
翻身枪，长又长，枪口对准吃人狼，
解放战争打得好，彻底消灭蒋匪帮。

做军鞋（点磨台）

妹在房中做军鞋，心上人我的哥哥，
你在前方打顽固派，我的哥哥哎。
千层底儿针儿密，心上人我的哥哥，

行军打仗磨不坏，我的哥哥哎。
新布浆子做鞋帮呀，心上人我的哥哥，
你穿在脚上跑得快，我的哥哥哎。
早日打倒顽固派，心上人我的哥哥，
你骑马戴花回家来，我的哥哥哎。

老百姓拍手哈哈笑

李家庄、夏家堡，地主恶霸坏极了，
捉人家猪子人家牛，拆人家房子砌炮楼。
炮楼没有砌得好，新四军打来了，
地主恶霸把枪缴，老百姓拍手哈哈笑。

跟着共产党走

你是灯塔，
照耀着黎明前的海洋；
你是舵手，
掌握着航行的方向。
年轻的中国共产党，
你就是核心，
你就是方向，
我们永远跟着你走，
人类一定解放。

一心跟定共产党

灰子庄呀灰子庄，野兔跑来饿断肠，
豺狼当道天日暗，种田只长四框框，
日寇到处烧杀抢，熟熟难换新种粮，
蒋匪遍天逞凶狂，充饥麸子野菜汤，
穷人恨无通天路，麻袋用于作衣裳，
背井离乡去流浪，风来扫地月点灯，
八方皆知灰子庄，饥寒交迫度时光，
土瘦田薄遍地荒，牛马生活黄连苦，
一场大雨白汪汪，日日夜夜盼解放，
三天暴晒起盐霜，一心跟定共产党，
鸟儿飞过不歇脚，紧握钢枪斩豺狼。

共产党为国为民

希特勒，下棺材，日本强盗没后台。
四面八方都挨打，今年不败明年败。
专制独裁埋下土，世界属于新民主。
共产党领导不含糊，将来不吃二遍苦。
老中央，太混帐，
反共害人假抗战，
一见鬼子就投降。
为国为民共产党，
英勇作战在前方，
各个战场打胜仗。

蒋介石，在后方，
乱罚乱刮乱捆绑，
欺压人民赛虎狼。
老中央，没指望，
反攻要靠共产党。
八路军，新四军，
加上老百姓，就要鬼子命。

不平歌

泥瓦匠，住草房；纺织娘，没衣裳；
卖盐的，喝淡汤；种田的，吃米糠；
编席的，睡光床；当妈妈的，卖儿郎；
挖煤哥儿家里像冰窑，淘金老汉一辈子穷得慌。

我们本是一家人

让我披上战服，
陪你一起把困难度过。
请紧紧握住我的双手，
不要怕危难时刻有我。
我们本是一家人，
需要我的时候不会沉默。
待到春暖花开的时候，
不负春光不负你我。

白色的战服，
支撑着无数生命的厚重。
哪里有病痛，
哪有我，
守护你是我的职责。
寒风暴雨中，
不退缩，
为人民愿放手一搏。
奔赴千百里，
义无反顾，
还你一片大好山河。

大家忙支前

主力前方打胜仗，大家后方来帮忙。
不论前方和后方，男女老少个个忙。

大麦青

大麦青，元麦青，二月十八到日军，①
头上戴的西瓜壳儿，身上穿的黄马褂儿，
走起路来颠呀颠，先轰如皋后进城。

国民党，老爷兵，一枪不放弃如城；
县长雇车溜黄桥，党部委员家里蹲；
温培楠来当县长，李堡乡下主县政。

日本兵，害人精，看见姑娘如拼命；
敌人听闻“蚕豆案”[2]，一天就杀六十人；
尸体上浇硝镪水，死者家属泪淋淋。

日本兵，烧四门，烟火冲天吓煞人；
名胜古迹都难逃，“菩提”“文峰”化灰烬；
金银财宝样样抢，包包扎扎送东京。
共产党，新四军，坚持抗战有决心；
八月十五打如皋[3]，活捉汉奸孔司令；
东洋鬼子滚了蛋，男女老少喜盈盈。

注：①1938年3月18日，日寇侵占如皋城，时为农历二月十八日，国民党县政府撤至李堡，后迁东马塘。当日下午，日军便疯狂进行烧杀抢掠，罪行包括烧毁下文提及的“菩提社”“文峰阁”两座庙宇及唐代雕塑的佛像。

②1938年6月，如皋农民王忠进城挑粪，路上捡了四粒蚕豆收在袋里，日军搜身发现后，认为是中国军队的联络信号，便在四门搜捕所有带蚕豆的人，结果有27人横遭劫难，其中25人被日兵当活靶刺死。

③1945年9月，占如伪军拒绝向新四军投降，我地方部队和民兵1万余人，于9月15日午夜开始围攻，18日主力部队赶到投入战斗，21日午后解放如城，全歼顽敌3000余人，生俘伪旅长孔瑞五、伪保安大队队长孟宪平，缴获甚丰。时为农历八月十五日中秋节，有“打开如皋吃月饼”的口号。

三分区靠长江

三分区，靠长江，好像喉咙通心脏，
是个鱼米好地方，鬼子总想来“清乡”。

“清乡”清到西燕庄，召集妇女把话讲：
“清乡”不碍妇女事，好好在家种田庄。

鬼子兵，真混账，妇女面前耍花枪，
骗人的鬼话没说完，烧杀强奸又动抢。

“清乡”清到周家庄，东头有个好学堂，
鬼子放了一把火，把它烧得精大光。

陈家庄陈织布匠，鬼子来了他充老相，
还叫人家不要溜，自己在鬼子刀下亡。

反“清乡”，反“扫荡”，只恨鬼子作孽丧天良，
九天吃凉水，滴滴在心上，大家一齐同他来算账。

鬼子把个中国进

日本鬼子把个中国进，闹得人民不太平。
杀人放火烧村庄，占了许多好地方。
鬼子二黄来捉鸡，闹得昏天又黑地。
花姑娘，溜不走，一挨抓住就倒霉。
老少东个又西个，哭哭啼啼离家乡。

二黄乌龟王八蛋，笑的笑来唱的唱。
鬼子二黄来绑票，虾儿小鱼他总要。
讨饭袋里扒糁儿，少把钞票多挨搅。
扁担打来棍子敲，反攀弓来三上吊，
灌肚肺、吃焦屑，样样他总玩全套。
稻糠榨油吃不消，想尽办法去赎票，
卖田抵地还不够，再把儿女来押掉。
财主老板双晦气，十万八万赎一票，
释放回来没多日，又被二黄拖去了。

投笔从戎

日寇铁蹄遍中华，烽火连天起四方，
男儿投笔从戎去，卫国保家理应当。
苦战沙场整八春，日寇投降乐万民，
国军燃起内战火，怒发冲冠气填膺，
对天宣誓平蒋军，荷枪跨马再出阵。
注：此歌谣为倪健烈士所作。

各位同志快革命

姐在房中忙打扮，
梳头戴花走出来，
十分好人才。

提起丈夫喜盈盈，

自动去当新四军，
打鬼子救百姓。

身上背的盒子炮，
手上端的机关枪，
一打几十响。

新四军带花的两三个，
敌人死伤两三百，
尸骨堆成山。

新四军挂彩抬去看，
日伪军死了洋油烧，
骨灰趁风飘。

名位同志快革命，
革命成功有福享，
大家喜洋洋！

民兵自卫歌

步枪生来三尺长，
送与民兵站岗保家乡。
敌人来“清剿”，
敌人来“扫荡”，
打得鬼子敌人不敢再下乡。
小小插子三寸长，
杀起汉奸真灵光。

汉奸做不得，
汉奸不能当，
再做汉奸叫他命不长。

榴弹生来把儿长，
送与民兵反呀反抢粮。
敌人来烧杀，
敌人来动抢，
一榴弹炸得他倒在囤子旁。

钉耙生来齿儿长，
又好破路又好破壕墙，
敌人要封锁，
沿河筑壕墙，
一夜工夫把它一扫光。

十根枪

一根枪，擦得亮，
新四军打仗最有种。
打得凶，向前冲。

二根枪，造得好，
儿童团员来放哨。
没路条，不许跑。

三根枪，多模样，
村前庄后查武装。

关门捉，刺刀戳。

四根枪，端端正，
各位妇女来讲话。
讲得好，大头脑。

五根枪，舞一舞，
参加如抗不怕苦。
不参加，要来抓。

六根枪，装刺刀，
民兵天天来做操。
打游击，不能息。

七根枪，装刀口，
各位妇女比一手。
不会比，当乌龟。

八根枪，造得大，
打得鬼子总回家。
打东洋，保家乡。

九根枪，造得好，
儿童团员唱金龙。
唱得好，奉敬他。

十根枪，造得白，
打走鬼子离苏北。
新中国，好享福。

（如皋市文化馆供稿）

难民自述

说黄连黄连苦，我比黄连呀还要苦三分。
我本是县城人，日本鬼子打来毁掉我家门。
先抢物后烧房，刺刀戳死我的老亲娘。
我的妻捂东西，被鬼子用枪活活地打死。

恨只恨中央军，日本鬼子他不打，专打自家人。
鬼子到，他逃命，今天呀，失一县，明天失一城。
躲到重庆去安身，丢下了老百姓他们全不问。
耳听说新四军，打鬼子救人民，我特地来投奔。
我愿意当个兵，跟部队打鬼子，杀掉他个干净。

五更里打游击

一更里月儿照东方，听说出发喜洋洋，
榴弹步枪准备好，巴不得一气飞战场。

二更里月儿照花墙，经过一庄又一庄，
沉着镇静摸过去，服从命令不能忘。

三更里月儿正中央，悄悄越过铁丝网，
抓住哨兵进碉堡，鬼子们呼噜呼噜睡得香。

四更里月儿亮光光，鼾声变成榴弹响，
鬼子兵变成糊涂鬼，受伤的哭爹又叫娘。

五更里鸡叫天明亮，一路群众慰劳忙，
有说有笑多开心，东洋鬼子不久长。

儿童团站好岗

儿童团，持标枪，村边路口来站岗。
过路人，别着忙，看过证件再进庄。
看好门，站好岗，保卫生产支前方。
捉汉奸，打东洋，立点小功算哪桩。

新四军帮我我帮他

天上浮云浪呀浪的稀，
天下的穷人穿着破衣。
嘴眼鼻子就一样的，
哪有个穷人穷到底。

民主政府来协助，
“二五”减租要彻底。
新四军帮我我帮他，
新四军帮我打鬼子，
我帮新四军种田地。

冬防(凤阳花鼓调)

三分区,靠长江,是个鱼米的好地方。
鬼子二黄来扫荡,到处都是烧杀抢。
还要强奸花姑娘,老百姓来活遭殃。

军民团结心一条,站岗巡逻又放哨,
来了鬼子送情报,人员分散东西藏好,
鬼子什么抢不到,地雷一响轰他跑。

苦命的海儿爷

苦命的海儿爷,你倒好过了,
丢下小结侯,谁人来领他?

你要当伪军,我劝你不听,
人留名,树留影,不听就出门。

鬼子要“清乡”,你在前面帮,
被民兵活捉住,杀死在荒塘。

死得轻如毛,不比泰山高,
你就这样死掉了,还要挨人笑。

告诉同胞们,有人当伪军,
赶快写封信,叫他转回身。

帮助新四军，打鬼子保百姓，
小鬼子来“清乡”，横竖“清”不成。

注：这是一首分化瓦解伪军的歌谣。

冬耕（凤阳花鼓调）

开荒种地冬耕忙，施足肥料禾苗壮，
生产多收草和粮，支援前线有力量，
部队吃饱身体强，能在前方打胜仗。
开发水利冬耕忙，勤锄勤灌禾苗壮，
生产多收草和粮，改善生活有保障，
人人吃饱身体壮，生产起来力量强。

作恶多端，民愤大
——国民党一〇二旅在苏中

说苏中，道苏中，苏中人民在难中，
自从来了一〇二旅[①]，十家就有九家穷。

一〇二旅特别坏，杀人犹如刀切菜，
血滴南线数百里，家家户户穿白鞋。

一〇二旅无比凶，他是放火的老祖宗，
到一处来烧一处，处处烧得满天红。

一〇二旅不是人养，强奸妇女是本行，
到处糟蹋女同胞，不管老太小姑娘。

一〇二旅土匪坯，抢牛杀羊又捉鸡，
什么东西他总要，担子挑来车子推。

一〇二旅你不要狂，我们怎肯做牛羊，
你的死期快要到，血债还用血来偿。

注：1947年3月，国民党军对我苏中南线进行第三期“清剿”，其整编四师一〇二旅进犯龙游河两岸地区，作恶多端，民愤极大。

五送郎

送郎送到一里庄，我郎参军上前方，
挥刀舞枪杀蒋贼，冲锋陷阵保家乡。

送郎送到二里店，劝郎莫把家中念，
父母双亲妹照应，小妹小弟妹带领。

送郎送到三里墩，家中活儿郎放心，
猪牛鸡鸭妹妹养，地里庄稼有妹顶。

送郎送到四里岔，妹妹有句真心话，
郎去杀敌天下走，妹妹决心等郎归。

送郎送到五里亭，千言万语表不尽，

待到全国红旗扬，郎戴红花转回程。

冬学（凤阳花鼓调）

上冬学来真正好，明白道理第一条，
形势任务能明了，懂得抗日很重要，
政治觉悟大提高，对敌斗争不屈挠。

上冬学来真正好，扫盲识字第二条，
认得字来样样巧，能看书，能看报，
支前工作认识高，中心任务完成好。

不忘党的恩

什么藤结什么瓜，什么人说什么话。
天下乌鸦一般黑，天下穷人是一家。
狗走千里吃屎，狼走千里吃人。
人同人好，鬼同鬼好，苍蝇同屎好。
哪个猫儿不吃腥。
是龙到处行雨，是蛇到处伤人。
疯狗无好肉，豺狼无好心。
豺狼会装羊，坏人会装腔。
蛇爬无声，奸计无形。
猫鼠不同眠，虎鹿不同行。
贼人安的贼心肠，老鼠找的米粮仓。
毒蛇见缝就钻洞，歹人见私就利用。
东山老虎吃人，西山老虎连毛吞。

鱼恋鱼,虾恋虾,乌龟王八攀亲家。
斩草不除根,逢春芽又生。
虎死不变形,狼死不变性。
虎吃人易躲,人吃人难防。
捉虎容易放虎难。
放虎归山,必有后患。
狼死不闭眼,蛇死还挡路。
宁让亲人责备,不让敌人接吻。
家里篱笆扎得紧,外头野狗拱不进。
朋友面前不说假,敌人面前不说真。
吃水不忘挖井人,穷人不忘党的恩。

新四军打胜仗

庄里锣鼓敲呗隆咚呛,
老百姓个个喜洋洋,
新四军打胜仗啊,
哎哟哎哟哎咳哟,
新四军打胜仗。

二号早上打下观音堂,
打死活捉百十多,
一个不漏网啊,
哎哟哎哟哎咳哟,
一个不漏网!

吴窑沈甸还有司马港,
我军包围来喊话,

他全部投了降啊，
哎哟哎哟哎咳哟，
他全部投了降。

张元大队长回去不识相，
我军包围四面上，
他把狗命亡，
哎哟哎哟哎咳哟，
他把个狗命亡。

鸡子花生一担又一担，
妇女儿童慰劳忙，
到处闹嚷嚷啊，
哎哟哎哟哎咳哟，
到处闹嚷嚷啊！

打石庄

新四军同志爱武装，
九月廿三打石庄，[①]
血气勇，向前冲！

新四军同志真有神，
进镇就把岗哨捧，
抓到手，不得走。
上面命令刚一下，
同志们就把炮楼爬，
爬炮楼，向上“猴”。

蒋军不把枪来缴，
老了架起机枪扫，
扫到你，你断气。
打得敌人向下奔，
抱着脑袋喊救命，
向下跳，跌煞掉。

新四军同志打得凶，
里面还有埋伏洞，
老百姓，挑水灌。
老百姓挑水哼呀哼，
淹得顽匪两眼瞪，
不着声，要他命。

东街打到西街上，
打得敌人没处让，
关门捉，刺刀戳。

北街打到南街上，
打到石庄得解放。
杀壮猪，慰劳忙。

新四军同志打胜仗，
老百姓个个备公粮，
大后方，喜洋洋。

注:①1948年9月23日，我军第三次攻打石庄镇，全歼守敌700余人，宣告石庄解放。

手抚心口问一声

手抚心口问一声，谁是我们的大恩人，
不是新四军来解放，我们穷人怎翻身？

要报情，要报恩，好人不能忘根本，
新四军打仗为我们，参加后勤是应分。

如今妇女翻了身，各种事情不怕人，
男人担架做后勤，妇女不能家里蹲。

洗衣服是本分，浆洗晒折要认真，
不怕吃苦和烦神，吃苦为的是自家人。

七个机关颠倒转

一个天下三里半，七个机关颠倒转。
党政军文英雄汉，坚持办公随时搬。
我们化装沟里穿，敌人下来走在岸。
我们榴弹甩河坎，敌人兵慌又马乱。

国民党来抓壮丁，抓的都是穷苦民，
当了国军当炮灰，死后收尸都没人。
解放军来好章程，要攻城来先攻心，
主张优待俘虏兵，发给路费回家门。

十杯茶

一杯茶来敬我的爸，
我去当兵保国家，
请你莫牵挂，
咿呀呀的喂呀喂，
请你莫牵挂。

二杯茶来敬我的妈，
我去当兵不请假，
一定不请假，
咿呀呀的喂呀喂，
一定不请假。
三杯茶来敬我的哥，
我去当兵朋友多，
在外靠朋友，
咿呀呀的喂呀喂，
在外靠朋友。

四杯茶来敬我的嫂，
我去当兵不逃跑，
逃跑人要笑，
咿呀呀的喂呀喂，
逃跑人要笑。

五杯茶来敬我的妻，
我去当兵离了你，
你不要瞎着气，
咿呀呀的喂呀喂，

你不要瞎着气。
六杯茶来敬我的妹，
我有句话吩咐你，
你要把嫂子陪，
咿呀呀的喂呀喂，
你要把嫂子陪。

七杯茶来敬同志，
齐心合力打鬼子，
抗战得胜利，
依呀呀的喂呀喂，
抗战得胜利。

八杯茶来敬司令，
司令叫我要用心，
还要爱百姓，
咿呀呀的喂呀喂，
还要爱百姓。

九杯茶来敬队长，
队长叫我去打仗，
勇敢上前方，
咿呀呀的喂呀喂，
勇敢上前方。

十杯茶来敬代表，
麻烦你们来慰劳，
情意忘不了，
咿呀呀的喂呀喂，
情意忘不了。

送儿参军

留侯我儿去参军，为的保家保翻身，
你妈瞎子有我养，你家妹妹我教育咯。
你从小就把人家蹲[1]，吃的苦头淹到心，
种了几亩老租田啊，合家老小常断顿。

我家现在翻了身，得田得屋得垩粪，
家伙物件样样有，穿吃不必你挂心。

我今送你去参军，首长下令你要听，
同志之间要合好，坚决打垮蒋匪军。

注：①“蹲人家”，方言，即做长工。

送哥参军

送哥送到大门外，手里拿双青布鞋，
我哥今天参军去，冲锋杀敌穿起来。

送哥送到大路旁，耳听锣鼓闹嚷嚷，
人山人海欢送你，我俫大家有荣光。

送哥送到主席台，我哥把话讲起来，
到了部队好好干，乌龟王八才开小差。

阴天短来晴天长，反攻胜利有希望，
我哥带头多杀敌，打败蒋军再回家乡。

夫妻磨军粮

日也忙，夜也忙，夫妻两个磨军粮，
磨子拉得快，磨子牵得响，
夜里磨到雄鸡啼，日里磨到月子上，
一把小麦三四拗，又好筛来又好扬。

夫也忙，妻也忙，夫妻两个磨军粮，
磨担吱吱叫，磨盘轰轰响，
筛清皮儿扬清糠，肉子芯儿我不尝，
好粮送给"四老爹"，表表穷人热心肠。

敬酒歌

一杯酒，敬我郎，今日送郎上前方，
伙计，早日立功打胜仗。
我在家中种田地，服侍二老爹和娘，
请你宽心放。

二杯酒，敬我郎，上阵打仗心莫慌，
伙计，一定要把英雄当。
当了英雄莫忘妻，写封书信回家乡，
为妻脸上也有光。

人民求解放

（一）（五更鼓儿牌调）
打下济南府，活捉王耀武。
千军万马下锦州，秋季攻势猛如虎。

（二）（五更鼓儿牌调）
淮海战役打胜仗，华中全面快解放，
大家再出一把劲，太平日子过得长。

（三）（迎闯王调）
解放军，力量强，帮助人民求解放，
消灭蒋匪四百万，打到南京抓匪蒋。

祭郭斌

风儿静静水清清，七月半节想郭斌，
办桌菜，河边供，你和部下要光临。

清明节，杨柳青，谢庄人民想郭斌，
家家户户去扫墓，栽棵松树万年青。

注：郭斌，如皋市郭园镇人，解放战争期间任县警卫二营营长，1949年1月于下原谢家庄遭遇强敌，他指挥并掩护部队突出重围，自己未及撤离而被俘，同年3月在常熟虞山英勇就义。

雏水映初心

我抬担架上前方

毛竹杠子长又长，我抬担架上前方；
担架又牢又绵软，伤员躺上如平床。

毛竹杠子长又长，我抬担架上前方；
走得快来抬得稳，过了一庄又一庄。

毛竹杠子长又长，我抬担架上前方；
鬼子炮火我不怕，哪里需要哪里上。

我抬担架上前方，不在路上浪时光；
不到地点不松劲，送到医院心才放。

欢儿诉苦

我是如皋卢港人，欢儿就是我的名。
家中私田没一分，只种租田二亩整。
年龄长到十岁整，家中实在难活命，
父母实在没办法，把我卖进周家门。

自从来了三年整，过的日子真伤心，
冬天没得棉被盖，夏天光背蚊子叮。
寒天睡到半夜后，还叫起来把茶煨，
如果怕冷慢了点，掐我肉来捶我头。

夏天夜里热烘烘，老板睡觉我扇风，

有时辛苦打瞌睡，脸被打得胖胖肿。
周家偶把三元丢，血口喷人喊我偷，
抽我筋来剥我皮，死后也要我来赔。

这种冤枉深似海，跳到黄河洗不清，
终究老板娘想起，香炉底下找出来。
自从来了共产党，我才有活命的希望，
可是恶霸周欣堂，时刻怀恨在心上。

他早也盼来晚也望，望的是反动派老中央，
日本鬼子一投降，他就立即去逃亡。

贫下中农团结紧，坚决跟他作斗争，
边磨刀来边擦枪，向他清算把田分。

不识字的苦

我家住在周严墩，
周本德是我的名，
一字不识真伤心。

替周明谱做了许多工，
自己不会把账弄，
不知错了多少工。

有一次借了五角钱，
用了几天就还他，
他还喊我不曾把。

说得再凶也不行，
他有账来作凭证，
我只好把眼睛瞪。
这总是不识字的苦，
穷兄弟赶快去读书，
上了冬学不受欺负。

革命童谣

（一）

鬼子来烧杀，房屋变灰烬；
“和平”军来吃喝，锅里无米冷冰冰；
“中央”军来抢掠，穷的只剩几根筋；
新四军来土改，救了穷人命。

（二）

天变化，地变化，如皋出了变种娃，
穿洋衣，说洋话，见了鬼子叫爸爸。
带领鬼子到乡下，抢粮抢物把人抓，
奸女人，杀娃娃，拖鸡打狗又捉鸭。
变种娃，罪孽大，新四军总会打回家，
砍他头，剁他脚，剥皮熬油天灯挂。

（三）

孩子娘，听我讲，
蒋介石，真混账，
不抗日，想投降，

东三省，丢个光。
情况急，不多讲，
放下锄，拿起枪，
当八路，上前方，
杀鬼子，灭二黄，
拼死了，也荣光。

（四）

爸爸拿枪去抗日，妈妈参加妇抗会，
我和弟弟不落后，一起参加少儿队。

（五）

风不吹，云不行，东洋不打他不滚。
小倭瓜，是黑心，汉奸变种坏人精。
根连枝，枝连根，八路保护老百姓。

（六）

新四军，大盖枪，十斤重来二尺长，
见到百姓不吱声，见到敌人喷火光。
砰砰啷，砰砰啷，鬼子顽军朝天仰。

（七）

二黄打仗没得用，抢钱抢粮他最凶，
破衣旧物他总要，不要床前的坏马桶。

（八）

顽军筑据点，砍树上万千，
夜里放把火，烧红半个天。

（九）

你敲锣，我放炮，红旗哗哗迎风飘。
少儿队，人虽小，长长队伍送喜报。
张二哥，李二哥，抗日英雄实在多。
一边跑，一边溜，送了一天没送妥。

（十）

土洋顽，不怕丑，我破公路你相手，
半夜路上挖深沟，让你汽车嘟嘟走。

（十一）

“还乡团”“自卫队”，总是没皮的狗东西，
来“还乡”，来“自卫”，铁叉锄头在等你。

（十二）

反动派提到吃万事皆放，
反动派提到抢劲在人上，
反动派提到嫖步跨万丈，
反动派提到新四军，
手软脚酥如筛糠。

（十三）

前方打胜仗，我来喜洋洋，
家家做馒头，村村宰猪羊，
慰劳新四军，谢谢共产党，
局势大转变，蒋贼命不长。

（十四）

千针万线做军鞋，底厚帮牢人人爱，
新四军，脚上穿，走路打仗飞样快。

土改歌

（一）

锣鼓一打响呛呛，家家户户齐欢唱，
齐欢唱，为哪桩？土地还家有福享！

太阳一出照四方，工农翻身把家当，
把家当，怎么样？男女老少生产忙。

（二）

千年苦来万年恨，穷苦不是命里生，
只因地主剥削我，年年挨饿又挨冷。

又是租来又是债，压得农民头难抬，
从早到晚忙不停，打下的粮食归老财。

如今来了共产党，土地改革好主张，
分田分地分到房，自种自收喜洋洋。
农会领导来执行，贫雇中农一条心，
从此努力来生产，丰衣足食好光景。

（三）

土地改革，是桩大事情，
没收地主田，分给农民们，
努力来生产，永远不受贫。

土改分田地，农民大翻身，
自己的田地自己耕，越忙越起劲，

年年好收成，生活有保证。

保田保翻身，支援解放军，
吃水不忘挖井人，坚决干革命，
跟着共产党，永远不变心。

祖国与家乡

国以民为本，民以食为天。
保家卫国，人人有责。
天下兴亡，匹夫有责。
先治国，后治家。
祖国处处有亲人。
有树才有果，有国才有家。
一寸山河一寸金。
家不和要穷，国不和要亡。
月是故乡明。
金角落，银角落，抵不到自家穷角落。
树高千丈，叶落归根。
美不美，家乡水。
穷家难舍，故土难离。
在家千日好，出外一时难。
金如皋，银泰兴。

歌谣曲谱选录

工农革命歌

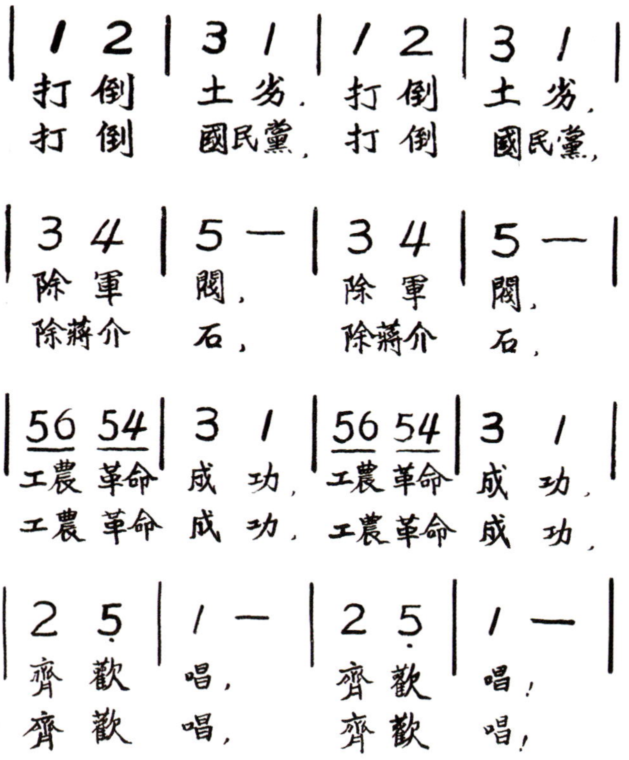

| 1 2 | 3 1 | 1 2 | 3 1 |
打倒 土劣，打倒 土劣，
打倒 國民黨，打倒 國民黨，

| 3 4 | 5 — | 3 4 | 5 — |
除軍 閥，除軍 閥，
除蔣介 石，除蔣介 石，

| 56 54 | 3 1 | 56 54 | 3 1 |
工農革命 成功，工農革命 成功，
工農革命 成功，工農革命 成功，

| 2 5̣ | 1 — | 2 5̣ | 1 — |
齊歡 唱，齊歡 唱！
齊歡 唱，齊歡 唱！

十劝郎调

（政策法令要弄清）

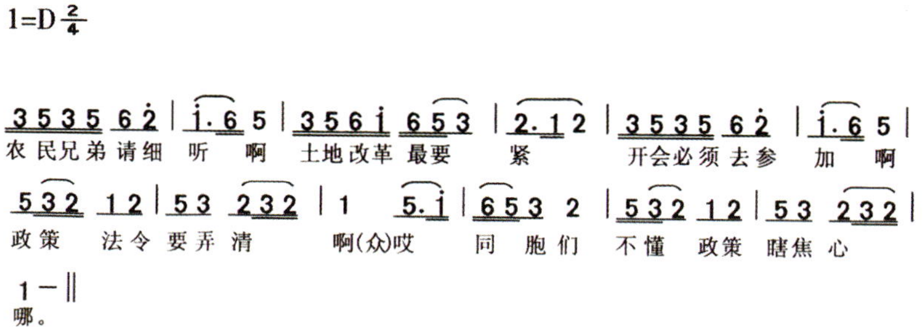

1=D 2/4

3535 62̇ | 1̇·6 5 | 3561̇ 653 | 2·12 | 3535 62̇ | 1̇·6 5 |
农民兄弟请细 听 啊 土地改革 最要 紧 开会必须去参 加 啊

532 12 | 53 232 | 1 5·1̇ | 653 2 | 532 12 | 53 232 |
政策 法令 要弄 清 啊(众)哎 同 胞们 不懂 政策 瞎焦 心

1 — ‖
哪。

十 送

1=C $\frac{2}{4}$

53 5 | i23 i26 | 5 - | i23 65 | ii2 32 | 1.23 | 1 - | 53 5.6 |
哥哥 你去 当 兵 小 妹妹 实在 难 留， 有 儿句

62 i26 | 5 - | i6 i2 | i3 32 | 1.23 | 1 - ‖
知 心的 话儿 要与哥哥 说 垂 头。

十 送 调

1= ♭B $\frac{2}{4}$

i3 5.6 | i35 | i23i6 | 56i5 | iii3 | 356i 55 | 52532 |
姐在呀的个 房中呀 闷沉 沉呀 忽听外 来 调 兵呀 不知调那

1231 | i3 5.6 | i3 5.6 | ii 23i6 | 5235 | 1231 ‖
营噢 哎嗨哟 哎嗨哟 哎呀哎 嗨 不知调那 营 噢。

手扶栏杆

1=G $\frac{2}{4}$

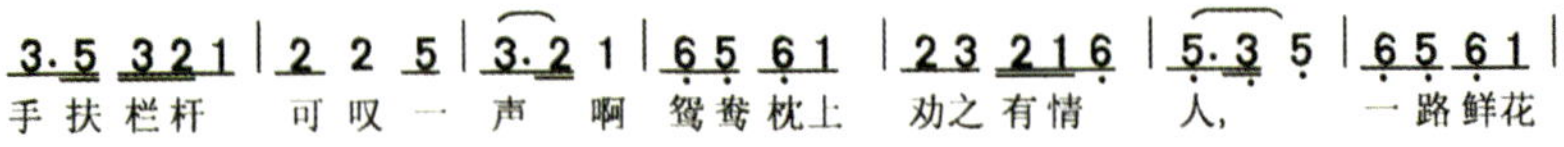

3.5 321 | 2 2 5 | 3.2 1 | 65 61 | 23 216 | 5.3 5 | 65 61 |
手扶栏杆 可叹一 声 啊 鸳鸯枕上 劝之有情 人， 一路鲜花

哭七七调

（文化诉苦）

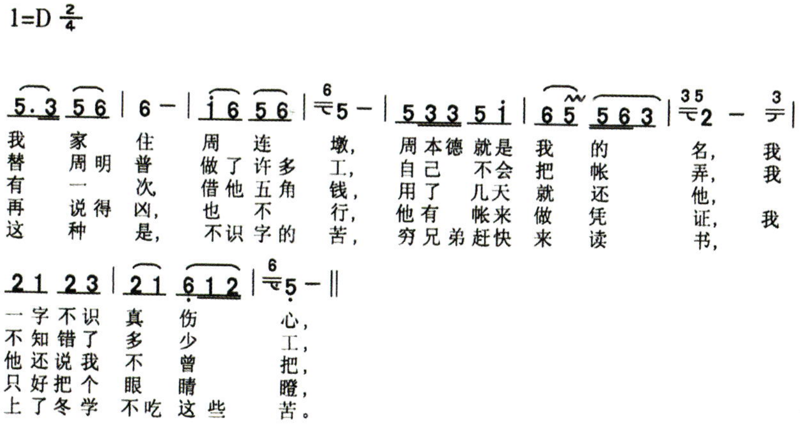

1=D 2/4

我 家 住 周 连 墩，周本德就是 我 的 名，我
替 周明 曾 做了许多 工，自己 不会 把 帐 弄，我
有 一 次 借他五角 钱，用了 几天 就 还 他，
再 说得 凶，也 不 行，他有 帐来 做 凭 证，我
这 种 是，不识 字的 苦，穷兄弟赶快 来 读 书，

一字不识 真 伤 心，
不知错了 多 少 工，
他还说我 不 曾 把，
只好把个 眼 睛 瞪，
上了冬学 不吃 这 些 苦。

注：此曲原在《如皋大众》上登过，从江安一直演到西来。

薛窑连枷号子

（曲二）

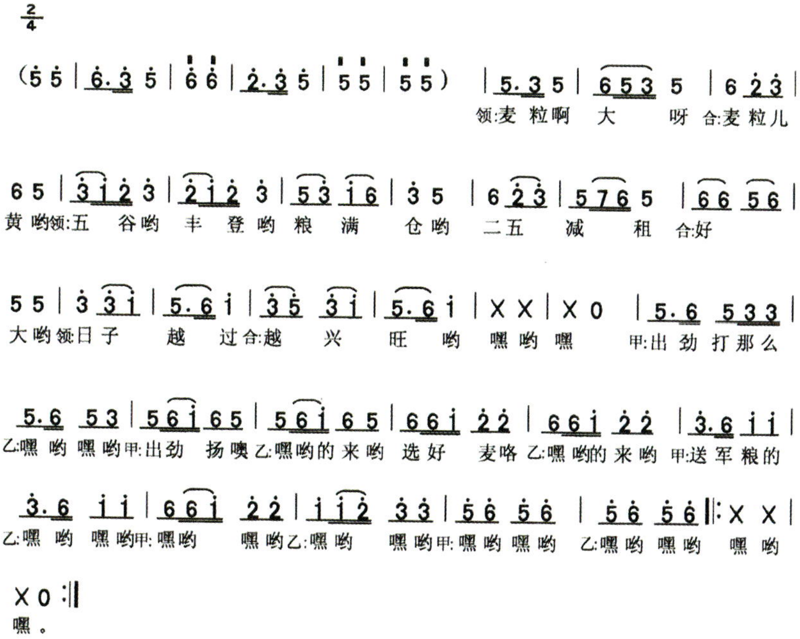

2/4

领:麦 粒啊 大 呀 合:麦 粒儿
黄 哟领:五 谷哟 丰 登 哟 粮 满 仓 哟 二五 减 租 合:好
大 哟 领:日子 越 过 合:越 兴 旺 哟 嘿 哟 嘿 甲:出 劲 打 那 么
乙:嘿 哟 嘿 哟 甲:出劲 扬 噢 乙:嘿哟的 来 哟 选 好 麦咯 乙:嘿 哟的 来 哟 甲:送 军 粮 的
乙:嘿 哟 嘿 哟 甲:嘿哟 嘿 哟 乙:嘿 哟 嘿 哟 甲:嘿 哟 嘿 哟 乙:嘿 哟 嘿 哟 嘿 哟
嘿。

高明庄战斗歌

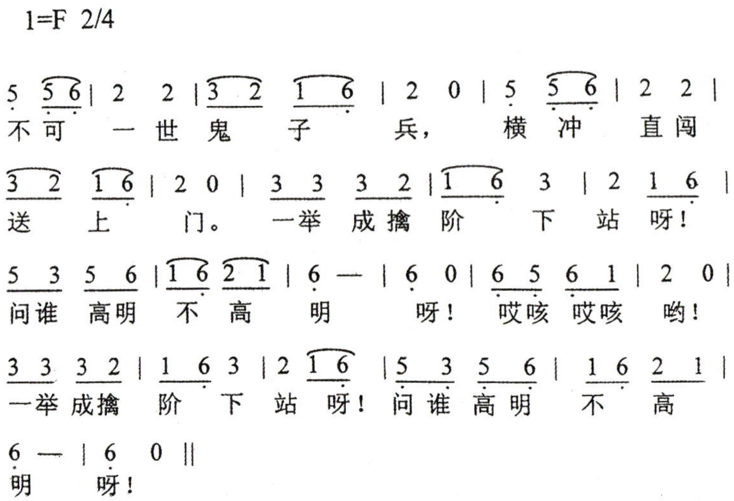

1=F 2/4

5 5 6 | 2 2 | 3 2 1 6 | 2 0 | 5 5 6 | 2 2 |
不 可 一 世 鬼 子 兵， 横 冲 直 闯

3 2 1 6 | 2 0 | 3 3 3 2 | 1 6 3 | 2 1 6 |
送 上 门。 一举 成擒 阶 下 站 呀！

5 3 5 6 | 1 6 2 1 | 6 — | 6 0 | 6 5 6 1 | 2 0 |
问谁 高明 不 高 明 呀！ 哎咳 哎咳 哟！

3 3 3 2 | 1 6 3 | 2 1 6 | 5 3 5 6 | 1 6 2 1 |
一举 成擒 阶 下 站 呀！ 问 谁 高 明 不 高

6 — | 6 0 ||
明 呀！

嫁 娶 歌

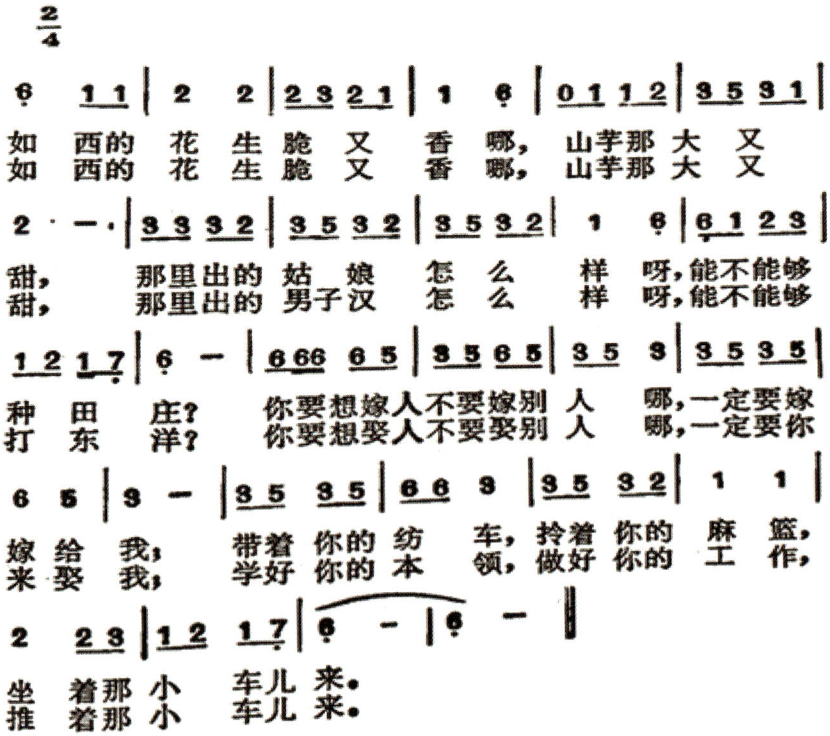

2/4

6 1 1 | 2 2 | 2 3 2 1 | 1 6 | 0 1 1 2 | 3 5 3 1 |
如 西的 花 生 脆 又 香 哪， 山芋那 大 又
如 西的 花 生 脆 又 香 哪， 山芋那 大 又

2 · — · | 3 3 3 2 | 3 5 3 2 | 3 5 3 2 | 1 6 | 6 1 2 3 |
甜， 那里出的 姑 娘 怎 么 样 呀，能不能够
甜， 那里出的 男子汉 怎 么 样 呀，能不能够

1 2 1 7 | 6 — | 6 6 6 6 5 | 3 5 6 5 | 3 5 3 | 3 5 3 5 |
种 田 庄？ 你要想嫁人不要嫁别 人 哪，一定要嫁
打 东 洋？ 你要想娶人不要娶别 人 哪，一定要你

6 5 | 3 — | 3 5 3 5 | 6 6 3 | 3 5 3 2 | 1 1 |
嫁 给 我； 带着 你的 纺 车， 拎着 你的 麻 篮，
来 娶 我； 学好 你的 本 领， 做好 你的 工 作，

2 2 3 | 1 2 1 7 | 6 — | 6 — ||
坐 着那 小 车儿 来。
推 着那 小 车儿 来。

不是新四军来，乡下人哪里敢上街

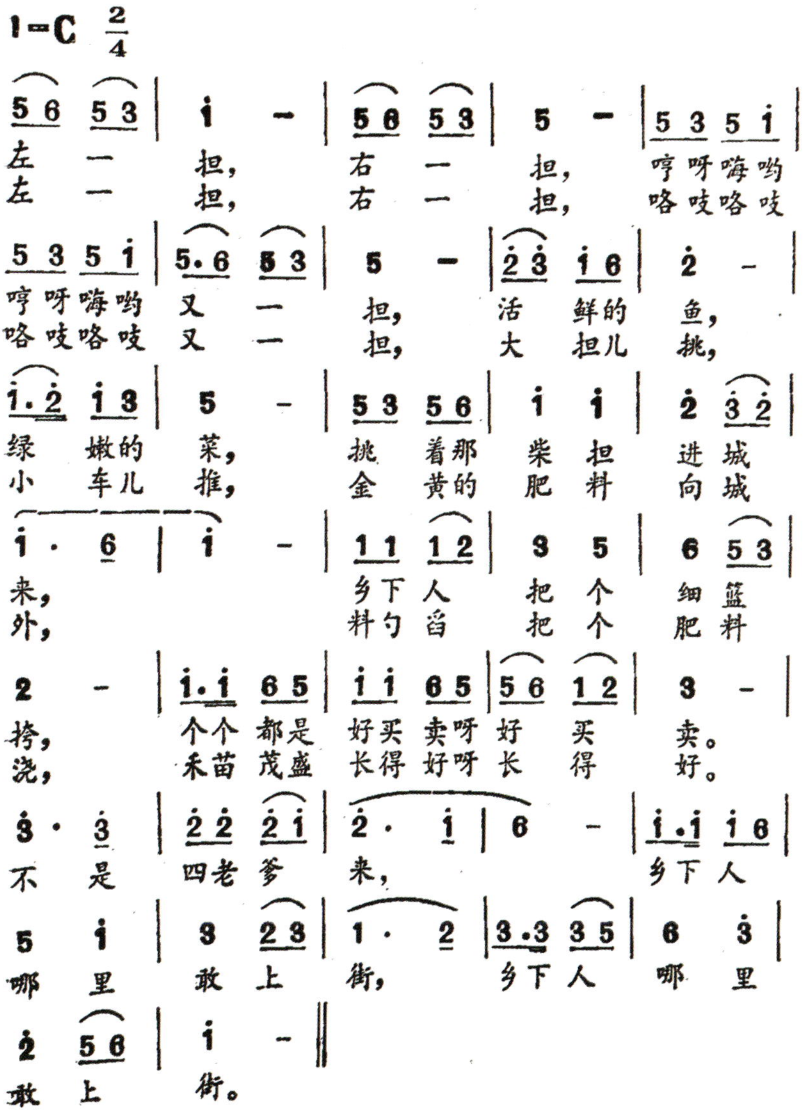

1=C $\frac{2}{4}$

反“清乡”胜利之歌

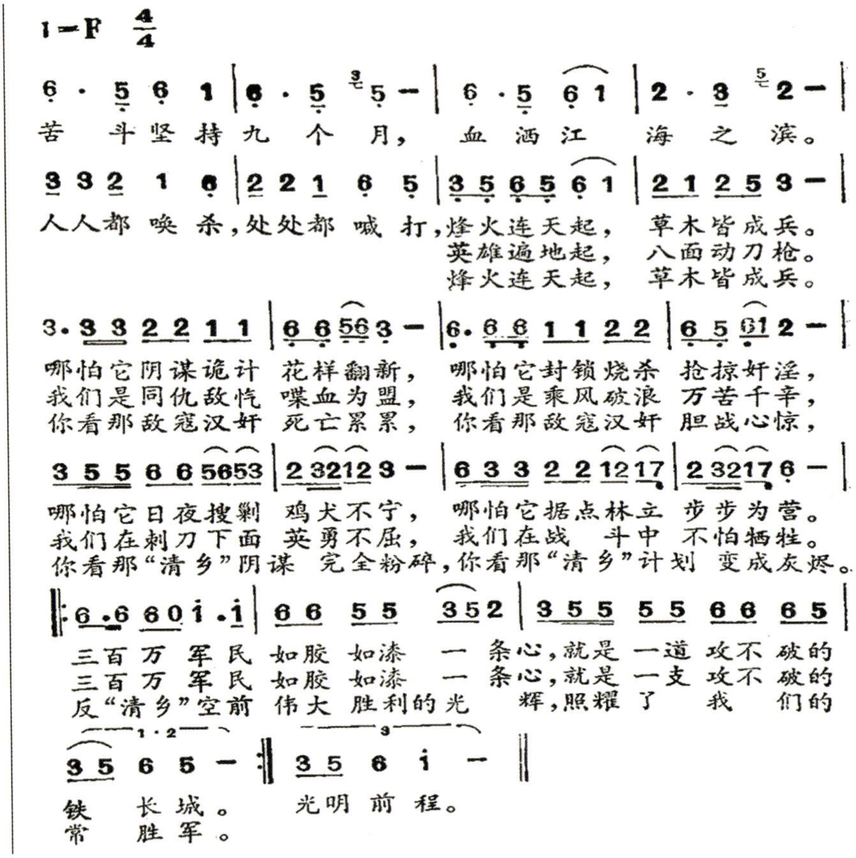

1=F $\frac{4}{4}$

6·5 6 1 | 6·5 5 — | 6·5 6 1 | 2·3 2 — |

苦 斗坚 持 九 个 月， 血 洒 江 海 之 滨。

3 3 2 1 6 | 2 2 1 6 5 | 3 5 6 5 6 1 | 2 1 2 5 3 — |

人人都 唤 杀，处处都 喊 打，烽火连天起， 草木皆成兵。

英雄遍地起， 八面动刀枪。

烽火连天起， 草木皆成兵。

3·3 3 2 2 1 1 | 6 6 5 6 3 — | 6·6 6 1 1 2 2 | 6 5 6 1 2 — |

哪怕它阴谋诡计 花样翻新， 哪怕它封锁烧杀 抢掠奸淫，

我们是同仇敌忾 喋血为盟， 我们是乘风破浪 万苦千辛，

你看那敌寇汉奸 死亡累累， 你看那敌寇汉奸 胆战心惊，

3 5 5 6 6 5 6 5 3 | 2 3 2 1 2 3 — | 6 3 3 2 2 1 2 1 7 | 2 3 2 1 7 6 — |

哪怕它日夜搜剿 鸡犬不宁， 哪怕它据点林立 步步为营。

我们在刺刀下面 英勇不屈， 我们在战 斗中 不怕牺牲。

你看那“清乡”阴谋 完全粉碎，你看那“清乡”计划 变成灰烬。

‖: 6·6 6 0 i·i | 6 6 5 5 3 5 2 | 3 5 5 5 5 6 6 6 5 |

三百 万 军 民 如胶 如漆 一 条心，就是 一道 攻不 破的

三百 万 军 民 如胶 如漆 一 条心，就是 一支 攻不 破的

反“清乡”空前 伟大 胜利的光 辉，照耀 了 我 们的

1.2. 3.

3 5 6 5 — :‖ 3 5 6 i — ‖

铁 长 城。 光明 前 程。

常 胜 军 。

新四军攻打如皋城

1=C $\frac{2}{4}$

6 6 6 5 6 i 2 3 | i 2 i 6 5 | 6 6 6 5 6 i |

军民团结 一 条 心 呀， 我军攻打 如皋

城门打了 一 个 洞 呀， 新四军来 向上

八月半打下如 皋 城 呀， 慰劳我军 吃月

3 5 3 2 3 ‖: 3 5 6 i 6 5 3 | 5 6 1 2 |

城 呀， 半 夜 大雨 下 不 停，

冲 呀， 活 捉 伪旅长 孔 瑞 五，

饼 呀， 人 民 公敌 人 民 审，

2 1 2 3 5 3 5 6 | i 2 i 6 5 3 3 2 | 1 — :‖

架起大炮 轰 城 门 呀！

伪团长 是 姓 孟 呀！

城乡人民 真 开 心 呀！

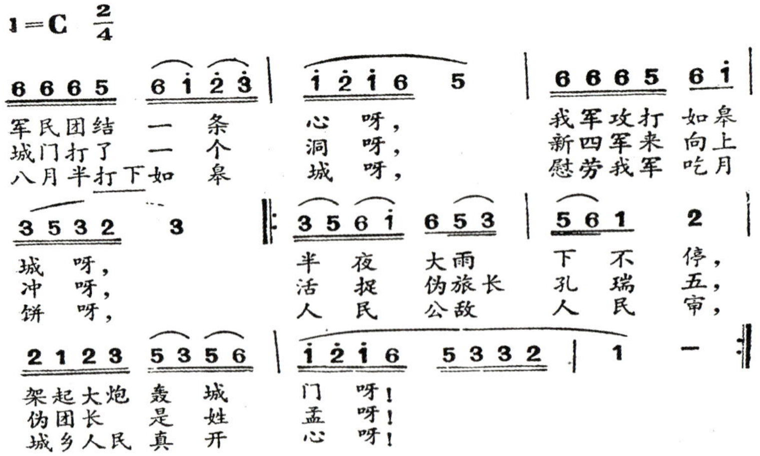

攻打如皋城

（五更鼓儿咚）

1=D 2/4 3/4

(5612 6165 | 561 22 | 2123 556 | 165 5332 | 1.21235) | 66562 | 2116 5.6 | 112 6165 | 6653 |

一声战鼓敲呀，新四军打如皋哇，
战斗一打响呀，日伪军还顽抗呀，
炮连一来到呀，对着城门轰大炮呀，
大炮轰得凶呀，城门打个洞呀，
战斗解决快呀，如皋城打下来呀，

15 6165 | 3323 | 5612 6165 | 561 22 | 2123 556 |

打呀打如皋哇，四城门围困到哇，敌人工事做得
还呀还顽抗啊，新四军来喊话呀，他们认死不投
轰呀轰大炮呀，城头碉堡被炸倒哇，乌龟王八哇哇
打呀打个洞呀，新四军真英勇啊，齐心合力往前
打呀打下来呀，日伪军完了蛋哇，胜利消息传得

165 5332 | 1 — | (2123 556 | 1665 532 | 1 —) |

牢哇唻。
降呀唻。
叫呀唻。
冲呀唻。
快呀唻。

65 6 61 | 2116 5 | 116 561 | 3323 | 531 65 | 56312 |

如皋（的个）城呀，打呀么打下来呀，老百姓个个乐呀得的来

135 | 135 | 2121 | 6565 | 21216565 | 31656535 5 |

眉也开，眼也开，眉开眼开心开意开眉开眼开心开意开心头花儿开呀伙家

50 | 5612 6165 | 5631 2.3 | 2123 556 | 165 5332 |

哎！如皋城啊打下来呀，老百姓个个乐呀乐开

1 — | 1 — ‖

怀。

做军鞋

（点磨台）

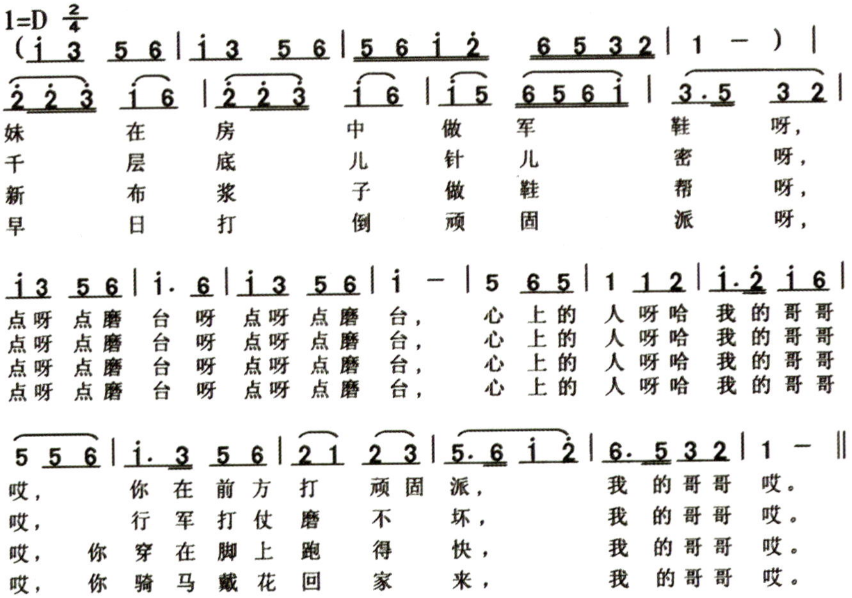

1=D $\frac{2}{4}$

(i 3 5 6 | i 3 5 6 | 5 6 i 2 6 5 3 2 | 1 —) |

2 2 3 i 6 | 2 2 3 i 6 | i 5 6 5 6 i | 3.5 3 2 |

妹在房中做军鞋呀，
千层底儿针儿密呀，
新布浆子做鞋帮呀，
早日打倒顽固派呀，

i 3 5 6 | i. 6 | i 3 5 6 | i — | 5 6 5 | 1 1 2 | i.2 i 6 |

点呀点磨台呀点呀点磨台，心上的人呀哈我的哥哥
点呀点磨台呀点呀点磨台，心上的人呀哈我的哥哥
点呀点磨台呀点呀点磨台，心上的人呀哈我的哥哥
点呀点磨台呀点呀点磨台，心上的人呀哈我的哥哥

5 5 6 | i. 3 5 6 | 2 1 2 3 | 5. 6 i 2 | 6. 5 3 2 | 1 — ‖

哎，你在前方打顽固派，我的哥哥哎。
哎，行军打仗磨不坏，我的哥哥哎。
哎，你穿在脚上跑得快，我的哥哥哎。
哎，你骑马戴花回家来，我的哥哥哎。

栽樱桃(点磨台)
1. 二月春风暖心怀，妹妹我把樱桃栽。
2. 哥哥你从树前过，可曾将妹心思猜。
3. 樱桃好吃口难开，盼你早日亲手摘。

注：红色歌谣主要摘自《中共如皋地方史》第一卷《回忆红十四军》，也有节选自《如皋民间歌曲》《如皋民间歌谣·谚语》等。

粟司令打仗仗仗胜

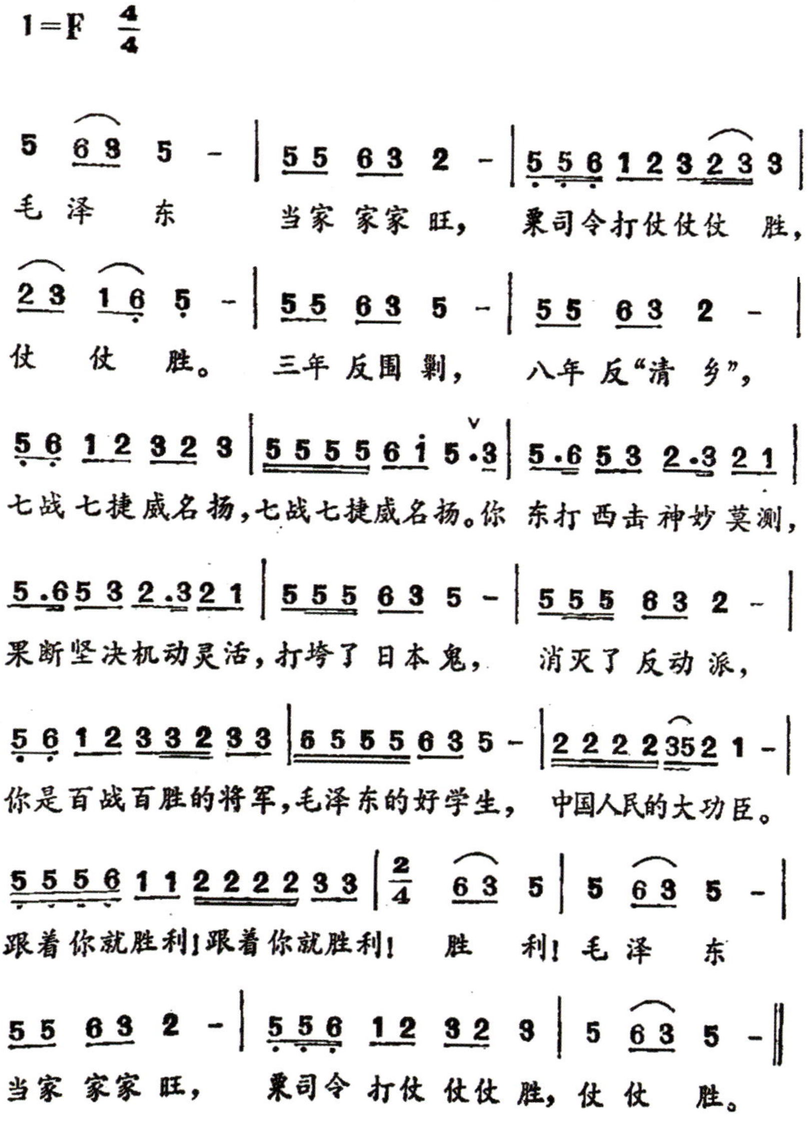

1=F $\frac{4}{4}$

5 63 5 - | 55 63 2 - | 556 123 233 3 |
毛 泽 东 当家 家家 旺， 粟司令打仗仗仗 胜，

23 16 5 - | 55 63 5 - | 55 63 2 - |
仗 仗 胜。 三年 反围 剿， 八年 反“清 乡”，

56 12 32 3 | 5555 61 5·3 | 5·6 53 2·3 21 |
七战七捷威名扬，七战七捷威名扬。你 东打西击神妙莫测，

5·653 2·321 | 555 63 5 - | 555 63 2 - |
果断坚决机动灵活，打垮了 日本鬼， 消灭了 反动派，

56 12 332 33 | 6555 63 5 - | 2222 352 1 - |
你是百战百胜的将军，毛泽东的好学生， 中国人民的大功臣。

5556 11 2222 33 | $\frac{2}{4}$ 63 5 | 5 63 5 - |
跟着你就胜利！跟着你就胜利！ 胜 利！毛 泽 东

55 63 2 - | 556 12 32 3 | 5 63 5 - ‖
当家 家家 旺， 粟司令 打仗 仗仗 胜，仗 仗 胜。

编后记

如皋别名雉水。《雉水映初心》一书经多方共同努力，终于要付梓了！

本书围绕如皋重大党史事件、重要革命活动和革命人物，对现存各类红色资源进行了分类介绍，包括：革命历史事件及重要活动遗址遗迹36处，纪念设施41座（处），红色藏品70件，红色地名20个，红色战斗故事41个，红色歌谣91首。

《雉水映初心》的出版，得到如皋市四套班子主要领导、分管领导以及江苏省和南通市老促会、中共南通市委党史办的关心指导，得到如皋市委组织部、市委宣传部、市退役军人事务局、市文体广电和旅游局、市民政局、市档案馆、红十四军研究会、红十四军纪念馆、市文化馆、各级烈士陵园、市勘测院以及各镇（街道）的鼎力相助，也得到许多老领导、文史工作者的关心和支持。在此，向所有为本书编撰给予关注和支持的单位及个人表示衷心的感谢。

本书收录的红色资源资料，来自市委党史办等相关单位提供的党史、革命斗争史和地方志资料，市档案馆、市文化馆、市烈士陵园、红十四军纪念馆馆藏资料。受自然侵蚀、生产生活方式变化、城乡环境改造等因素的影响，有的遗址遗迹已不复存在，无法再现；有的烈士墓、纪念碑等纪念设施，因档案损毁，未能具体介绍；大部分红色歌谣虽有流传，但作者无法考证，未能注明；有的以英烈名字命名的乡、村、学校等，因缺乏可靠的文档资料而无法考证追述。本书中采用的新图片由陈圣银拍摄，一些年代久远的历史图片摄影者已无法确定，因此均未注明出处和作者。

因编者水平有限，书中不足和欠妥之处在所难免，敬请读者批评指正。本书所涉及的内容和数据，截止时间为2023年6月。

编　者

2023年6月

附 图

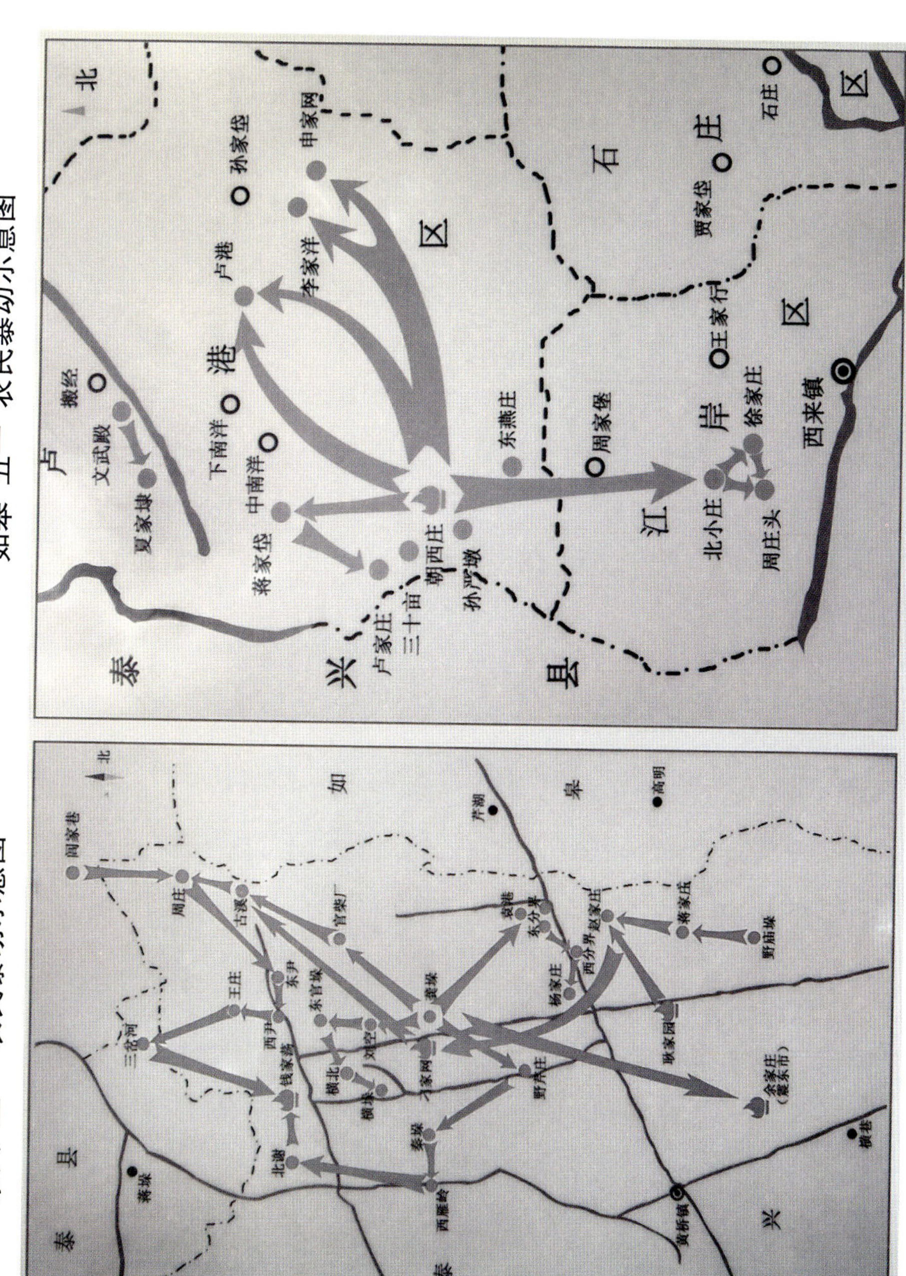

如皋"五一"农民暴动示意图

泰兴"五一"农民暴动示意图

如泰五一农民暴动示意图

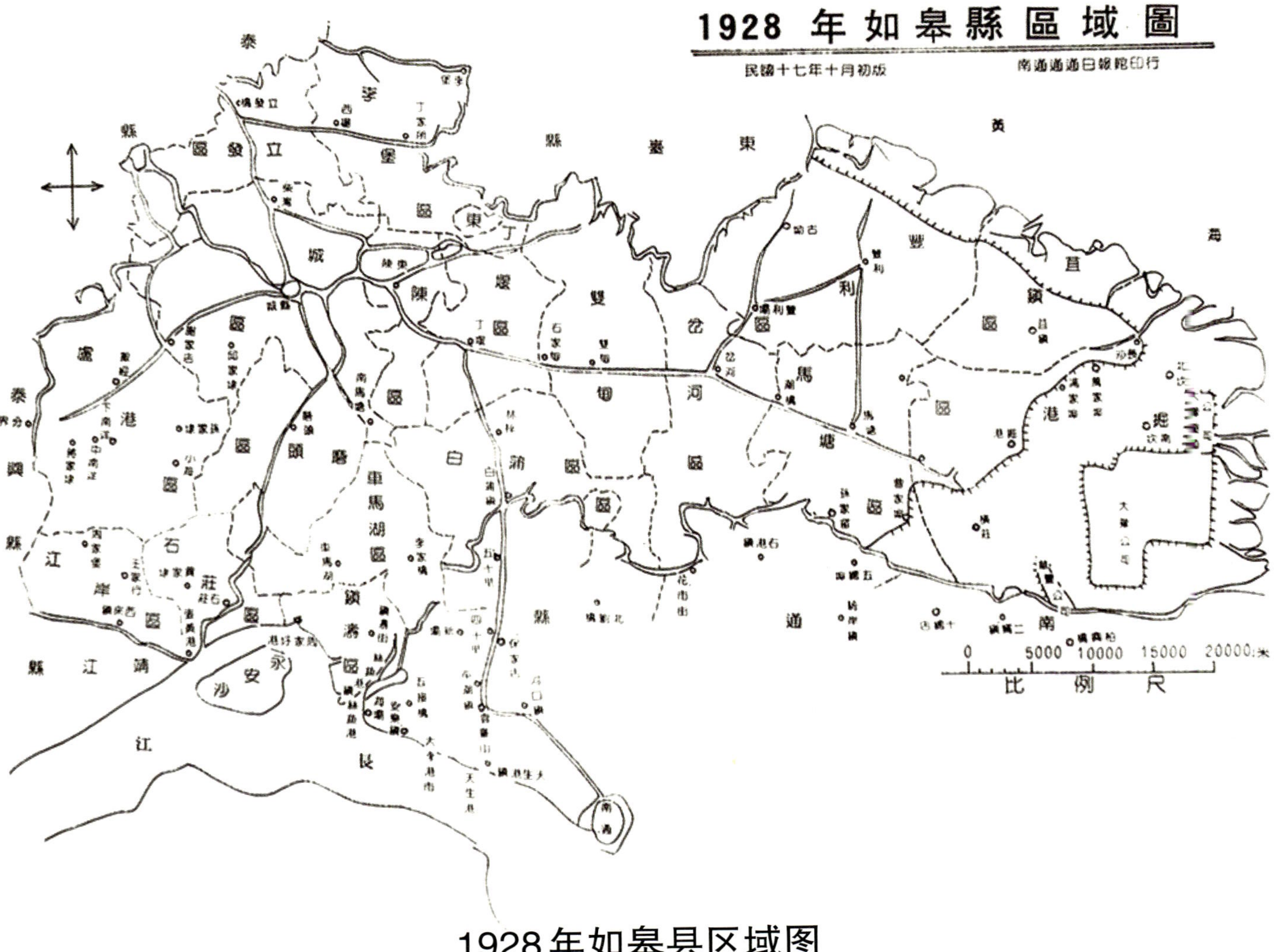

1928年如皋县区域图

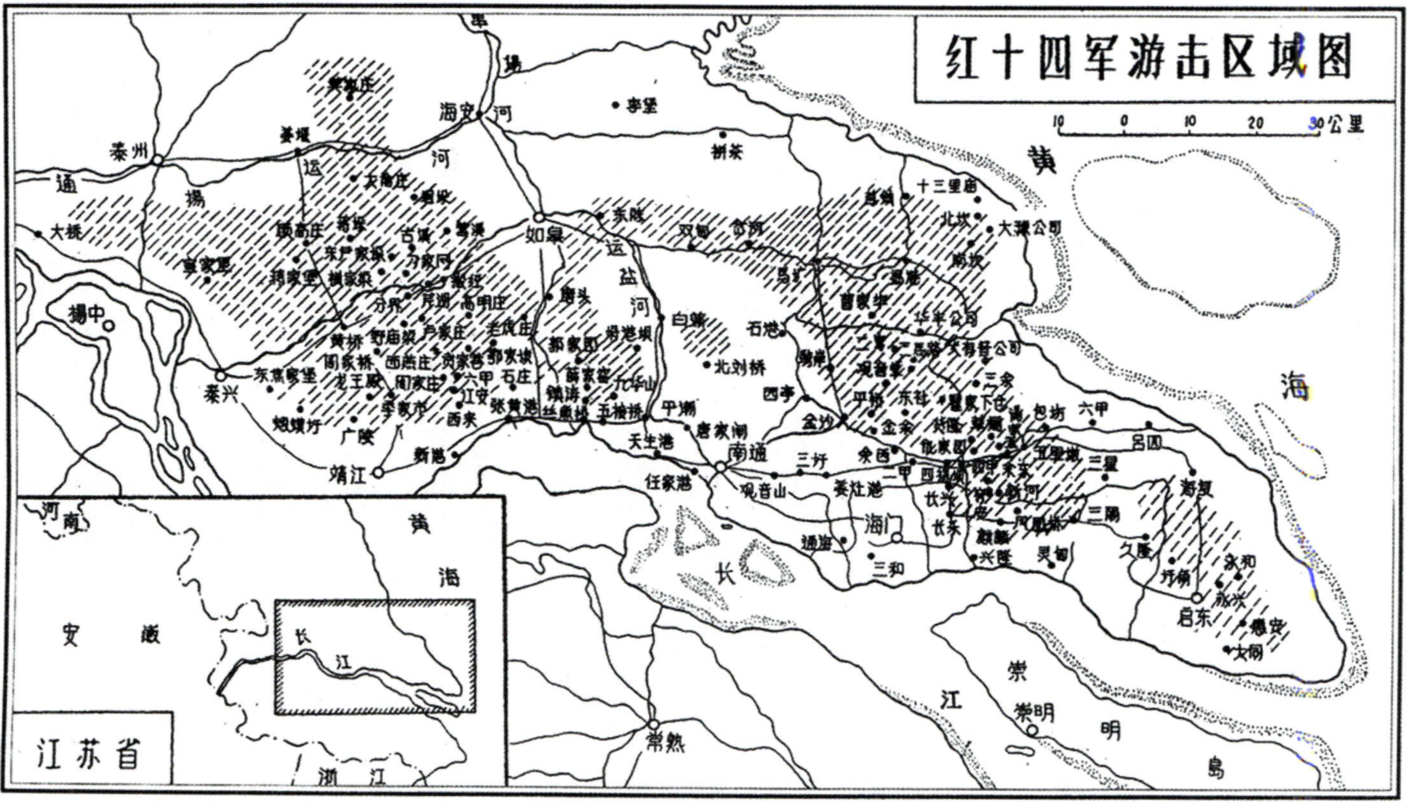

红十四军游击区域图
10 0 10 20 30公里
黄
海
泰州
海安
如皋
南通
靖江
泰兴
扬中
海门
启东
常熟
崇明
长
江
江苏省
安
徽
河
南
浙
江

红军游击区域图

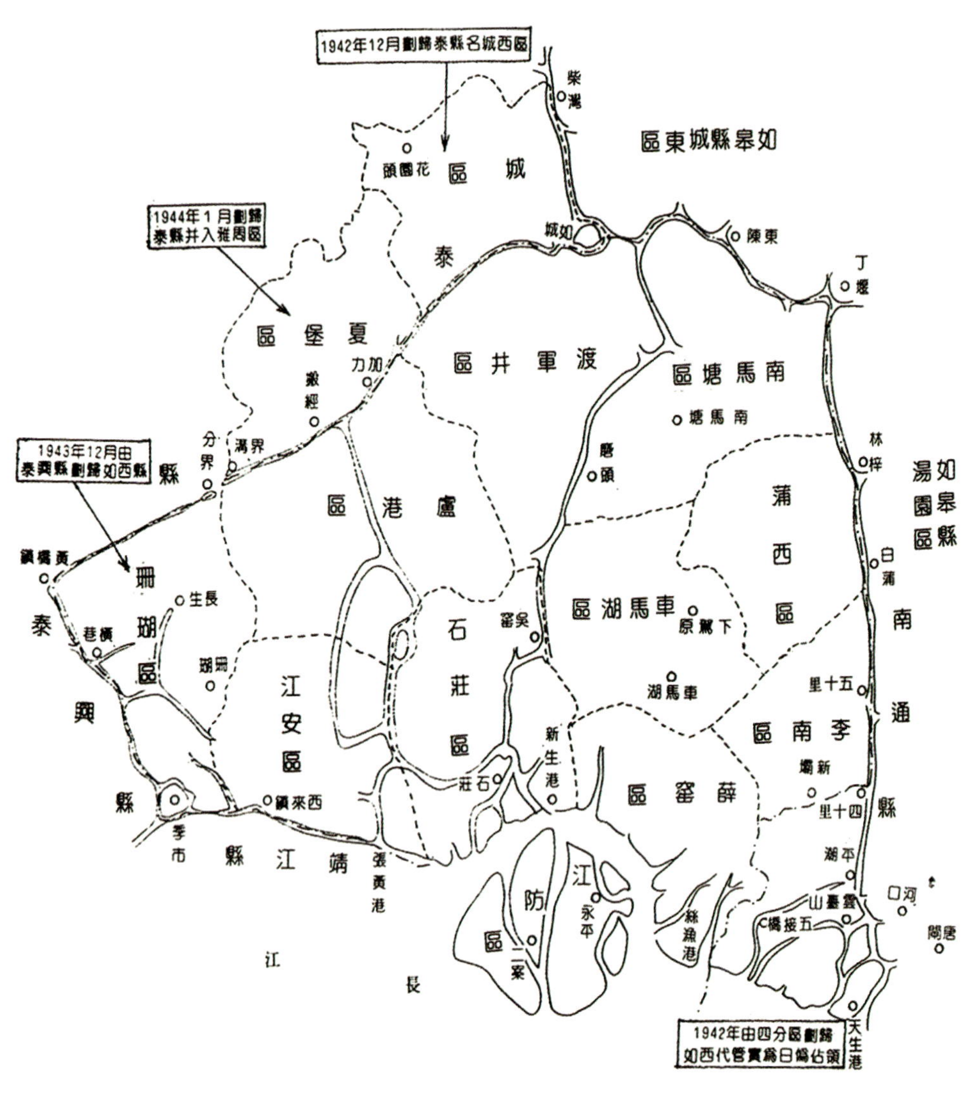

1944年8月如西县图

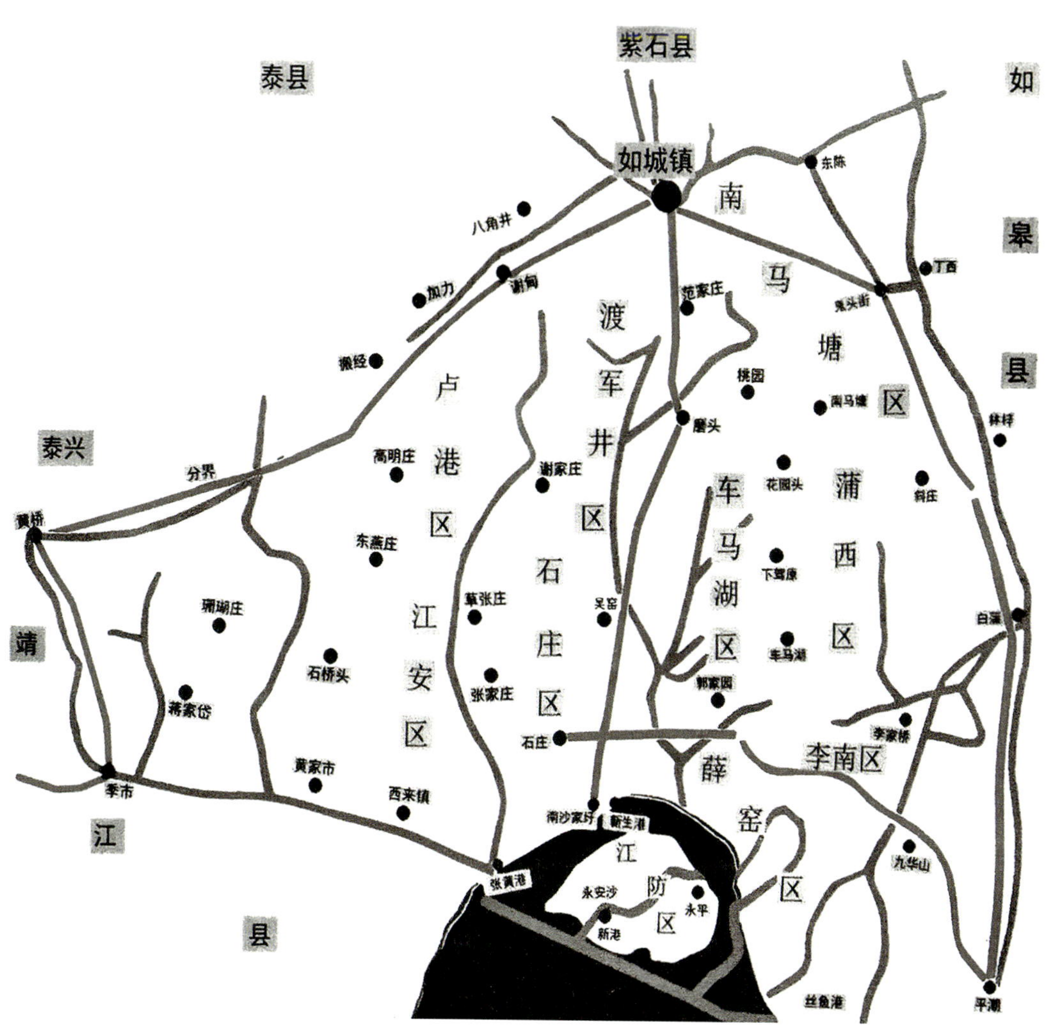

紫石县
泰县
如皋县
泰兴
靖江县
如城镇
八角井
加力
谢甸
东陈
鬼头街
范家庄
桃园
磨头
南马塘
林梓
南马塘区
渡军井区
卢港区
高明庄
谢家庄
分界
黄桥
东燕庄
花园头
蒲西区
车马湖区
石庄区
江安区
珊瑚庄
吴窑
石桥头
车马湖
白蒲
蒋家岱
张家庄
郭家园
李家桥
石庄
李南区
薛窑区
季市
黄家市
西来镇
南沙家圩
新生港
江防区
张黄港
永安沙
永平
新港
九华山
丝鱼港
平潮

如西县抗日根据地图

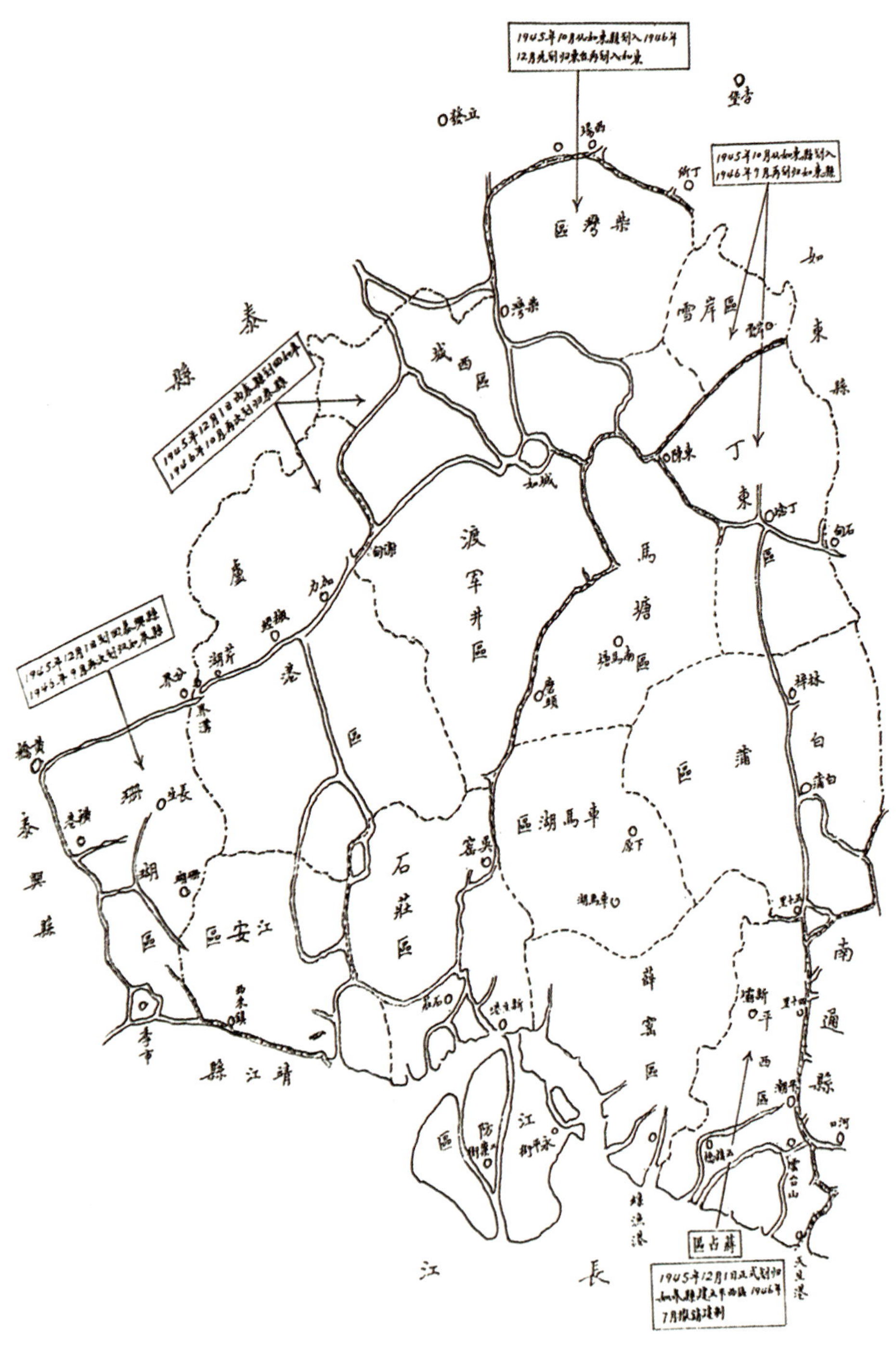

1945年12月如皋县图

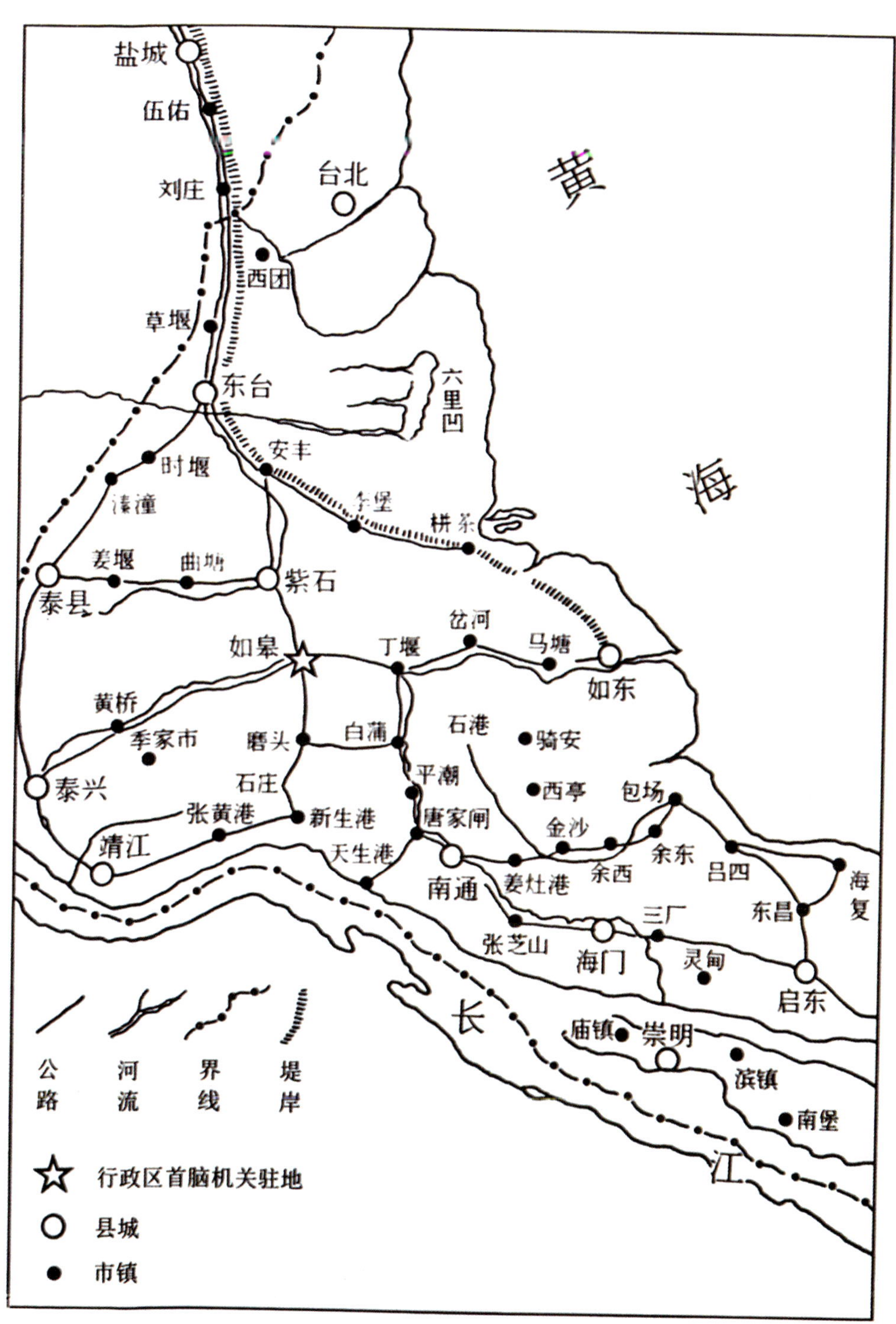

盐城
伍佑
刘庄
台北
黄
西团
草堰
东台
六里凹
安丰
时堰
溱潼
李堡
栟茶
海
姜堰
曲塘
紫石
泰县
岔河
如皋
丁堰
马塘
如东
黄桥
季家市
磨头
白蒲
石港
骑安
平潮
西亭
包场
石庄
泰兴
张黄港
新生港
唐家闸
金沙
靖江
天生港
南通
姜灶港
余西
余东
吕四
海复
东昌
三厂
张芝山
海门
灵甸
启东
长
庙镇
崇明
滨镇
南堡
江
公路
河流
界线
堤岸
行政区首脑机关驻地
县城
市镇

苏皖地区第一行政区图